高等职业教育财经类“十二五”系列规划教材·市场营销专业

市场营销基础与实务

郭兆平　程　虹　主　编
王潇潇　吕　慧　副主编
徐文飞

SHICHANG YINGXIAO JICHU YU SHIWU

電子工業出版社
Publishing House of Electronics Industry
北京·BEIJING

内 容 简 介

本书有十个任务，分成四部分：第一部分（任务一）是市场营销基础理论的总体概述；第二部分（任务二～任务五）是市场营销前期环节，主要包括市场营销环境分析、市场调研与预测、消费者行为分析和目标市场营销；第三部分（任务六～任务九）是市场营销的核心环节，即 4P 理论（产品、价格、渠道和促销策略）；第四部分（任务十）是创新内容，即新兴营销方式。

本书突出每个任务的学习目标、案例应用、应用举例及实训项目的设计，语言简练，实用性强，既可作为高职高专院校市场营销专业和其他相关专业的教材，又可作为职业培训以及企业管理人员的自学参考书。

图书在版编目（CIP）数据

市场营销基础与实务 / 郭兆平，程虹主编. 一北京：电子工业出版社，2015.2
高等职业教育财经类“十二五”系列规划教材. 市场营销专业
ISBN 978-7-121-25451-2

Ⅰ. ①市… Ⅱ. ①郭… ②程… Ⅲ. ①市场营销学－高等职业教育－教材 Ⅳ. ①F713.50

中国版本图书馆 CIP 数据核字（2015）第 012299 号

策划编辑：张云怡
责任编辑：郝黎明 特约编辑：安家宁 白喜娟
印 刷：北京京师印务有限公司
装 订：北京京师印务有限公司
出版发行：电子工业出版社
北京市海淀区万寿路 173 信箱 邮编 100036
开 本：787×1 092 1/16 印张：17.75 字数：454.5 千字
版 次：2015 年 2 月第 1 版
印 次：2020 年 7 月第 6 次印刷
定 价：37.00 元

凡所购买电子工业出版社图书有缺损问题，请向购买书店调换。若书店售缺，请与本社发行部联系，联系及邮购电话：（010）88254888，88258888。

质量投诉请发邮件至 zlts@phei.com.cn，盗版侵权举报请发邮件至 dbqq@phei.com.cn。

本书咨询联系方式：（010）88254573，zyy@phei.com.cn。

前 言

大连职业技术学院市场营销专业建立于 1997 年，经过几代人的努力和建设，特别是经过全国示范校建设后，积累了丰富的建设经验和成果。2007 年，市场营销专业作为示范专业建设的专业之一，从专业建设理念、核心课程建设与改革、校企合作等方面，得到了快速成长。2013 年春，市场营销专业被列为辽宁省对接产业群建设的示范专业，再次获得了一个发展的机会。

目前，专业团队共有 8 位专业教师：教授 3 人、副教授 1 人及讲师 4 人。其中博士学位 1 人、硕士学位 5 人（在读博士 1 人）、学士学位 2 人。专业团队的学习能力与教研能力较强，成果较多。

作为教学改革的重要建设内容之一，教材建设也是该项目建设的重要内容。“市场营销基础与实务”课程是市场营销专业的专业基础课程之一，也是本校经济管理类专业的大类基础课程之一，已经有近 20 年的建设经验。本课程曾经是学校的精品课程，也是教学改革的试点课程之一，有相关教师以个人的身份编写过相关教材并被出版。

希望通过本次项目建设，课程建设与教材建设再上新台阶，因此，集中学院的集体智慧，发挥集体教研的优势，依据教学经验的积累，对市场营销的相关教材情况的掌握，以及对授课对象的学生的理解，对高职教改发展趋势的认知和研究等，形成《市场营销基础与实务》教材，作为 20 年专业建设和改革的总结，也作为项目建设的重要成果之一，不仅满足教学的需要，也提升集体项目建设的水平，形成课程建设与改革的新里程碑。

因此，在教材的构思过程中主要考虑了两个方面的需要：一方面是符合学生自主学习的需要，高职学生的阅读需要以简洁、通俗和趣味性为主；另一方面是符合目前高职教材建设特点的需要。

因此，在教材的写作上突出了以下三方面的特点：第一，任务与教学目标。全书由十个任务组成，每个任务下面又分成若干子任务，每个任务中的学习目标分成知识与能力目标，使学生能更好地从整体上把握要学习的核心内容。第二，引例、案例与应用举例。在每个任务中，以引例开始，使学生能更好地认识每一个任务的核心学习内容；在案例的选择和编写上，除个别经典案例原文引进外，其余都根据教材需要进行了改编，从文字及表述上更加符合学生的阅读习惯；应用举例主要是为了更好地解释关键、重要及较难理解的概念与相关问题，以常见、简单及通俗的话进行陈述，便于学生理解，也是本教材的主要创新点。第三，实训项目。针对每一个任务中的关键知识及能力点，设计了 2～4 个实训项目；针对实训项目的总结，概括了该项目涉及的核心知识和应掌握的技能点，促使学生对该任务中的核心知识进行再次复习，既可用于学生自主学习，也可用于教师的课堂训练。本书在编写过程中首次将新兴的营销方式也写进了教材。

为方便教师教学，本书还配有免费的电子教案、配套习题库及答案等，请有需要的教师登录华信教育资源网（www.hxedu.com.cn）免费注册后进行下载。

本教材也是大连职业技术学院市场营销专业团队集体教研的成果，一起研讨确定了内容的大纲与结构。其中：王潇潇负责任务一、三、五的编写；徐文飞负责任务二的编写；郭兆平负责任务四的编写；程虹负责任务六、七、十的编写；吕慧负责任务八、九的编写。感谢未谋面同行给予的启示，这些都一一列在参考文献当中。

由于时间仓促，编者水平有限，书中难免存在缺点和疏漏之处，恳请使用该教材的教师和读者不吝赐教。

编　者

目 录

任 务 一

市场营销总体概述

知识目标

1. 了解市场营销的形成与发展；
2. 掌握市场营销的相关概念；
3. 了解不同营销观念的产生和发展的历史背景；
4. 熟练掌握不同营销观念的基本特征；
5. 掌握市场营销的 4P、4C、4R 理论。

能力目标

1. 能够运用市场及市场营销的相关理论知识分析市场现象；
2. 能够运用市场营销观念知识指导企业进行有效的市场营销活动；
3. 能够运用 4P 理论知识对企业进行市场分析。

引入案例　婚礼庆典上的望远镜

英国查尔斯王子和戴安娜举行结婚庆典之日。早 8 点人群已聚集在皇家骑警队必经之路的两边，估计有近百万人围观。焦急等待时，一批小贩身背挎包，推销一种东西（望远镜），并吆喝道："请用望远镜观看结婚盛典，1 英镑 1 只。"到中午庆典结束时，共销售出十几万只，净赚 10 万英镑。

小商贩通过报纸、电台等媒体获得英国王储将举办世纪婚礼的消息，通过归纳、综合分析信息，预测婚礼庆典中人们的需求，根据自身能力，将存在的各种市场机会进行甄选，将最适宜的市场机会转变为自己的商机，即提供观看婚礼盛况的辅助工具。

案例评析：

小商贩抓住了市场机会，在适当的时间、以适宜的价格、高效的渠道传送给顾客所需要的产品，满足顾客的需求。望远镜被抢购一空，小商贩获得丰厚的利润，顾客满意地观看到婚礼盛况，皆大欢喜！

子任务一 市场营销

1.1.1 市场概述

市场是社会分工和商品经济发展到一定程度的产物，随着社会生产力的发展、社会分工的细分，商品交换日益丰富，交换形式复杂化，人们对市场的认识日益深入。

1. 市场的概念

狭义的市场是商品交换的场所，如商店、集市、商场、批发站、交易所等，这是市场最一般、最容易被人们理解的概念，所有商品都可以从市场流进、流出，实现商品由卖方向买方转换。

但是，随着商品经济的飞速发展和繁荣，商品交换过程和机制日益复杂，狭隘的传统市场概念已远远不能概括全部商品经济的交换过程，也反映不了商品和服务交换中所有的供给和需求关系。因此，市场这个概念已不再局限于原有空间范围，而演变为一种范围更广、含义更深的市场概念。

广义的市场是由那些具有特定需要或欲望，愿意并能够通过交换来满足这种需要或欲望的全部顾客所构成的。这种市场范围，既可指一定的区域，如国际市场、国内市场、城市市场、农村市场等；也可指一定的商品，如食品市场、家电市场、劳动力市场等；甚至还可指某一类经营方式，如超级市场、百货市场、专业市场、集贸市场等。

从广义的市场概念可以看到，市场的大小并不取决于商品交换场所的大小，而是取决于那些表示有某种需要，并拥有使别人感兴趣的资源，而愿意以这种资源来换取其需要产品的主体数量。具体来说，市场是指某种产品的现实购买者和潜在购买者的总和。现实购买者是指有购买欲望和购买能力的消费者。潜在购买者是指有购买欲望，但购买能力不足的购买者；或有购买能力，但购买欲望不足的购买者。这些潜在购买者一旦条件有了变化，或因收入提高而有购买力了，或因受宣传介绍的影响由无购买欲望转变为有购买欲望时，就转化为现实购买者了。

市场由人口、购买力和购买欲望三要素组成。只有三要素同时具备，企业才拥有市场。

（1）人口。需求是人的本能，对物质生活资料及精神产品的需求是人类维持生命的基本条件。因此，哪里有人，哪里就有需求，就会形成市场。购买者的多少决定市场容量的大小；购买者的状况，影响着市场需求的内容和结构。

（2）购买力。购买力是人们支付货币购买商品或劳务的能力。人们的消费需求是在利用手中的货币购买商品时显现的。因此，在购买者状况既定的条件下，购买力就成为决定市场容量的重要因素之一。市场的大小，直接取决于购买力的高低。

（3）购买欲望。购买欲望是指消费者购买商品的愿望。它是把消费者的潜在购买力变为现实购买力的重要条件。假如仅具有一定的人口和购买力，而消费者缺乏强烈的购买欲望，商品买卖仍不能发生，市场也就不存在。

人口、购买力、购买欲望三者相互联系，相互制约，缺一不可，只有三者结合起来才能构成现实的市场，才能决定市场的规模和容量。

应用举例　现实购买者和潜在购买者

今天商场近视镜打1折，虽然价格便宜，具备购买产品的能力，但由于眼睛不近视，对产品没有购买欲望。因此，没有构成该近视镜市场的现实购买者。但是通过推销员的推销，例如，说明有不带度数的漂亮眼镜，其可能就成为了该眼镜市场的一员。

作为一名男生，非常喜欢车，很想拥有一辆自己的汽车，虽然有购买车的欲望，但由于没有购车的购买力。因此，不是该汽车市场的现实购买者。但是，当通过自身努力，赚取一定的货币后，即成为汽车市场的一员。

案例1-1　成功对折销售的时新商场

湖北省十堰市时新商场是一个以经营纺织品为主的商场。近几年来，由于受纺织品销售不景气的大气候影响，生意比较平淡。尤其是大批的鞋类积压，使商场举步维艰。其中仅旅游鞋就占用了40万元资金。为了摆脱被动局面，商场用半个月的时间对折销售旅游鞋。该店在十堰市最具影响力的《车城文化报》上宣称：此举措以加速资金周转、盘活资金为目的，商场将亏损10万元。

当这个消息传播出去以后，该商场每天顾客熙熙攘攘，鞋柜前里三层外三层，这种情况持续了15天，该商场销售的旅游鞋不仅有仿皮鞋、普通鞋，也有名牌鞋。这些鞋全部销售一空。结果，该商场不仅没有亏损，反而赚了5万元。

案例评析：

1. 人口。人口是形成市场首要的也是最重要的因素，十堰属中小型城市，人口足够多，对销售来说不成问题。

2. 购买力。"对折降价售卖"的招数，应和了当地市场购买力状况，形成了抢购热潮。

3. 购买欲望。从购买意向来看，旅游鞋具有舒适耐穿、容易清洁等特点，正好迎合顾客之需，符合消费者的购买意向。

总之，从现代市场概念来看，时新商场此举抓住了形成市场的三个要素，看准了市场，大胆开拓，取得了成功。

2. 市场的类型

（1）按地理位置不同，可分为国内市场和国际市场。国内市场是指一国范围内商品或劳务发生的交易场所，是一定时期内国内商品交换的总和，也是国内企业经营的主要市场。

又可进一步分为北方市场、南方市场、东部市场和西部市场等。国际市场是指当商品和劳务在国与国之间流通，构成国际之间的交易行为时，国际市场就随之形成。又可进一步分为北美、西欧、东南亚等市场。这种分类有利于研究不同流通领域的市场特征，实施不同的营销策略。

（2）按构成市场交易对象的商品形态不同，可分为一般商品、资金、技术、信息、劳动力、房地产、服务、产权、文化、旅游等市场。①传统意义上的商品市场，通常是指有形的物质产品市场，主要以各种生活消费品、生产资料为交易对象，是交易量最大、范围最广、种类最多的一类市场；②资金市场，又称金融市场，是指沟通或协助沟通资金供应者和资金需求者之间的联系，推动资金流通的专业市场；③技术市场，是指把技术成果作为商品进行交换的场所，是技术流通的领域，也是反映商品化的技术经济关系的总和，交换的商品一般以知识形态出现，如图纸、技术文件、专利等；④信息市场，是指进行信息商品交换的场所，是促进信息产品在信息生产者、经营者和信息用户之间有偿交流的市场领域；⑤劳动力市场，是指劳动力作为商品进行交易的场所；⑥房地产市场，是指进行房地产交易的场所；⑦服务市场，是指利用一定的场所、设备和工具，为消费者提供无形服务的市场，包括旅游服务、交通服务、教育服务、咨询服务、修理服务等。

（3）按购买商品的目的不同，可分为消费者市场和生产者市场。消费者市场是指个人或家庭为了生活消费而购买产品和服务的市场，又称生活资料市场。生产者市场是指生产者为了满足生产活动而购买生产资料的市场，又称生产资料市场。其中消费者市场是最终市场。例如，纺织厂生产的产品，一般不直接卖给消费者，而以服装厂或中间商为主要市场，但也必须认真研究最终消费者的需求，以消费者的需求为依据来制订营销方案。

（4）按经营范围不同，可分为综合市场和专业市场。

（5）按流通环节不同，可分为批发市场和零售市场。

（6）按成交时间不同，可分为现货市场和期货市场。现货市场是指买卖成交后立即进行交割的“一手交钱，一手交货”的市场。期货市场是指“成交在前，交割在后”的期货合约市场。

（7）按竞争程度不同，可分为完全竞争、完全垄断和不完全竞争市场。①完全竞争市场，是指竞争充分而不受任何阻碍和干扰的一种市场结构。在这种市场类型中，买卖人数众多，买者和卖者是价格的接受者，资源可自由流动，信息具有完全性。②完全垄断市场，是指在市场上只存在一个供给者和众多需求者的市场结构。完全垄断市场的假设条件有三点：第一，市场上只有唯一厂商生产和销售商品；第二，该厂商生产的商品没有任何接近的替代品；第三，其他厂商进入该行业都极为困难或不可能，所以垄断厂商可以控制和操纵市场价格。③不完全竞争市场，是指相对理想化的完全竞争而言的一类市场结构，市场中的企业或个人对产品市场价格有一定程度的控制力。

（8）按市场主体地位，可分为买方市场和卖方市场。买方市场是指买方处于支配地位，由买方左右的市场。卖方市场是指卖方处于支配地位，由卖方左右的市场。

3．市场的功能

市场功能是市场机体在市场营销活动中，以商品交换为中心所具有的客观职能。市场一般有以下六个功能。

(1) 交换功能。交换功能是指通过市场进行商品收购和商品销售活动，能实现商品所有权与货币持有权之间的相互转移，最终把商品送到消费者手中，使买卖双方都得到满足。

(2) 供给功能。供给功能是指商品的运输和储存等方面的活动，商品的运输和储存是实现商品交换功能的必要条件。由于商品的生产与消费往往不在同一地点，这就要求通过运输把商品从生产地转移到消费地。另外将商品通过储存设施加以保管留存，以保证市场上商品的及时供应。

(3) 价值实现功能。商品的价值是人们在生产劳动过程中创造的，其价值的实现则是在市场上通过商品交换来完成的。任何商品都会受到市场的检验，市场是企业营销活动的试金石。市场状况良好，商品能顺利地在买者和卖者之间转换，最终送到消费者手里实现消费，价值才能最后实现。

(4) 反馈功能。市场能客观反映商品供求的状况，它把供求正常和供求失调的信息反馈给企业，为企业经营决策提供依据。

(5) 调节功能。市场的调节功能是通过价值规律、供求规律和竞争规律来体现的。人们从市场上得到有关市场供求、市场价格和市场竞争情况的信息反馈后，可以通过一定的调节手段和措施使生产的商品适应市场的需求。

(6) 便利功能。这是为了保证交换和供给功能能够顺利实现而提供的各种便利条件，包括资金融通、风险承担、商品标准化和市场信息系统等。

市场的这些功能是通过参与市场活动的企业和个人的经济行为来实现的，它们之间存在互相制约、互相促进的关系。

1.1.2　市场营销概述

市场营销是一种交换活动。生产者从事的是以出售为目的的商品生产，其产品必须能够满足消费者的某种需要才能被消费，从而顺利地实现交换。市场营销是以满足消费者的需要为目的，主动通过市场把潜在交换转变为现实交换的各种活动。

1．市场营销的概念

早期的认识是比较肤浅的，较早的认识是把营销等同于商品销售或推销。

1960 年，美国市场营销协会委员会给市场营销下的定义是“市场营销是引导商品和劳务从生产者流向消费者或用户的企业商务活动过程。”十分明显，这一定义以产品制成后作为市场营销的起点，以送达消费者手中为终点，把市场营销仅仅看作沟通生产环节与消费环节的商业活动过程，因而也存在明显的局限性。

美国著名的营销学者菲利普·科特勒对市场营销的核心定义突破了上述局限性，做了如下描述：“市场营销是指个人和集体通过创造产品和价值并同他人进行交换以获得所需所欲的一种社会和管理过程。”

市场营销具有以下四个基本特征。

（1）市场营销的核心功能是交换。交换是以提供某种价值作为回报而与他人换取所需价值的行为，交换活动存在于市场经济条件下的任何社会经济生活当中。

（2）市场交换活动的基本动因是满足交换双方的需求和欲望。依据市场营销的观点，顾客购买的是对某种需求和欲望的“满足”，企业产出的是能使顾客的这种需求和欲望“满足”的方法或手段。

（3）市场营销是一种创造性的行为。市场营销不仅寻找已经存在的需要并满足它，而且激发和解决顾客并没有提出或意识到的潜在需要，使他们热烈响应企业的营销行为。

（4）市场营销是一个系统的管理过程。它不仅包括生产、经营之前的具体经济活动，还包括生产过程完成之后进入销售过程的一系列具体的经济活动，是一个远远超出流通范围而涉及生产、分配、交换和消费的总循环过程。

2. 市场营销的核心概念

要想对市场营销进行深入细致的研究，首先就应该掌握它的一些基本核心概念，包括需要、欲望与需求，商品与服务，价值与满足，交换与交易。

（1）需要、欲望与需求。①需要，构成市场营销基础的最基本的概念就是人类需要这个概念。它是指人们没有得到某些满足的感受状态，人们在生活中需要空气、食品、衣服、住所、安全、感情以及其他一些东西，这些需要都不是社会和企业所能创造的，而是人类自身本能的基本组成部分。②欲望，是指人们想得到这些基本需要的具体满足物或方式的愿望。一个人需要食品，想要得到一个面包；需要被人尊重，想要得到一辆豪华小汽车。③需求，是指人们有能力购买并且愿意购买某种商品或服务的欲望。人们的欲望几乎没有止境，但资源却是有限的。因此，人们想用有限的金钱选择那些价值和满意程度最大的商品或服务，当有购买力作为后盾时，欲望就变成了需求。

企业并不创造需要，需要存在于营销活动出现之前，企业以及社会上的其他因素只是影响了人们的欲望，他们向消费者建议一个什么样的商品可以满足消费者哪些方面的要求，如一套豪华住宅可以满足消费者对居住与社会地位的需要。优秀的企业总是力图通过使商品富有吸引力、适应消费者的支付能力和容易得到来影响需求。

应用举例　　需要、欲望、需求的差别

人饿了，就要有吃的想法，这是需要；不同的人满足吃的需要的愿望不一样，有的人想吃馒头，有的人想吃肯德基，这个具体的愿望是欲望；可是如果只有1元钱，只能买起馒头，买不起肯德基，那么对馒头产生了需求，而对肯德基没有产生需求，换句话说，需求是有购买力的欲望。

（2）商品与服务。人们在日常生活中需要各种商品来满足自己的各种需要和欲望。从广义上来说，任何能满足人们某种需要或欲望而进行交换的东西都是商品。

商品这个词在人们心目中的印象是一个实物，如汽车、手表、面包等。但是，诸如咨询、培训、运输、理发等各种无形服务也属于商品范畴。一般用商品和服务这两个词来区分实体商品和无形商品。在考虑实体商品时，其重要性不仅在于拥有它们，更在于使用它们来满足人们的欲望。人们购买汽车并不是为了观赏，而是因为它可以提供一种交通服务。所以，实体商品实际上是向人们传送服务的工具。

服务则是一种无形商品，它是将人力和机械的使用应用于人与物的结果。例如，保健医生的健康指导、儿童钢琴知识教育、汽车驾驶技能的培训等。

当购买者购买商品时，实际上是购买该商品所提供的利益和满意程度。由于人们不是为了商品的实体而买商品，商品的实体是利益的外壳。因此，企业的任务是推销商品实体中所包含的内核，即利益或服务，而不能仅限于描述商品的形貌，否则，目光就太短浅了。

应用举例　　**消费者为什么购买劳力士**

在具有相同报时功能的手表中，为什么有的消费者偏爱价格高昂的劳力士手表？原因在于它除了基本的报时功能外，还是消费者成功身份的象征。这种由产品和特定图像、符号组合起来表达的承诺，能够帮助消费者对有形商品和无形商品做出购买判断。在很多情况下，符号和无形商品让消费者感到更有形、更真实。

（3）价值与满足。消费者通常都面临一大批能满足某一需要的商品，在这些不同商品之间进行选择时，一般都是依据商品所能提供的最大价值而做出购买决定的。这里所谓的价值就是消费者付出与消费者所得之间的比率。一般来说，消费者在获得利益的同时也需要承担成本。消费者所获得的利益包括功能利益和情感利益，而成本则包括金钱、时间、精力及体力。因此，价值可用以下公式来表达，即

$$价值=\frac{利益}{成本}=\frac{功能利益+情感利益}{金钱成本+时间成本+精力成本+体力成本}$$

企业可以通过以下五种方法来提高购买者所得价值：①增加利益；②降低成本；③增加利益同时降低成本；④利益增加幅度比成本增加幅度大；⑤成本降低幅度比利益降低幅度大。

满意是顾客通过对某商品可感知的效果与他的价值期望相比较后所形成的愉悦或失望的感觉状态；满意水平可表示为感知效果与价值期望之间的差异函数，即

$$满意水平 = 感知效果 - 价值期望$$

如果效果超过期望，顾客就会高度满意；如果效果与期望相等，顾客也会满意；但如果效果低于期望，顾客就会不满意。

应用举例　　**顾客会选择哪种商品**

某两件商品的价值分别为 V1 和 V2，一名顾客在对这两件商品进行选择时，如果 V1 与 V2 相比价值大于 1，这名顾客会选择 V1；如果比值小于 1，他会选择 V2；如果比值等于 1，他会持中性态度，任选 V1 或 V2。

案例1-2 日益兴隆的米店

在南方的一个小镇中，有一位年轻的米店商人，名叫华明。他是该镇的十位米商之一，他总是待在店内等候顾客，所以生意并不大好。一天，华明认识到他应该更多地为该镇居民着想，了解他们的需求和期望，而不是简单地为那些到店里来的顾客提供大米。他认为应该为居民提供更多的价值，而不能仅仅提供和其他米商一模一样的服务。他决定对顾客的饮食习惯以及购买周期建立记录档案，并且开始为顾客送货。首先，华明开始绕着该城镇到处走，并且敲开每一位顾客的家门，询问家里有多少口人，每天需要煮多少碗米，家里的米罐有多大等。之后，他决定为每个家庭提供免费的送货服务，并且每隔固定时间自动为每个家庭的米罐补满。因此，米店日益兴隆起来。

案例评析：

建立这些记录以及提供的全新服务，为顾客增加了利益，提高了购买价值，因此，生意日益兴隆。

（4）交换与交易。需要和欲望只是市场营销活动的序幕，只有通过交换，营销活动才真正发生。交换是提供某种东西作为回报而与他人换取所需东西的行为，它需要满足以下五个条件：第一，至少要有两方；第二，每一方都要有对方所需要的有价值的东西；第三，每一方都要有沟通信息和传递信息的能力；第四，每一方都可以自由地接受或拒绝对方的交换条件；第五，每一方都认为同对方的交换是称心如意的。

如果存在上述条件，交换就有可能，市场营销的中心任务就是促成交换。交换的最后一个条件是非常重要的，它是现代市场营销的一种境界，即通过创造性的市场营销，双方进行交换，以达到双赢。

交易是交换的结果，如果交换成功，就有了交易。怎样达成交易是营销界长期关注的焦点，各种各样的营销课题理论实际上都可还原为对这一问题的不同看法。

小资料 市场营销的产生与发展

市场营销学在20世纪初起源于美国，随着客观形势和工商企业市场营销活动的发展变化，市场营销学在美国有了很大发展。

1. 萌芽阶段

19世纪末20世纪初是市场营销学的萌芽阶段。当时，以美国为代表的一些主要资本主义国家，由于工商业的发展十分迅速，商业广告的运用和销售技术的研究逐步受到社会各界的重视，许多经济院系都开设了广告学和销售技术等课程。从1902、1903年起，美国的密执安、加利福尼亚和伊利诺伊州的三所大学的经济学系正式设置了市场营销学课程，并把市场营销问题当作一门学科来研究。此后，美国的高等财经院校普遍重视研究市场营销学。市场预测也开始成为一个热门的研究课题，其代表人物巴布生首次运用市场物价指数编制市场预测图表，并设立商业服务社，为工商企业提供商情资料，引起企业界的重视。1912年，美国哈佛大学教授赫杰特齐编写的《市场营销学》一书出版，使市场营销学从经济学中分离出来，成为一门独立的学科。在这一阶段，市场营销学的研究具有较大的实用性，内容主要是商业销售实务方面的问题，虽有实用价值，但在理论上尚未形成完整的体系，且仅限于大学讲坛，还未引起社会的普遍重视。

2. 成长阶段

从 20 世纪 30 年代到第二次世界大战结束，是市场营销学的成长阶段。在这一时期（1929—1933 年），资本主义世界爆发了严重的经济危机，市场商品堆积如山，销售困难，商店纷纷倒闭，工厂停工减产，劳动者大量失业，幸存企业都面临十分严重的销售问题。在这一形势下，市场营销学广泛受到社会公众的重视，各种市场营销学理论相继进入应用领域，普遍为工商企业用来指导实践，以帮助其解决产品的销售问题，由此逐步建立了市场营销学的理论体系。这一时期，美国的高等院校和工商企业建立了各种市场研究机构，有力地推动了市场营销学的普及和研究。

例如，1915 年，美国正式成立“全美广告协会”，1926 年，改组为“全美市场营销学和广告学教师协会”；1937 年，全美各种市场研究机构联合组成“美国市场营销协会”，不仅有工商企业家和经济学家参加，而且吸收了市场行情、广告、行销、信托等方面的专家入会，共同研讨市场营销学的实际运用问题。此外，很多高等院校也组织了市场营销学研究团体，经常研讨市场营销学的理论和应用问题，并为企业提供咨询服务。在这一时期，企业虽然引进了市场营销理论，但所研究的内容仍局限于流通领域，重点仍在于研究广告和推销术等商业推销实务与技巧。

3. 形成阶段

20 世纪 50 年代初至 70 年代，是市场营销学的形成阶段。50 年代初，美国结束了战后的恢复时期，大量的军事工业转向民用，随着战后科学技术的深入发展，劳动生产率大大提高，经济迅速增长，市场态势发生了重大变化：一方面商品供应数量空前增加，新产品、新品种不断涌现，买方市场已经形成；另一方面，由于资本主义政府汲取了 30 年代大危机的教训，推行了一整套高工资、高消费和高福利的社会经济政策，以刺激和提高居民的购买力，使消费者对于商品的购买日益增强，挑选时越来越苛求。在这种情况下，企业之间的市场竞争愈演愈烈，使得原来的市场营销学理论和实物不能适应企业市场营销活动的需要。于是，在市场营销的理论上出现了一个重大突破，形成了“以消费者为中心”的现代市场营销观念。市场营销学的研究突破了流通领域，深入生产领域和消费领域中去，形成了现代市场营销学体系。

4. 成熟阶段

20 世纪 70 年代至今，是市场营销学的成熟阶段。战后，在美国，各种市场营销著作纷纷出版；市场营销学的地位空前提高，受到社会各界的普遍重视。特别是 1960 年尤金·麦卡锡的《基础营销学》一书的问世，对市场营销学的发展有重要意义。70 年代，市场营销学又与消费经济学、心理学、行为学、社会学、统计学等应用科学相结合，发展成一门新兴的综合性的应用科学，先后传入日本、西欧、东欧、苏联等国家和地区，并被世界各国所接受。可以说，这一阶段是现代市场营销学走向成熟的阶段。

进入 80 年代，市场营销学在理论研究的深度上和学科体系的完善上得到了极大的发展，市场营销学的概念有了新的突破。1986 年，菲利普·科特勒在《哈佛商业评论》上发表了《论大市场营销》。他提出了大市场营销概念，即在原来 4P 组合的基础上，增加两个 P: “政治力量”和“公共关系”。这一概念的提出，是 80 年代市场营销战略思想的新发展。用菲利普·科特勒自己的话说，这是“第四次浪潮”。1984 年夏，他在美国西北大学演讲时说：“我目前正在研究一种新观念，我称之为大市场营销，即‘第四次浪潮’。我想我们学科的导向，已经从分配演变到销售，继而演变到市场营销，现在演变到大市场营销。”

1986 年，加拿大工业市场营销学会主席埃恩·戈登又提出了以“竞争观念”取代“市场营销观念”这一新的提法，在美国学术界引起一定的反响。1987 年 5 月 27 日，菲利普·科特勒在加拿大蒙特利尔为纪念美国市场营销协会成立 50 周年而举行的世界市场营销学大会上作了题为“市场营销思想新领域”的学术报告。在报告中他预言，90 年代将出现一系列新的市场营销观念，如定制营销、营销网络、纯粹营销公司等。

市场营销学于 20 世纪初在美国产生以来，发展迅速，著作浩繁，影响深远，受到各界的普遍重视。究其原因，就在于它适应了社会化大生产和市场经济高度发展的客观需要。在西方，每个人都生活在高度发达的市场经济之中，离开市场便无法进行生产和生活。市场成为整个社会经济的主宰者，它指挥和调节着国民经济的发展，影响到每一个人的经济生活，决定着每一个企业的生存和发展、前途和命运。因此，每一个生产者和经营者都不能不关心市场，不能不研究市场营销学。这就是市场营销学在西方国家受到普遍重视和迅速发展的根本原因。

5. 我国市场营销的发展

早在 20 世纪 30 年代，我国就有市场营销学的译本。新中国成立初期由于众所周知的原因，这门学科曾受到冷落而销声匿迹。党的十一届三中全会以后，由于实行对外开放、对内搞活政策，我国同欧美、日本等发达资本主义地区和国家发展经济贸易往来，利用它们的资金和技术来建设社会主义现代化国家，于是，我国重新引进现代美国市场营销学。改革开放以来，随着国民经济的发展，我国市场形势发生了很大变化，许多商品由过去长期供不应求、凭证凭票限量购买发展为市场上供应充足。随着经济体制改革的深入发展，企业经营机制的转换使工商企业感到内有动力、外有压力，因而有越来越多的工商企业开始重视市场营销问题。在新的形势下，1980 年以来，我国理论界和工业、商业、外贸、银行等业务部门开始重视引进、学习、研究和应用现代西方市场营销学所阐明的市场营销原理和技术。现在，我国几乎所有综合大学、工科大学、高等财经院校和广播电视大学等都已开设市场营销学课程，市场营销学的知识正在我国迅速传播，并已开始运用于我国企业的国内、国际市场营销活动之中。我国市场营销学的研究也取得了极为可喜的成果。

但是，总体说来，在市场营销学教学研究方面，我国尚处于介绍、传授现代西方市场营销学的阶段。至于如何根据我国国情，走自己的路，建立具有中国特色的社会主义市场营销学，尚在探索之中。

子任务二 市场营销观念

任何市场营销活动都是从一定的营销观念出发的，由于出发点不同，其活动的重点和方向也有较大的差异，也代表了市场营销发展的水平。

1.2.1 生产观念

1. 基本内容

生产观念认为：消费者总是接受任何他能买到并且买得起的产品。因此，企业只要集中一切力量扩大生产、降低成本就能获取更多的利润。

2. 产生背景

19 世纪末至 20 世纪 20 年代，西方国家处于工业化初期，生产力水平较低，市场需求旺盛，产品供不应求。企业只要提高产量、降低成本，就可获得丰厚的利润。

3. 基本观点

生产观念是一种重生产、轻市场的经营哲学。厂商可以很少或根本无须考虑消费者的需求，就能够把产品卖出去，甚至是“以产定销”，是在卖方市场条件下产生的。生产观念可以概括为“我们会做什么，就生产什么。”

应用举例　福特 T 型车的“一生”

福特汽车公司生产的 T 型车自 1908 年至 1927 年，近 20 年间生产了 15 007 033 辆，从而确立了福特不仅在美国，也在全世界的汽车霸主地位。福特公司生产的 T 型车，由于采用流水线生产，大大提高生产效率，成本大幅度降低，占有汽车市场 56%的份额。以至于福特说：“不管顾客需要什么，我的汽车就是黑的。”但之后不久，福特公司陷入困境，几乎破产。原因就是其守旧的生产观念，没有满足消费者需求的变化，最终被市场所淘汰。

1.2.2 产品观念

1. 基本内容

产品观念认为：消费者喜欢那些质量高、性能好、价格合理并有特色的产品。因此，企业的主要任务就是不断地对产品进行改进，提高产品质量。

生产观念强调“以量取胜”，而产品观念强调的则是“以质取胜”，奉行只要产品好，不怕卖不掉；只要产品有特色，自然会顾客迎门。

2. 产生背景

在20世纪30年代以前，不少西方企业广泛奉行这一观念。相比于上一阶段，社会生活水平已有了较大幅度的提高，消费者已不再仅仅满足于产品的基本功能，而是开始追求产品在功能、质量和特点等方面的差异性。因此，如何比其他竞争对手在上述方面为消费者提供更优质的产品就成了企业的当务之急。在产品供给不太紧张或稍微宽裕的情况下，这种观念常常成为一些企业经营的指导思想。

3. 基本观点

坚信“只要产品好，就不怕顾客不上门”“酒好不怕巷子深”“一招鲜，吃遍天”等都是产品观念的生动写照。产品观念可以概括为“我们会做什么，就努力做好什么。”目前，我国还有很多企业不同程度地奉行产品观念，它们把提高产品功能与质量作为企业首要任务，提出了“企业竞争就是质量竞争”“质量是企业的生命线”等口号，这无疑有助于推动我国企业产品的升级换代，缩短与国外同类产品的差距，一些企业也由此取得了较好的经济效益。

然而产品观念的奉行，也使很多企业患上了“营销近视症”，即把注意力集中在产品上，而不是放在消费者的需求上，看不到消费者的需求在变化，看不到需求变化所导致的产品更新换代，最终必将导致企业遭受挫折甚至失败。

应用举例　文件柜的滞销

某一办公室文件柜制造商总是认为他的产品一定好销，因为它们是世界上最好的。他说：“这文件柜从四层楼上扔下去仍能完好无损。”不过令人遗憾的是，没有人会在购买文件柜后，先把文件柜从四层楼上扔下去再开始使用。而为了保证这种过分的产品坚固性，必然会增加产品的成本，消费者也不愿意为这些额外又无多大意义的品质付更多的钱。

案例1-3　爱尔琴失去竞争优势的原因何在

美国爱尔琴钟表公司自1864年创立到20世纪50年代中期，一直是美国最好的钟表制造商之一，享有盛誉。该公司长期以来在市场营销中强调生产高级产品，树立优质产品形象，并通过第一流的珠宝店和百货公司组成庞大的销售网推销产品。1958年以前，销售额一直是上升的，但此后销售额和市场占有率开始直线下降，使其在市场中的优势地位开始动摇。爱尔琴公司优势地位受到损害的原因是什么？

第一，在消费者方面，消费观念产生了变化，即从能买到走时基本准确、造型优美、价格适中的手表，变为追求手表的方便性（全自动手表）、耐用性（防水防震手表）和经济性（廉价手表）；第二，在竞争者方面，许多同行业的制造商迎合消费者需要，纷纷生产中低档手表；第三，在销售渠道方面，不少美国人都想避开珠宝店的高额加成，而且在看到廉价手表时常常会产生冲动性购买。因此，众多的手表制造商开始通过大众销售渠道——超级市场、廉价商店、折扣商店、方便店，甚至在地摊上进行大力推销。

案例评析：

爱尔琴公司产品在市场上受挫的根本原因在于公司迷恋于生产精美、优质而式样陈旧的手表，并仍用传统的渠道推销产品，根本没有注意到手表市场上发生的各种重大变化。追根究底，失败的原因是其落后的产品观念。

1.2.3 推销观念

1. 基本内容

推销观念认为：消费者一般不会主动选择和购买商品，只能通过推销产生的刺激，诱导消费者产生购买行为。

2. 产生背景

20 世纪 30～40 年代，由于科技进步、科学管理和大规模生产技术的推广，商品供给迅速增加，导致供过于求，企业间的竞争日益激烈。特别是 1929 年的经济危机，导致货品卖不出去，厂商纷纷倒闭。

3. 基本观点

企业重视销售，利用各种推销、促销手段刺激需求，争取顾客，扩大销售。推销观念可以概括为“我们会做什么，就努力推销什么。”

通常，推销观念被大量应用于推销那些购买者不太想去购买的非渴求商品，如保险、百科全书等。这些行业中的企业善于使用各种推销技巧来寻找潜在客户，并用高压式的推销术说服客户接受其产品。对于刚上市的新产品，企业必须通过加强推销工作，来使消费者对企业的产品和服务从了解到感兴趣直至实施购买。

此外，大多数公司在产品过剩时，也常常奉行推销观念。这些公司的近期目标是销售其能够生产的商品，而不是生产能够售出的新产品。在现代工业经济中，大多数市场都是买方市场，卖方不得不拼命争夺顾客，推销大战热火朝天，令顾客感到似乎到处受到“围攻”，在每一回合中，总有企业尽力想推销掉一批东西。

从生产导向发展为推销导向是经营思想的一大进步，但基本上仍然没有脱离以生产为中心、“以产定销”的范畴。

应用举例　　**房地产企业的营销观念**

在我国房地产销售市场中，推销观念色彩浓烈。在销售行为和众多的广告中，房地产开发商一直在充当施舍者，如“圆你一个美好家园的梦”“送你一个温馨的家”等。根本不问交易行为中的主体——购房者的感觉。这种一厢情愿而又落后的主体意识，导致房地产开发商难以真正了解购房者的需求而过分依赖市场：市场热则万事大吉，市场冷则束手无策。

1.2.4 市场营销观念

1. 基本内容

市场营销观念认为：实现企业目标的关键在于正确确定目标市场的需求，并且比竞争对手更有效、更有利地传送目标市场所期望满足的东西。

2. 产生背景

20 世纪 50 年代，军用转向民用，社会产品供给迅速增加，形成了买方市场。卖主之间争夺市场的竞争日趋激烈。且当时西方推行“三高”政策，即高工资、高福利、高消费，消费者比以往更富有、更精明、更苛求，消费需求多样化且频繁。

3. 基本观点

市场营销观念可以概括为“顾客需要什么，就生产和销售什么。”或“能销售什么，就生产什么。”提出了“顾客是上帝”和“一切为了顾客的需要”等口号。市场营销观念的出现使企业经营观念发生了根本性的变化，也使市场营销学发生了一次革命。市场营销观念同推销观念相比具有重大的区别。从本质上说，市场营销观念是一种以顾客需要和欲望为导向的哲学，是消费者主权论在企业市场营销管理中的体现。

应用举例　**沃尔玛公司奉行三大原则**

沃尔玛公司奉行三大原则。一是“顾客服务”原则：第一条，顾客是对的；第二条，顾客永远是对的；第三条，如有任何疑问，请参照第一、第二条执行。二是“三米”原则：顾客距离店员三米就能感觉到他（她）的微笑和热情。三是“日落”原则：店方一旦发生过错，公司会在当天日落前妥善处理，向顾客诚心道歉。沃尔玛公司奉行三大原则的宗旨是顾客就是上帝。

应用举例　**不同经营决策的四家公司**

A 公司生产手表，认为只要生产走时精确、造型优美、价格适中的名牌产品，即能获得经营成功；B 公司生产汽车，致力于扩大汽车规模生产，加强企业管理，力图降低成本扩大销售；C 公司生产电子仪器，认为自己的产品不会主动变成现金，因此只要派出人员大力推销就能取得经营成功；D 公司生产汉堡包，其宗旨是顾客就是上帝，要尽量努力使顾客购买汉堡包的每一美元都能买到十足的价值、质量和满意。那么，A 公司属于产品观念，B 公司属于生产观念，C 公司属于推销观念，D 公司属于市场营销观念。

1.2.5 社会营销观念

1. 基本内容

社会营销观念认为：企业在生产和提供任何产品或服务时，不仅要满足消费者的需要和欲望，还要符合消费者和社会发展的长远利益，实现企业、消费者和社会利益三者的协调。社会营销观念是对市场营销观念的补充与完善。

2. 产生背景

20 世纪 70 年代，为了保护消费者的利益，美国等国家陆续成立了消费者联盟，保护消费者权益主义蓬勃兴起。针对这种情况，美国管理学权威彼得·德鲁克指出："市场营销的漂亮话讲了 20 年之后，保护消费者权益主义居然变成了一个强大的、流行的运动，这就证明没有多少公司真正奉行营销观念。"还有不少人认为，营销观念回避了消费者需求、消费者利益和长远社会利益之间隐含的冲突，在环境恶化、资源短缺、人口爆炸、世界性通货膨胀、社会服务被忽视的年代里，一个企业仅仅追求营销观念是不适当的，它往往会导致资源浪费、环境污染等诸多弊病。例如，香烟满足烟民的需要，却损害人们的健康；发展汽车工业，加大污染等，不但要考虑企业、消费者的需求，还要考虑社会需求。

因此，一些西方学者提出了一些新观念来修正或取代营销观念，如"人性观念""明智的消费者观念""绿色营销观念"等，所有这些观念都是从不同的角度来探讨一个问题，菲利普·科特勒将之综合起来，提出了上述的"社会营销观念"。

3. 基本观点

社会营销观念的核心思想是，企业营销=顾客需求+社会利益+企业利润。这样，企业既能发挥特长，在满足消费者需求的基础上获取经济效益，又能符合整个社会的利益，因而具有强大的生命力。不少公司通过采用和实践社会营销观念，获得了可观的销售量和利润。

案例1-4　青岛澳柯玛集团

青岛澳柯玛集团是国家大型一级企业，山东省重点工业企业集团，也是我国最早被认定的"中国驰名商标"的四家家用电器企业之一。

致力于可持续性发展是澳柯玛集团企业的战略目标，即澳柯玛集团在同行业内率先开始无 CFC 替代项目改造工作，并已成为全球最大的无 CFC 电冰柜生产基地，同时在电冰柜、洗碗机生产行业内最先通过了 ISO 14001 环境管理体系认证。目前，澳柯玛正向节能、环保、高科技家电产品领域开辟新的发展空间，进行产品结构、组织结构的调整，实施产品的纵向拉长、横向拓宽。规划在未来三年及更长的时期内，集团能够在国内占领环保、节能家电行业的领头地位。

新旧营销观念的对比内容如表 1-1 所示。

表 1-1 新旧营销观念的对比

营销观念		市场特征	出发点	手段	目标
旧观念	生产观念	供不应求	生产	提高产量、降低成本	增加生产、获得利润
	产品观念	供不应求	产品	提高质量、增加功能	提高质量、获得利润
	推销观念	生产能力过剩	销售	推销与促销	扩大销售、获得利润
新观念	市场营销观念	买方市场	顾客需要	整体市场营销	满足需要、获取利益
	社会营销观念	买方市场	顾客需要、社会利益	整体市场营销	满足顾客需要、增进社会利益、获得经济效益

子任务三 市场营销的基本理论与发展

1.3.1 市场营销的基本理论

企业的营销工作是一门艺术，也是一门科学，先进的营销理念将提高企业的市场业绩。从营销组合策略的角度分析，市场营销理论经历了 4P、4C、4R 三个阶段。

1. 4P 理论

4P 理论产生于 20 世纪 60 年代的美国，是随着营销组合理论的提出而出现的。1953 年，尼尔·博登在美国市场营销学会的就职演说中提出了市场营销组合这一概念，其意是指市场需求或多或少地在某种程度上受到营销变量或营销要素的影响。为了寻求一定的市场反应，企业要对这些要素进行有效的组合，从而满足市场需求，获得最大利润。后来，尤金·麦卡锡于 1960 年在其《基础营销学》一书中将这些要素概括为 4 类：产品、价格、渠道、促销，即著名的 4P。 1967 年，菲利普·科特勒在其畅销书《营销管理：分析、规划与控制》一书中进一步确认了以 4P 为核心的营销组合方法。

（1）产品。产品是指企业要根据自身的能力，确定提供给目标市场的商品和劳务的组合，包括产品的质量、特点、式样、品牌、包装、服务等，产品要有实质上的创新，应把产品的功能放在第一位。

（2）价格。价格是指企业要根据不同的市场定位和企业、行业的特点，制定不同的价格策略，包括产品的基本价格、折扣、付款方式、信贷条件等。

（3）渠道。渠道是指企业为了使其产品进入和到达目标市场所进行的各种活动，包括产品的销售方式、运输条件、库存控制等。企业并不直接面对消费者，而是注重经销商的培育和销售网络的建立，通过分销商来加强企业与消费者的联系。

（4）促销。促销是指企业宣传介绍其产品的各种活动，包括人员促销、广告、公共关系和营业推广等。企业注重以销售行为的改变来刺激消费者，以短期的行为（如让利、买一送一、营造现场气氛等）促进消费的增长，吸引其他品牌的消费者或引导提前消费来促进销售的增长。

4P理论的提出奠定了营销管理的基础理论框架。该理论以单个企业作为分析单位，认为影响企业营销活动效果的因素有两种：一是企业不能够控制的，如政治、法律、经济、人文、地理等环境因素，称之为不可控因素，这也是企业所面临的外部环境；二是企业可以控制的，如生产、定价、分销、促销等营销因素，称之为企业可控因素。企业营销活动的实质是一个利用内部可控因素适应外部环境的过程，即通过对产品、价格、渠道、促销的计划和实施，对外部不可控因素做出积极的动态的反应，从而促成交易的实现和满足个人与组织的目标，即菲利普·科特勒所说："如果公司生产出适当的产品，定出适当的价格，利用适当的分销渠道，并辅之以适当的促销活动，那么该公司就会获得成功。"所以，市场营销活动的核心就在于制定并实施有效的市场营销组合。

案例1-5　日本电视机厂是如何占领中国市场的

20世纪80年代初，在欧洲的电视机生产厂家对中国的电视机市场不屑一顾的时候，日本的电视机生产厂家却从对中国市场的研究中，得出了另一种结论：虽然中国人的可任意支配收入较低，但中国人有储蓄的习惯，已经形成了一定的购买力，中国存在着一个很有潜力的黑白电视机市场。于是他们制定了开发中国市场的营销组合策略。

（1）产品策略。日本电视机必须符合以下条件：一是必须把电视机的电压系统由110伏改为220伏；二是中国若干地区电压不稳，电视机要有稳压装置；三是要适应中国电视频道制式；四是电视机的耗电量要低，但音量却较大；五是根据中国居民住房情况，应以12英寸为主；六是要提供质量保证和修理服务。

（2）价格策略。考虑到当时中国尚无外国电视机的竞争，因此，价格比中国国产电视机稍高，人们也会乐意购买。

（3）促销策略。鉴于当时中国大陆的媒体宣传状况，主要选择中国香港的媒体做广告，希望以此间接地影响整个中国的经销商、客户和消费者。

案例评析：

由于日本电视机厂商开发中国市场的战略及时，4P 营销理论运用得当，从而顺利占领中国市场。

2．4C理论

随着市场竞争日趋激烈，媒介传播速度越来越快，4P 理论已无法满足企业对品牌形象、服务水平和顾客关系等重要营销战略的更高要求。到 20 世纪 90 年代，美国的罗伯特·劳特朋针对 4P 理论存在的问题提出了 4C 营销理论。

（1）顾客。4C 理论中的顾客主要是指顾客的需求。企业必须首先了解和研究顾客，然后根据顾客的需求来提供产品。同时，企业提供的不仅仅是产品和服务，更重要的是由此产生的顾客价值。

（2）成本。4C 理论的成本不单是企业的生产成本，或者说 4P 中的价格还包括顾客的购买成本。产品定价的理想情况应当是既低于顾客的心理价格，又能够让企业有所盈利。此外，顾客购买成本不仅包括其货币支出，还包括其为此耗费的时间、精力和体力消耗及购买风险。

（3）便利。4C 理论中的便利即为顾客提供最大的购物和使用便利。4C 理论强调，企业在制定分销策略时要更多地考虑顾客的方便，而不是企业自己的方便。要通过好的售前、售中和售后服务，让顾客在购物的同时也享受到便利。便利是顾客价值不可或缺的一部分。

（4）沟通。沟通被用以取代 4P 中的促销。4C 理论认为，企业应通过同顾客进行积极有效的双向沟通，建立基于共同利益的新型“企业—顾客”关系。这不再是企业单向的促销和劝导顾客，而是在双方的沟通中找到能同时实现各自目标的途径。

总之，4C 营销理论注重以消费者需求为导向，与市场导向的 4P 相比，4C 有了很大的进步和发展。4P 与 4C 的关系可以这样概括：4P 是站在企业的角度看市场，4C 是站在消费者的角度分析市场。如果站在市场看企业，站在客户的角度看市场，那么，“产品”对应的是“顾客”，“价格”对应的是“成本”，“渠道”对应的是“便利”，“促销”对应的是“沟通”。这样“4P”也就变成了“4C”。但从企业的营销实践和市场发展的趋势看 4C 理论依然存在以下五个方面的不足。

第一，4C 理论是顾客导向，而市场经济要求的是竞争导向，中国的企业营销也已经转向了市场竞争导向阶段。顾客导向与市场竞争导向的本质区别是，前者看到的是新的顾客需求；后者不仅看到了需求，还更多地注意到了竞争对手，冷静分析自身在竞争中的优势和劣势并采取相应的策略，在竞争中求发展。

第二，4C 理论虽然已融入营销策略和行为中，但企业营销又会在新的层次上同一化。不同企业也只是程度的差异问题，并不能形成营销个性或营销特色，不能形成营销优势以保证企业顾客份额的稳定性、积累性和发展性。

第三，4C 理论以顾客需求为导向，但顾客需求是否有其合理性是一个问题。顾客总是希望商品质量好、价格低，特别是在价格上，其要求是无界限的。只看到满足顾客需求的一面，企业必然付出更大的成本，久而久之会影响企业的发展。所以，从长远看，企业经营要遵循双赢的原则，这是 4C 理论需要进一步解决的问题。

第四，4C 理论仍然没有体现既赢得客户，又长期地拥有客户的关系营销思想，没有解决满足顾客需求的操作性问题，如提供集成解决方案、快速反应等。

第五，4C 理论总体上虽是 4P 的转化和发展，但被动适应顾客需求的色彩较浓。根据市场的发展，需要在更高层次、以更有效的方式在企业与顾客之间建立起有别于传统营销的新型的主动性关系，如互动关系、双赢关系、关联关系等。

4P 理论与 4C 理论的关系如表 1-2 所示。

表 1-2　4P 与 4C 的相互关系对照表

类　别	4P		4C	
阐释	产品	服务范围、项目、服务产品定位和服务品牌等	顾客	研究顾客需求欲望，并提供相应的产品或服务
	价格	基本价格、支付方式、佣金折扣	成本	考虑顾客愿意付出的成本、代价是多少
	渠道	直接渠道和间接渠道	便利	考虑让顾客享受第三方物流带来的便利
	促销	广告、人员推销、营业推广和公共关系	沟通	积极主动地与顾客沟通，寻求双赢的认同感
时间	20 世纪 60 年代中期（麦卡锡）		20 世纪 90 年代初期（劳特朋）	

3．4R 理论

针对 4C 理论的缺陷，美国学者舒尔茨提出了 4R 营销新理论，阐述了一个全新的营销四要素，即关联、反应、关系和回报。

（1）与顾客建立关联。在竞争性市场中，顾客具有动态性。顾客忠诚度是变化的，是会转移到其他企业的。要提高顾客的忠诚度，赢得长期而稳定的市场，重要的营销策略是通过某些有效的方式在业务、需求等方面与顾客建立关联，形成一种互助、互求、互需的关系。

（2）提高市场反应速度。在如今供求相互影响的市场中，对经营者来说最现实的问题不在于如何控制、制订和实施计划，而在于如何站在顾客的角度倾听顾客的呼声，及时地了解他们的需求并迅速做出反应，满足顾客的需求。

（3）维护与顾客的关系。在企业与顾客的关系发生了本质性变化的市场环境中，抢占市场的关键已转变为与顾客建立长期而稳固的关系，从交易变成责任，从顾客变成用户，从管理营销组合变成管理和顾客的互动关系。

（4）获得顾客的回报。对企业来说，市场营销的真正价值在于其为企业带来短期或长期的收入和利润的能力。当然，顾客的回报不仅仅体现在短期收入的增长上，还体现在通过创造满意的顾客所获得的长期的多方面的收益上。

4R 理论的最大特点是以竞争为导向，在新的层次上概括了营销的新框架。4R 根据市场不断成熟和竞争日趋激烈的形势，着眼于企业与顾客互动与双赢。追求回报，企业必然实施低成本战略，充分考虑顾客愿意付出的成本，实现成本的最小化，并在此基础上获得更多的顾客份额，形成规模效益。这样，企业为顾客提供价值和追求回报相辅相成，相互促进，客观上实现的是双赢的效果。

当然，4R 理论同其他理论一样也有其不足和缺陷，如与顾客建立关联、关系需要实力基础或某些特殊条件，并不是任何企业都可以轻易拥有的。但 4R 理论提供了很好的思路，是经营者和营销人员都应当了解和掌握的。

4P、4C、4R 理论三者之间不是取代关系而是完善、发展的关系。由于企业层次不同，情况千差万别，市场、企业营销还处于发展之中，所以至少在一定的时期内，4P 还是营销的一个基础框架，4C 也是很有价值的理论和思路。

1.3.2 营销观念的新发展

1. 关系营销观念

关系营销观念最早由美国营销专家巴巴拉·本德·杰克逊于 1985 年提出。该观念的提出是各种社会因素共同作用的结果：首先，20 世纪 80 年代末以来，企业面临的市场环境发生了很大变化，由于物质产品供给剧增，市场竞争激烈，在这种情况下，谁与顾客建立稳定的交易关系，谁就能拥有更多的未来销售机会；其次，企业从经济利益出发，认识到市场营销不仅要争取新顾客，而且要保持老顾客，因为保持老顾客所花费的支出比争取新顾客要少得多。因此，关系营销在实践中逐渐被认同。其基本含义是，企业要与顾客、经销商创造更亲密的工作关系和相互依赖的关系，从而加强双方的连续性交往，以提高品牌忠诚度，巩固和扩大市场销售。

小资料　　美国汽车工业的调查

美国汽车工业通过调查得出的结论：一个满意的顾客会引发 8 笔潜在的生意，其中至少有一笔成交。一个不满意的顾客会影响 25 个人的购买意愿。而争取一位新顾客所花的成本是保住一位老顾客所花费的 6 倍。

美国汽车工业调查得出的结论充分说明：第一，企业经营必须重视关系营销，因为顾客的满意度直接影响到重复购买率，关系到企业的长远利益。只有正确处理企业与消费者、竞争对手、供应商、分销商、政府机构和社会组织的关系，才能追求各方面关系利益最大化。第二，从追求每笔交易利润最大化转化为追求同各方面关系利益最大化，这是当今市场营销发展的新趋势。

2. 大市场营销观念

大市场营销观念是指企业为了成功地进入封闭性很强的特定市场，并在那里从事经营活动，除了需要采用通常的营销策略外，还应运用政治和公关等手段，以博得各方面合作，积极主动地改变和影响企业营销外部环境的活动过程。1986 年，以美国著名营销学教授菲利普·科特勒为代表，提出了大市场营销观念。

应用举例　　“百事”与“可口”一进一退说明了什么

20 世纪 80 年代，由于印度国内软饮料公司反跨国公司议员们的极力反对，可口可乐公司被迫从印度市场撤离。与此同时，百事可乐就开始琢磨如何打入印度市场，百事可乐明白：要想占领印度市场就必须消除当地政治力量的对抗情绪。百事可乐公司认为要解决这个问题就必须向印度政府提出一项使该政府难以拒绝的援助。百事可乐表示要帮助印度出口一定数量的农产品以弥补印度进口浓缩软饮料的开销；百事可乐公司还提出了帮助印度发展农村经济转让食品加工、包装和水处理技术，从而赢得了印度政府的支持，迅速占领了印度软饮料市场。

3．绿色营销观念

绿色营销观念是指企业必须把消费者需求与企业利益和环保利益三者有机结合起来，必须充分顾及资源利用与环境保护问题，从产品设计、生产、销售到使用整个营销过程都要考虑到资源的节约利用和环保利益，做到安全、卫生、无公害的营销观念。

目前，西方发达国家对于绿色产品的需求非常广泛，而发展中国家由于资金和消费导向及消费质量等原因，还无法真正实现对所有消费需求的绿化。我国目前只能对部分食品、家电产品、通信产品等进行绿化，而发达国家已经通过各种途径和手段，包括立法等来推行和实现全部产品的绿色消费，从而培养了极为广泛的市场需求基础，为绿色营销活动的开展打下了坚实的基础。以绿色食品为例，英国、德国绿色食品的需求完全不能自给，英国每年要进口该食品消费总量的 80%，德国则高达 98%。这表明，绿色产品的市场潜力巨大，市场需求非常广泛。

实训一

任务：从营销的实践案例中，找出其运用的营销观念。

【实训目的】

促进学生熟悉市场营销的相关知识，使学生能够运用所学知识对市场进行初步分析。

【实训内容】

通过对某企业市场营销历史的调查，分析这个企业在不同时期、不同经济环境下，所采用的市场营销观念的差异及合理性。

【实训方法】

1．实训过程。

第一步：根据班级学生人数来确定小组划分，每一小组以 5～8 人为宜，小组成员要合理分工。

第二步：学生先收集背景企业在不同时期的市场营销资料。

第三步：对背景企业的营销资料进行分析，得出所实行的营销观念。

第四步：每小组出 1 人进行阐述。

第五步：实训指导教师进行分享和总结。

2．时间：30 分钟。

3．地点：教室。

【总结】

查阅资料的过程实质上有助于提高学生自学的能力，通过分析市场有助于提高学生的市场分析能力，并掌握不同营销观念的基本特征。

实训二

任务：对某一企业进行 4P 分析。

【实训目的】

促进学生熟悉市场营销的基本理论，学会用 4P 进行分析。

【实训内容】

通过对某企业市场营销历史的调查，分析这个企业所采取的 4P 理论是什么。

【实训方法】

1．实训过程。

第一步：学生先收集背景企业市场营销资料。

第二步：对背景企业的营销资料进行分析，得出 4P 分别是什么。

第三步：学生进行分享。

第四步：实训指导教师进行分享和总结。

2．时间：30 分钟。

3．地点：教室。

【总结】

4P 作为市场营销的核心理论，对企业营销非常重要。做市场营销的实质就是在完成“生产顾客需求的产品、制定适当的价格、选择适合的销售渠道及实行恰当的促销活动”的任务。

任务二

市场营销环境分析

知识目标

1. 了解市场营销环境的内涵及特征；
2. 掌握宏观、微观营销环境分析的内涵；
3. 掌握市场营销环境分析的方法与企业应对策略。

能力目标

1. 能够根据所学知识对市场营销环境进行有效的分析；
2. 能够运用市场环境分析方法分析某企业或产品的营销环境。

引入案例　可口可乐的中国化

对可口可乐而言，1979 年 1 月 24 日是一个载入史册的日子，这一年中美建交，也正是在这一年，3 万箱可口可乐从中国香港辗转运往北京、上海及广州的大商场和宾馆，可口可乐在中国的战役打响。1981 年，由可口可乐公司提供设备的第一个灌装车间在北京市丰台区建成。此后 12 年间，可口可乐一直在特许灌装和直接投资等领域寻求与国内的业务合作机会。1993 年，可口可乐公司与原轻工业部签署合作备忘录，提出了一个基于“真诚合作，共同发展”原则的长期发展规划。20 世纪 90 年代初，曾风靡全国的天津“津美乐”和上海“雪菲力”汽水就是最早打下可口可乐系列饮料本地化烙印的品牌。1996 年，面对非碳酸饮料年销售额增长将近 20%的诱人前景，可口可乐首次推出为中国市场研制的“天与地”果汁和矿物质水品牌。1997 年 8 月，果碳酸饮料品牌“醒目”问世。在可口可乐全球的产品中，有 1/4 只在亚洲销售，而“天与地”系列产品和“醒目”等饮料则专为中国市场研制。

可以说，可口可乐的本土化包括各个方面，从工厂、原料、人员到产品、包装、营销，99%都是中国的：无论是玻璃瓶还是易拉罐，从浓缩液到二氧化碳、糖，甚至含量极小的柠檬酸，都打下了中国造的烙印；在老对手百事可乐大行国际化路线时，可口可乐却将自己的产品打扮得越来越“国粹”。从1999年开始，可口可乐利用中国传统节日——春节大做文章，从喜气洋洋的“大阿福”、12生肖卡通罐到奥运金罐和茶系列饮料的面世，该公司努力地拉近与中国人的距离。同时，其广告设计采取红底白字，书写流畅的白色字母在红色的衬托下有一种悠然的跳动之感，既充分体现了液体的特性，又流露出中国传统红色的喜庆气氛。此外，可口可乐让本土明星做广告宣传，聘请港台当红明星林心如等，不但贯彻了本土化的思想，还从明星的年轻活力中抓住了主要消费群——年轻人。总体而言，可口可乐在中国展开了一系列的公关活动，从体育、教育、文娱、环保到树立自己良好积极纳税人形象，通过为北京申奥制作“申奥金罐”以及签约“中国队”、押宝“冲击世界杯”等与中国人融在一起，通过捐款捐书、兴建希望小学、资助大学特困生、创立大学生奖学金、援手教育项目等活动争取社会好评。

在国内诸多企业轰轰烈烈地开展“洋务运动”时，众多国际品牌却在中国市场放下身价，使用各种方法拉近自己与中国消费者之间的距离，塑造自己富有亲和力的品牌形象。零点远景投资授权零点指标数据网在2003年底发布的一项国际品牌亲和力的主题调查结果显示：虽然企业中高层管理人员认为对中国最友好的国际品牌数目众多且分布广泛，但在中国土壤上耕耘时间长且本土化程度高的国际品牌最能够获得国人好感，其中可口可乐位居第三名。为了符合中国消费者的审美观，可口可乐公司甚至对已经用了20年的商标进行更改，采用了全新设计的中文商标。

本土化思维，本土化营销，促使可口可乐越来越成为中国的可口可乐。

案例评析：

1. 市场营销环境对企业发展的影响非常深刻。
2. 企业在营销过程中应根据现实环境制定相应的竞争策略。

子任务一 市场营销环境

2.1.1 市场营销环境的概念

按照美国著名市场学家菲利普•科特勒的解释：“市场营销环境是影响企业市场和营销活动的不可控制的参与者和影响力。具体地说，是影响企业市场营销的管理能力，使其能卓有成效地发展和维持与其目标顾客交易及关系的外在参与者和影响力。”因此，市场营销环境是指与企业营销活动有潜在关系的所有外部力量和相关因素的集合，它是影响企业生存和发展的各种外部条件。

2.1.2 市场营销环境的特点

1．客观性

企业总是在特定的社会经济和其他外界环境条件下生存、发展的，这些因素总是客观存在的。

2．差异性

市场营销环境的差异性不仅表现在不同的企业受不同环境的影响，也表现在同一种环境因素的变化对不同企业的影响也不相同。例如，不同的国家、民族、地区在人口、经济、社会文化、政治、法律、地理环境等各方面都存在着广泛的差异性。这些差异性对企业营销活动的影响显然是很不相同的。所以企业必须采取不同的营销策略才能应对和适应这种情况。

3．相关性

市场营销环境是一个系统，在这个系统中，各个影响因素是相互依存、相互作用和相互制约的。这是由于社会经济现象的出现，往往不是由某种单一因素所能决定的，而是受到一系列相关因素影响的结果。例如，企业开发新产品时，不仅要受到经济因素的影响和制约，更要受到社会文化因素的影响和制约。

4．动态性

营销环境是企业营销活动的基础和条件，但它不是一成不变的、静止的，而是总处于变化中。

应用举例　　十年前后的中国营销环境变化

以中国所处的间接营销环境来说，今天的环境与十多年前的环境已经有了很大的变化。国家产业政策的重点过去是放在重工业上的，而现在已明显向农业、轻工业倾斜，这种产业结构的变化对企业的营销活动带来了决定性的影响。我国消费者的消费倾向已从追求物质的数量化向追求物质的质量及个性化转变，也就是说，消费者的消费心理正趋于成熟。因此，企业在此基础上不断地调整和修正自己的营销策略，否则，将会丧失市场机会。

5．不可控性

影响市场营销环境的因素是多方面的，也是复杂的，并表现出企业的不可控性。例如，一个国家的政治法律制度、人口增长以及一些社会文化习俗等，企业不可能随意改变。

6．可影响性

企业可以通过对内部环境要素进行调整与控制。现代营销学认为，企业经营成败的关键，就在于企业能否适应不断变化着的市场营销环境。“适者生存”既是自然界演化的法则，也是企业营销活动的法则，如果企业不能很好地适应外界环境的变化，则很可能在竞争中失败。强调企业对所处环境的反应和适应，并不意味着企业对环境无能为力或束手无策，只能消极地、被动地改变自己以适应环境，而应从积极主动的角度出发，能主动地去适应营销环境；或者说运用自己的经营资源去影响和改变营销环境，为企业创造一个更有利的活动空间，然后使营销活动与营销环境取得有效的适应。

应用举例　　产品跟着习惯走

1982 年秋，山东荣城布鞋厂生产了一种海蓝色涤纶平跟鞋，很受消费者欢迎，不少用户前来订货。为了优待老客户，该厂主动给滨州市一家大商店送了一批新产品，不久，这家商店却来信要求退货。这样的热销货怎么会要求退货呢？厂方百思不得其解，便迅速派人前去调查，原来根据滨州的风俗，只有办丧事的人家，妇女们才穿这种蓝色的布鞋，以示哀悼。这批布鞋款式虽新，颜色却为当地消费者所忌，因此成了“冷门货”。吃一堑，长一智，1983 年春，这家鞋厂了解到即墨县一带有一种风俗，每逢寒食节，所有第一年结婚的新婚妇女都要给七姑八姨每人买一双鞋。为此，该厂马上组织力量生产了 4000 双各种规格的布鞋，并赶在清明节前几天发到即墨，结果不到一天就销售一空。

2.1.3　市场营销环境分析的意义

1．有利于企业把握市场机会，化解危机

市场机会是指企业通过努力能够获得利润的有利条件；市场危机就是影响企业营销活动成功的不利因素的总和。如前所述，营销环境的变化是持续的，在这样持续的变化过程中，企业获取了很多发展的机会，同时也收到了来自企业内外部的危机，为了能够获得生存空间，化解危机，企业就必须进行环境分析。

2．使营销活动与营销环境相匹配

如果从企业主体的角度出发，市场营销因素就可以分为企业内部因素和企业外部因素。其中：企业内部因素是指企业能够通过自身的发展调整、支配的营销环境，是企业的可控因素；而企业外部因素是指企业无法变动、支配的营销因素，是客观存在的，不可控的因素。对于不可控的因素，企业呈现出两种不同的适应态度，即消极适应和积极适应。例如，对于消费者行为，企业虽然难以控制，但是可以根据消费者需要制定企业的生产和产品的营销活动，如果消费者的需求发生变化，企业生产和销售活动也必须相应发生变化，这就是消极适应环境的态度。与此相反，企业可以对消费者需求这种不可控因素进行积极的能动性改变。例如，企业通过对消费市场的调研、分析和形成报告，并进行预测，挖掘消费者的潜在需求，并开发新产品，通过各种类型的促销活动，激发消费者的购买欲望，从而使得消费者的潜在需求变为现实需求。企业积极地改善营销环境和生存空间，使营销环境向对自己有利的方向发展。

应用举例　巧推鞋子

美国有两名推销员到南太平洋某岛国去推销企业生产的鞋子，他们到达后却发现这里的居民没有穿鞋的习惯。于是，一名推销员给公司拍了一份电报，称岛上居民不穿鞋子，这里没有市场，随之打道回府。而另一位推销员则在给公司的电报上称，这里的居民不穿鞋子，但市场潜力很大，只是这个市场需要开发。他让公司运了一批鞋过来免费赠给当地的居民，并告诉他们穿鞋的好处。逐渐地，人们发现穿鞋确实既实用又舒适而且美观，所以穿鞋的人越来越多。这样，该推销员通过自己的努力，打破了当地居民的传统习俗，改变了企业的营销环境，获得了成功。

3. 摸清企业与营销环境的关系

(1) 市场营销环境的内容随着市场经济的发展而不断变化。20 世纪初，西方企业仅将销售市场作为营销环境；30 年代后，将政府、工会、竞争者等与企业有利害关系者也视为环境因素；进入 60 年代，又把自然生态、科学技术、社会文化等作为重要的环境因素；90 年代以来，随着政府对经济干预力度的加强，愈加重视对政治、法律环境的研究。环境因素由内向外扩展，国外营销学者称之为“外界环境化”。另外，环境因素经常处于不断变化中。环境的变化既有环境因素主次地位的互换，也有可控程度和是否可控的变化，还有矛盾关系的协调。随着我国社会主义市场经济体制的建立与完善，市场营销宏观环境的变化也将日益显著。

(2)营销环境是企业营销活动的制约因素，营销活动依赖于这些环境才得以正常进行。这表现在两个方面：一方面营销管理者虽可以控制企业的大部分营销活动，但必须注意环境对营销决策的影响，不得超越环境的限制；另一方面，营销管理者虽能分析、认识营销环境提供的机会，但无法控制环境因素的变化，更无法有效地控制竞争对手。此外，企业营销活动所需的各种资源，需要从环境许可的条件下取得，企业生产与经营的各种产品，也需要获得消费者或用户的认可与接纳。

(3) 虽然企业营销活动必须与其所处的外部和内部环境相适应，但营销活动绝非只能被动地接受环境的影响，营销管理者应采取积极、主动的态度能动地去适应营销环境。

案例2-1　南航微信：服务即营销

2013 年 8 月 5 日，微信 5.0 于苹果商店上线，这一版本或许是微信发展史上最重要的一个版本之一。为了防止公众账号对普通用户的骚扰，微信将公众账号分为订阅号和服务号两类，与此同时，微信官方开始大力提倡企业微信公众账号做服务而非营销。南航作为服务号的代表从中脱颖而出。

2013 年 1 月底，南航微信发布第一个版本，随着功能的不断开发完善，机票预订、办理登机牌、航班动态查询、里程查询与兑换、出行指南、城市天气查询、机票验真等，这些通过其他渠道能够享受到的服务，用户都可通过与南航微信公众平台来实现。到 4

月25日，南航微信用户达到20万人。其中有2万~3万人通过微信绑定了会员卡，绑定后用户还可以直接通过微信获取里程查询、里程累积等会员服务。南航并没有用营销而是用服务实现了粉丝的野蛮生长，这在之前可能并没有人预料到。

在微信公众平台刚刚发布的一段时间内，微信营销甚嚣尘上，而微信5.0的发布算是让大批热血沸腾的营销人士冷静下来，南航、招商银行、大悦城等一批服务性微信账号的成功，展示了不同以往的营销方式——借助新媒体做好服务——服务即营销。

南航总信息师胡臣杰在接受媒体采访时说道："对今天的南航而言，微信的重要程度，等同于15年前南航做网站!"胡臣杰的话或许体现了从传统媒体时代到新媒体时代的变迁。

案例分析：

随着新媒体时代的到来，南航能够及时调整，适应新的变化，抢到了市场先机。

子任务二 宏观营销环境分析

宏观环境因素是指能够对企业营销活动的市场机会和环境威胁造成影响的主要社会力量。其中主要包括人口、经济、自然、技术、政治、法律和社会文化七大方面。

2.2.1 人口环境

人口是构成市场的第一位因素。因为市场是由那些想购买商品同时又具有购买力的人构成的，所以人口的多少直接决定市场的潜在容量，人口越多，市场规模就越大。而人口的年龄结构、地理分布、婚姻状况、出生率、死亡率、人口密度、人口流动性及其文化教育等人口特性，都会对市场格局产生深刻影响，并直接影响企业的市场营销活动和企业的经营管理。

1. 人口数量与增长速度对企业营销的影响

（1）人口数量是决定市场规模和潜力的一个基本要素。如果收入水平不变，人口越多，则对食物、衣着、日用品的需要量也越大，那么市场也就越大。因此，按人口数目可以推算出市场规模，我国人口众多，无疑是一个巨大的市场。

（2）人口的迅速增长促进了市场规模的扩大。因为随着人口的增加，其消费需求也会迅速增加，那么市场的潜力也就会很大。例如，随着我国人口增加，人均耕地减少，粮食供应不足，人们的食物消费模式将发生变化，这就可能对我国的食品加工业产生重要影响。

（3）人口的迅速增长也会给企业营销带来不利的影响。例如，人口增长可能导致人均收入下降，限制经济发展，从而使市场吸引力降低。另外，人口增长还会对交通运输产生压力，企业对此应予以关注。

2. 人口结构对企业营销的影响

（1）年龄结构。不同年龄的消费者对商品的需求不一样。我国人口年龄结构的现状是，现阶段，青少年比重约占总人口的一半，反映到市场上，在今后20年内，婴幼儿和少年儿童用品及结婚用品的需求将明显增长；随着老龄化的发展，促使老年人的需求呈现高峰，这样，诸如保健用品、营养品、老年人生活必需品等市场将会兴旺。

（2）性别结构。人口的性别不同，其市场需求也有明显的差异。据调查，0～62岁年龄组内，男性略多于女性，其中 37～53 岁的年龄组内，男性约多于女性 10%，但到 73 岁以上，女性约多于男性 20%，反映到市场上就会出现男性用品市场和女性用品市场。

（3）家庭结构。家庭是购买、消费的基本单位，家庭的数量直接影响到某些商品的数量。目前，世界上普遍呈现家庭规模缩小的趋势，越是经济发达地区，家庭规模就越小。欧美国家的家庭规模基本上是户均 3 人左右，亚非拉等发展中国家户均 5 人左右。在我国，“四代同堂”现象已不多见，“三位一体”的小家庭则很普遍，并逐步由城市向乡镇发展。家庭数量的剧增必然会引起对炊具、家具、家用电器和住房等需求的迅速增长。

（4）社会结构。我国绝大部分人口在农村，农村人口约占总人口的 80%。因此，农村是一个广阔的市场，有着巨大的潜力。这一社会结构的客观因素决定了企业在国内市场中，应当以农民为主要营销对象，市场开拓的重点也应放在农村。尤其是一些中小企业，更应注意开发价廉物美的商品以满足农民的需要。

（5）民族结构。我国除了汉族以外，还有 50 多个少数民族，民族不同，其生活习性、文化传统也不相同，反映到市场上，就是各民族的市场需求存在着很大的差异。因此，企业营销者要注意民族市场的营销，重视开发适合各民族特性、受其欢迎的商品。

3. 人口地理环境分布对企业营销活动的影响

地理分布指人口在不同地区的密集程度。由于受自然地理条件以及经济发展程度等多方面因素的影响，人口的分布绝不会是均匀的。从我国来看，人口主要集中在东南沿海一带，约占总人口的 94%，而西北地区人口仅占 6%，而且人口密度逐渐由东南向西北递减。另外，城市的人口比较集中，尤其是大城市人口密度很大，在我国就有上海、北京、重庆等好几个城市的人口超过 1000 万人，而农村人口则相对分散。人口的这种地理分布表现在市场上，就是人口的集中程度不同，则市场大小不同；消费习惯不同，则市场需求特性不同。例如，南方人以大米为主食，而北方人以面粉为主食；江浙沪沿海一带的人喜食甜，而川湘鄂一带的人则喜辣。

2.2.2 经济环境

1. 直接影响企业营销活动的经济因素

市场不仅是由人口构成的，这些人还必须具备一定的购买力。一定的购买力水平是形成市场并影响市场规模大小的决定因素，同时也是影响企业营销活动的直接经济环境。

（1）消费者收入水平的变化。消费者收入，是指消费者个人所得的全部收入，包括消费者个人的工资、退休金、红利、租金、赠予等收入。消费者的购买力来自消费者的收入，但消费者并不是把全部收入都用来购买商品或劳务，购买力只是收入的一部分。因此，在研究消费收入时，要考虑以下五个方面。

第一，国民生产总值。它是衡量一个国家经济实力与购买力的重要指标，从国民生产总值的增长幅度，可以了解一个国家经济发展的状况和速度。一般来说，工业品的营销与这个指标有关，而消费品的营销则与此关系不大。国民生产总值增长越快，对工业品的需求和购买力就越大；反之，就越小。

第二，人均国民收入。这是用国民收入总量除以总人口的比值。这个指标大体反映了一个国家人民生活水平的高低，也在一定程度上决定商品需求的构成。一般来说，人均收入增长，对消费品的需求和购买力就大；反之就小。根据近 40 年的统计，一个国家人均国民收入达到 5000 美元，可以普及机动车，其中小轿车约占一半，其余为摩托车和其他类型车。

第三，个人可支配收入。这是从个人收入中扣除税款和非税性负担后所得余额，是个人收入中可以用于消费支出或储蓄的部分，构成实际的购买力。

第四，个人可任意支配收入。这是在个人可支配收入中减去用于维持个人与家庭生存不可缺少的费用（如房租、水电、食物、燃料、衣着等开支）后剩余的部分。这部分收入是消费需求变化中最活跃的因素，也是企业开展营销活动时所要考虑的主要对象。因为这部分收入主要用于满足人们基本生活需要之外的开支，一般用于购买高档耐用消费品、旅游、储蓄等，它是影响非生活必需品和劳务销售的主要因素。

第五，家庭收入。很多产品是以家庭为基本消费单位的，如冰箱、抽油烟机、空调等。因此，家庭收入的高低会影响很多产品的市场需求。需要注意的是，企业营销人员在分析消费者收入时，还要区分“货币收入”和“实际收入”。只有“实际收入”才影响“实际购买力”。因为，实际收入和货币收入并不完全一致，由于通货膨胀、失业、税收等因素的影响，有时货币收入增加，而实际收入却可能下降。实际收入是扣除物价变动因素后实际购买力的反映。

（2）消费者支出模式和消费结构的变化。随着消费者收入的变化，消费者支出模式会发生相应变化，继而使一个国家或地区的消费结构也发生变化。所谓消费者支出模式，是指消费者收入变动与需求结构之间的对应关系，也就是常说的支出结构。在收入一定的情况下，消费者会根据消费的急需程度，对自己的消费项目进行排序，一般排序在前的即主要的消费。

这种消费支出模式不仅与消费者收入有关，还受到以下两个因素的影响：一是家庭生命周期的阶段影响。据调查，没有孩子的年轻人家庭，往往把更多的收入用于购买冰箱、电视机、家具、陈设品等耐用消费品上；而有孩子的家庭，则在孩子的娱乐、教育等方面支出较多，而用于购买家庭消费品的支出减少。当孩子长大独立生活后，家庭收支预算又会发生变化，用于保健、旅游、储蓄部分就会增加。二是家庭所在地的影响。如住在农村的消费者与住在城市的消费者相比，前者用于交通、娱乐方面的支出较少，而后者用于衣食、交通、娱乐方面的支出较多。

恩格尔系数是衡量一个国家、地区、城市消费者家庭生活水平高低的重要参数。西方一些经济学家常用恩格尔系数来反映这种变化。恩格尔系数表明，在一定的条件下，当家庭收入增加时，收入中用于食物开支部分的增长速度要小于用于教育、医疗、享受等方面的开支增长速度。食物开支占总消费量的比重越大，恩格尔系数越大，生活水平越低；反之，食物开支所占比重越小，恩格尔系数越小，生活水平越高。

消费结构指消费过程中人们所消耗的各种消费资料（包括劳务）的构成，即各种消费支出占总支出的比例关系。优化的消费结构是优化的产业结构和产品结构的客观依据，也是企业开展营销活动的基本立足点。

应用举例　　国内外消费结构变化的对比

“二战”以来，西方发达国家的消费结构发生了很大变化：①恩格尔系数显著下降，大都下降到20%以下；②衣着消费比重降低，下降幅度在20%～30%；③住宅消费支出比重增大；④劳务消费支出比重上升；⑤消费开支占国民生产总值和国民收入的比重上升。

而从我国的情况来看，消费结构还不尽合理。长期以来，由于政府在住房、医疗、交通等方面实行福利政策，从而引起了消费结构的畸形发展，并且决定了我国居民的支出模式以食物、衣物等生活必需品为主。随着我国社会主义市场经济的发展，以及国家在住房、医疗等制度方面改革的深入，人们的消费模式和消费结构都会发生明显的变化。

（3）消费者储蓄和信贷情况。消费者的购买力还要受储蓄和信贷的直接影响。消费者个人收入不可能全部花掉，总有一部分以各种形式储蓄起来，这是一种推迟了的、潜在的购买力。消费者储蓄一般有两种形式：一是银行存款，增加现有银行存款额；二是购买有价证券。当收入一定时，储蓄越多，现实消费量就越小，但潜在消费量越大；反之，储蓄越少，现实消费量就越大，但潜在消费量越小。企业营销人员应当全面了解消费者的储蓄情况，尤其是要了解消费者储蓄目的的差异。储蓄目的不同，往往影响到潜在需求量、消费模式、消费内容、消费发展方向的不同。这就要求企业营销人员在调查、了解储蓄动机与目的的基础上，制定不同的营销策略，为消费者提供有效的产品和劳务。

小资料　　国内外消费习惯的对比

我国居民有勤俭持家的传统，长期以来养成了储蓄的习惯。近年来，我国居民储蓄额和储蓄增长率均较大。据调查，居民储蓄的目的主要用于供养子女和婚丧嫁娶，但从发展趋势看，用于购买住房和大件用品的储蓄占整个储蓄额的比重将逐步增加。我国居民储蓄增加，显然会使企业目前产品价值的实现比较困难，但另一方面，企业若能调动消费者的潜在需求，就可开发新的目标市场。比如1979年，日本电视机厂商发现，尽管中国人可任意支配的收入不多，但中国人有储蓄的习惯，且人口众多。于是，他们决定开发中国黑白电视机市场，不久便获得成功。当时，西欧某国电视机厂商虽然也来中国调查，却认为中国人均收入过低，市场潜力不大，结果贻误了时机。

西方国家广泛存在的消费者信贷对购买力的影响也很大。所谓消费者信贷，就是消费者凭信用先取得商品使用权，然后按期归还贷款，以购买商品。这实际上就是消费者提前支取未来的收入，提前消费。西方国家盛行的消费者信贷主要有短期赊销、购买住宅分期付款、购买昂贵的消费品分期付款和信用卡信贷。信贷消费允许人们购买超过自己现实购买力的商品，从而创造了更多的就业机会、更多的收入及更多的需求；同时，消费者信贷还是一种经济杠杆，它可以调节积累与消费、供给与需求的矛盾。当市场供大于求时，可以发放消费信贷，刺激需求；当市场供不应求时，必须收缩信贷，适当抑制、减少需求。消费者信贷把资金投向需要发展的产业，刺激了这些产业的生产，带动了相关产业和产品的发展。我国现阶段的信贷消费还主要是公共事业单位提供的服务信贷，如水、电、煤气费用的缴纳，其他方面，如教育、住宅建设以及一些商家的信用卡消费正在逐步兴起。

2. 间接影响营销活动的经济环境因素

(1) 经济发展水平。企业的市场营销活动要受到一个国家或地区的整个经济发展水平的制约。经济发展阶段不同，居民的收入不同，顾客对产品的需求也不同，从而会在一定程度上影响企业的营销。

应用举例　消费者与生产者市场对于产品要求不同

以消费者市场来说，经济发展水平较高的地区，在市场营销方面强调产品款式、性能及特色，品质竞争多于价格竞争。而在经济发展水平较低的地区，则较侧重于产品的功能及实用性，价格因素比产品品质更为重要。在生产者市场方面，经济发展水平较高的地区，其生产设备一般是投资较大、能节省劳动力的先进、精密、自动化程度高、性能好的设备。在经济发展水平较低的地区，其机器设备大多是一些投资少、消耗劳动力多、简单易操作、较为落后的设备。因此，对于经济发展水平不同的地区，企业应采取不同的市场营销策略。

小资料　“经济成长阶段”理论

美国学者罗斯顿将世界各国的经济发展阶段归纳为以下五种类型：①传统经济社会阶段；②经济起飞前的准备阶段；③经济起飞阶段；④迈向经济成熟阶段；⑤大量消费阶段。

凡属前三个阶段的国家称为发展中国家，而处于后两个阶段的国家则称为发达国家。不同发展阶段的国家在营销策略上也有所不同，以分销渠道为例，国外学者认为：经济发展阶段越高的国家，其分销途径越复杂广泛；进口代理商的地位随经济发展而下降；制造商、批发商与零售商的职能逐渐独立，不再由某一分销路线的成员单独承担；批发商的其他职能增加，只有财务职能下降；小型商店的数目下降，商店的平均规模在增加。随着经济发展阶段的上升，分销路线的控制权逐渐由传统权势人物移至中间商，再至制造商，最后大零售商崛起，控制分销路线。

我国目前正处于起飞阶段，较之上一阶段，市场规模进一步扩大；企业投资机会增多；市场交换成为企业的根本活动；信息竞争成为市场竞争的焦点。因此，企业应当注意市场的变化，把握时机，主动迎接市场的挑战。

（2）经济体制。世界上存在着多种经济体制，如计划经济、市场经济、计划—市场经济、市场—计划经济等，不同的经济体制对企业营销活动的制约和影响不同。

应用举例　**我国经济体制的演变**

在计划经济体制下，企业是行政机关的附属物，没有生产经营自主权，企业的产、供、销都由国家计划统一安排。在这种经济体制下，企业不能独立地开展生产经营活动，因而，也就谈不上开展市场营销活动。而在市场经济体制下，企业的一切活动都以市场为中心，市场是其价值实现的场所，因而企业必须特别重视营销活动，并通过营销实现自己的利益目标。

现阶段，我国正处于计划经济体制向社会主义市场经济体制的过渡时期，两种体制并存，两种机制并存，市场情况十分复杂。一方面，通过改革，企业正在逐步摆脱行政附属物的地位，具有了一定的生产经营自主权，开始真正走向市场并以市场为目标开展自己的营销活动；另一方面，企业经营机制还没有完全转变过来，政府的直接干预还严重存在，企业的生产经营活动还受到较强的控制，因而企业的营销活动在一定程度上受到制约。另外，市场发育不完善，市场秩序混乱，行业垄断和地方保护主义盛行，这些都极不利于企业营销活动的开展。因此，企业要尽量适应这种“双轨”并存的局面，注意选择不同的营销策略。

（3）地区与行业发展状况。我国地区经济发展很不平衡，逐步形成了东部、中部、西部三大地带和东高西低的发展格局，同时在各个地区的不同省市，还呈现出多极化发展趋势。这种地区经济发展的不平衡，对企业的投资方向、目标市场以及营销战略的制定等都会带来巨大影响。

我国行业与部门的发展也有差异。今后一段时间，我国将重点发展农业、原料和能源等基础产业，这些行业的发展必将带动商业、交通、通信、金融等行业和部门的相应发展，也给市场营销带来一系列影响。因此，企业一方面要处理好与有关部门的关系，加强与它们的联系；另一方面，则要根据与本企业联系紧密的行业或部门的发展状况，制订切实可行的营销措施。

（4）城市化程度。城市化程度是指城市人口占全国总人口的百分比，它是一个国家和地区经济活动的重要特征之一。城市化是影响营销的环境因素之一，这是因为城乡居民之间存在着某种程度的经济和文化上的差别，进而导致不同的消费行为。

应用举例　**农村居民与城市居民的产品观念**

目前我国大多数农村居民的自给自足程度仍然较高，而城市居民则主要通过货币交换来满足需求。此外，城市居民一般受教育较多，思想较开放，容易接受新生事物，而农村相对闭塞，农民的消费观念较为保守，因此一些新产品、新技术往往首先被城市所接受。企业在开展营销活动时，要充分注意到这些消费行为方面的城乡差别，相应地调整营销策略。

2.2.3 自然环境

一个国家或地区的自然环境包括物质自然资源、地形地貌与气候条件，这些因素都会不同程度地影响企业的营销活动，有时这种影响对企业的生存和发展起决定性作用。企业要避开由自然环境带来的威胁，最大限度地利用环境变化可能带来的市场营销机会。

1. 物质自然资源环境

物质自然资源是指自然界提供给人类的各种形式的物质财富，如矿产资源、森林资源、土地资源、水力资源等。这些资源分为三类：一是“无限”资源，如空气、水等；二是有限但可以更新的资源，如森林、粮食等；三是有限但不可再生资源，如石油、锡、煤、锌等矿物。自然资源是进行商品生产和实现经济繁荣的基础，和人类社会的经济活动息息相关。自然环境对企业营销的影响还表现在以下两方面。

（1）自然资源短缺的影响。随着工业的发展，自然资源逐渐短缺。例如，我国资源从总体上看是丰富的，但从人均占有量看又是短缺的。近几年，资源紧张使得一些企业陷入困境，但又促使企业去寻找替代品，降低原材料消耗。

应用举例　　肥皂粉的成功

1990 年，天然油脂吃紧，使一些以此为主料的肥皂厂陷入困境，四川某肥皂厂也遇到了同样的困难，但该厂马上研制出“芙蓉牌”肥皂粉，既提高了产品的功效，又降低了原材料的消耗，这一产品也很快赢得了消费者的青睐，占领了市场。这种情况表明，资源短缺将使企业生产成本大幅度上升，企业必须积极地从事研究开发，尽力寻求新的资源替代品。

（2）环境的污染与保护。环境污染已成为举世瞩目的问题。占世界人口总数 15%的工业发达国家，其工业废物的排放量占世界废物排放总量的 70%。我国虽属发展中国家，但工业“三废”（废水、废气、废渣）对环境也造成了严重污染，其中煤烟型污染最为突出。对此，各国政府都采取了一系列措施，对环境污染问题进行控制。这样，一方面限制了某些行业的发展，另一方面也为企业创造了两种营销机会：一是为治理污染的技术和设备提供了一个大市场；二是为不破坏生态环境的新的生产技术和包装方法创造了营销机会。因此，企业经营者要了解政府对资源使用的限制和对污染治理的措施，力争做到既能减少环境污染，又能保证企业发展，提高经济效益。

2. 地形地貌与气候环境

一个国家或地区的地形地貌与气候，是企业开展市场营销所必须考虑的地理环境因素，其特征会对市场营销产生一系列影响。例如，地形地貌（山地、丘陵等）与气候（温度、湿度等）特征会影响产品和设备的性能及使用，在沿海地区运转良好的设备，到了内陆沙漠地区就有可能发生性能的急剧变化。有些国家地域辽阔、南北跨度大，各种地形地貌复杂，气候多变，在这种情况下，企业必须根据各地的自然地理条件生产与之相适应的产品，才能适应市场的需要。

应用举例 自然环境对于营销活动的影响

我国北方寒冷与南方炎热的气候，都会对产品提出不同的环境适应性要求。这就是为什么在有三大“火炉”之首称号的武汉市的夏天，降温产品（如冷饮、电风扇、空调、电冰箱）特别畅销的原因所在。如果从经营成本上考虑，平原地区道路平坦，运输费用比较低，而山区丘陵地带道路崎岖，运费自然就高。可见，地形地貌与气候不仅直接影响企业的经营、运输、通信、分销等活动，还会影响到一个地区的经济、文化和人口分布状况。因此，企业开展营销活动，必须考虑当地的地形地貌与气候，使其营销策略能适应当地的地理环境。

2.2.4 技术环境

现代科学技术是社会生产力中最活跃的和具有决定性的因素，它作为重要的营销环境因素，不仅直接影响企业内部的生产和经营，还与其他环境因素相互依赖、相互作用，共同影响企业的营销活动。

1．技术环境对企业营销的影响

（1）科学技术的发展直接影响企业的经济活动。生产率水平的提高，使设备的技术开发（包括原有设备的革新、改装，以及设计、研制效率更高的现代化设备），以及创造新的生产工艺和新的生产流程的速度加快。同时，技术开发也扩大和提高了劳动对象的利用广度和深度，不断创造新的原材料和能源。这些都不可避免地影响到企业的管理程序和市场营销活动。因此，科学技术既为市场营销提供了科学理论与方法，又为市场营销提供了物质手段。

（2）科学技术的发展和应用影响企业的营销决策。科学技术的发展，使得每天都有新品种、新款式、新功能、新材料的商品在市场上推出。因此，科学技术进步所产生的效果，往往借助消费者和市场环境的变化而间接影响企业市场营销活动的组织。营销人员在进行决策时，必须考虑科技环境带来的影响。

（3）科学技术的发明和应用，可以造就一些新的行业、新的市场，同时又使一些旧的行业与市场走向衰落。太阳能、核能等技术的发明应用，使得传统的水力和火力发电受到冲击。

（4）科学技术的发展，使得产品更新换代速度加快，产品的市场寿命缩短。随着科学技术突飞猛进地发展，新原理、新工艺、新材料等不断涌现，使得刚刚兴起的技术和产品转瞬间成了明日黄花。这种情况要求企业不断地进行技术革新，赶上技术进步的浪潮。

（5）科学技术的进步，将使人们的生活方式、消费模式和消费需求结构发生深刻的变化。科学技术是一种“创造性的毁灭力量”。它本身创造出新的东西，同时又淘汰旧的东西。一种新技术的应用，必然导致新的产业部门和新的市场出现，使消费对象的品种不断增加，范围不断扩大，消费结构发生变化。

应用举例　　科技进步带来的变化

在美国，汽车工业的迅速发展使美国成了一个“装在车轮上的国家”，现代美国人的生活方式，无时无刻不依赖于汽车。再如，电子计算技术的发展使人们改变了传统的笔算和拨算盘珠的做法，甚至在日常生活中也逐渐离不开电子计算机和微型计算器。

（6）科学技术的发展为提高营销效率提供了更新、更好的物质条件。首先，科学技术的发展，为企业提高营销效率提供了物质条件。例如，现代商业中自动售货、邮购、电话订货、电视购物等方式的发展，既满足了消费者的要求，又使企业的营销效率更高。其次，科学技术的发展可使促销措施更有效。例如，广播、电视、传真等现代信息传媒技术的发展，可使企业的商品和劳务信息及时准确地传送到全国乃至世界各地，这将大大有利于本国和世界各国消费者了解这方面的信息，并起到刺激消费、促进销售的作用。最后，现代计算技术和手段的发明运用，可使企业及时对消费者的消费需求及动向进行有效的了解，从而使企业营销活动更加切合消费者需求的实际情况。

总之，科学技术的进步和发展，必将给社会经济、政治、军事、社会生活等各个方面带来深刻的变化，这些变化也必将深刻地影响企业的营销活动，给企业造成有利或不利的影响，甚至关系到企业的生存和发展。因此，企业应特别重视科学技术这一重要的环境因素对企业营销活动的影响，以使企业能够抓住机会，避免风险，求得生存和发展。

2．因特网对企业营销的影响

因特网作为跨时空传输的“超导体”媒体，能够克服营销过程中时空的限制，为市场中的所有顾客提供及时的服务，同时通过因特网的交互性可以了解不同市场顾客的特定需求，并有针对性地为之提供服务。因此，因特网可以说是营销中满足消费者需求最具魅力的营销工具之一。因特网将同 4P 和以顾客为中心的 4C 相结合，并对企业营销产生深刻影响。

应用举例　　淘宝的给力“光棍节”

2011 年 11 月 11 日“光棍节”，淘宝商城 5 折大促。根据淘宝商城公布的数据：当日共有 2100 万人参与，单日交易额 9.36 亿元。其中杰克·琼斯、博洋家纺销售额超过 2000 万元；11 家店铺超千万元；20 家店铺超 500 万元；181 家店铺超百万元。当天零点 13 分，商家喜梦宝的销售额就率先突破了百万元大关；零点 39 分，博洋家纺成为第一个 500 万元店；2 小时后，杰克·琼斯、ONLY 等五个服装品牌销售过百万元，相当于这 5 个品牌在 120 分钟内售出 5 万件衣服，每分钟售出 417 件！整个淘宝商城一天平均每秒售出 2 万元的商品！

（1）以顾客为中心提供产品和服务。市场上顾客需求差异性大，利用因特网具有很好的互动性和引导性，企业可引导用户对产品或服务进行选择或提出具体要求，并根据顾客的选择和要求及时进行生产并提供及时服务，同时，企业还可以及时了解顾客需求的变化以及时满足顾客变化的需求，并提高企业的生产效益和营销效率。如美国 PC 销售公司戴尔公司（DELL），在 1995 年还是亏损的，但在 1996 年，它通过因特网来销售计算机，销售额增长了 100%。

（2）以顾客能接受的成本进行定价。企业以顾客为中心定价，必须能测定市场中顾客的需求以及对价格认同的标准，否则以顾客的接受成本来定价就是空中楼阁。通过因特网，顾客可以提出接受的成本，企业根据顾客的成本提供柔性的产品设计和生产方案供用户选择，直到顾客认同确认后再组织生产和销售。

（3）产品的分销以方便顾客为主。网络营销是一对一的分销渠道，跨时空进行销售，顾客可以随时随地利用因特网订货和购买产品。例如，现在炙手可热的淘宝、京东商城、凡客诚品等网上销售类企业，都是网络营销的非常显著的分销形式。

（4）从强迫式促销转向加强与顾客直接沟通的促销方式。传统的促销以企业为主体，通过一定的媒体或工具对顾客进行强迫式的促销，企业缺乏与顾客的直接沟通，同时公司的促销成本很高。因特网上的营销是一对一和交互式的，顾客可以参与到公司的营销活动中来。因此，因特网更能加强与顾客的沟通和联系，直接了解顾客的需求，引起顾客的认同。

2.2.5 政治环境

政治是影响企业营销的重要宏观环境因素。政治因素像一只无形之手，调节着企业营销活动的方向。

1．政治局势

政治局势是指企业营销所处的国家或地区的政治稳定状况。一个国家的政局稳定与否会给企业的营销活动带来重大影响。如果政局稳定，生产发展，人民安居乐业，就会给企业营造良好的营销环境。相反，政局不稳，社会矛盾尖锐，秩序混乱，不仅会影响经济的发展和人民的购买力，而且对企业的营销有重大影响。战争、暴乱、罢工、政权更替等政治事件都可能对企业营销活动产生不利影响，能迅速改变企业环境。

应用举例　　**政局的影响**

中东地区的一些国家，虽然有较大的市场潜力，但由于政治不稳定，国内经常发生宗教冲突、派系冲突，还有恐怖组织的恐怖活动，国家之间也常有战事，这样的市场有较大的风险，需要认真评估。

2．方针政策

各个国家在不同时期，都会根据不同需要颁布一些经济政策，制定一些经济发展方针，这些方针政策不仅会影响本国企业的营销活动，还会影响外国企业在本国市场的营销活动。

就对企业的影响来看，一个国家制定出来的经济与社会发展战略、各种经济政策等，企业都是要执行的，而执行的结果必然要影响市场需求，改变资源的供给，扶持和促进某些行业的发展，同时又限制另一些行业和产品的发展，那么企业就必须按照国家的规定，生产和经营国家允许的行业和产品。这是一种直接的影响。国家也可以通过方针、政策对企业营销活动施以间接影响。例如，通过征收个人收入调节税，调节消费者收入，从而通过影响消费者的购买力来影响消费者的需求；国家还可以通过增加产品税来抑制某些商品的需求，如对香烟、酒等课以较重的税收来抑制消费者的消费需求。这些政策必然影响社会购买力，影响市场需求，从而间接影响企业营销活动。从对国外企业的影响来看，市场国的方针政策是外国企业营销的重要环境因素，会直接或间接影响到外国企业在市场国的营销活动。

应用举例　　我国外贸政策的变化

改革开放之初，我国的外贸政策还比较谨慎，有关外贸的法律制度既不健全，又缺乏稳定性和连续性。因此，外国资本来华投资多表现为短期行为，抱着“捞一把算一把”想法的投资者也不乏其人。随着我国改革的进一步深入和对外开放的进一步扩大，特别是对外开放政策的进一步明朗化和外贸、外商投资法律制度的进一步完善，外国企业看到了在华投资的前景，因而扩大投资规模，延长投资期限（由最初的1～3年，延长到5年以上，甚至10年、20年、50年……），来华投资的外国企业也越来越多。这说明，市场国的方针政策对外来投资有非常大的影响作用。

3. 国际关系

国际关系是国家之间的政治、经济、文化、军事等关系。发展国际间的经济合作和贸易关系是人类社会发展的必然趋势，企业在其生产经营过程中，都可能或多或少地与其他国家发生往来，开展国际营销的企业更是如此，国家间的关系也就必然会影响企业的营销活动。这种国际关系主要包括以下两个方面的内容。

（1）企业所在国与营销对象国之间的关系。

应用举例　　中国对外关系对于企业经营的影响

中国在国外经营的企业要受到市场国对中国外交政策的影响。如果该国与我国的关系良好，则中国企业在该国经营有利；反之，如果该国对我国政府持敌对态度，那么，中国的企业就会遭到不利的对待，甚至攻击或抵制。例如，中美两国之间的贸易关系就经常受到两国外交关系的影响。美国经常攻击中国的人权状况，贸易上也常常采取一些歧视政策，如搞配额限制，所谓的“反倾销”等，阻止中国产品进入美国市场。这对中国企业在美国市场上的营销活动是极为不利的。

（2）国际企业的营销对象国与其他国家之间的关系。国际企业对于市场国来说是外来者，但其营销活动要受到市场国与其他国家关系的影响。

应用举例 **国家间关系对企业营销活动的影响**

中国与伊拉克很早就有贸易往来，伊拉克曾是我国钟表和精密仪器的较大客户，海湾战争后，由于联合国对伊拉克的经济制裁，使我国企业很多贸易往来不能进行。

阿拉伯国家也曾联合起来，抵制与以色列有贸易往来的国际企业。当可口可乐公司试图在以色列办厂时，引起阿拉伯国家的普遍不满，因为阿拉伯国家认为，这样做有利于以色列发展经济。而当可口可乐公司在以色列销售成品饮料时，却受到阿拉伯国家的欢迎，因为它们认为这样做会消耗以色列的外汇储备。这说明国际企业的营销对象国与其他国家之间的关系，也是影响国际企业营销活动的重要因素。

2.2.6 法律环境

法律是评判企业营销活动的准则，只有依法进行的各种营销活动，才能受到国家法律的有效保护。要想从事国际营销活动，企业就应该既遵守本国的法律制度，又了解和遵守市场国的法律制度和有关的国际法规、国际惯例及准则，这方面因素对国际企业的营销活动有深刻的影响。

应用举例 **日本与美国的法律约束**

一些国家对外国企业进入本国经营设定各种限制条件。日本政府曾规定，任何外国公司进入日本市场，必须找一个日本公司同它合伙。也有一些国家利用法律对企业的某些行为进行特殊限制，美国《反托拉斯法》规定不允许几个公司共同商定产品价格，一个公司的市场占有率超过20%就不能再合并同类企业。除上述特殊限制外，各国法律对营销组合中的各种要素，往往有不同的规定。

从当前企业营销活动法制环境的情况来看，有两个明显的特点：① 管制企业的立法增多，法律体系越来越完善。近几年来，我国在发展社会主义市场经济的同时，也加强了市场法制方面的建设，陆续制定、颁布了一系列重要法律法规，如《公司法》《广告法》《商标法》《经济合同法》《反不正当竞争法》《消费者权益保护法》《产品质量法》《外商投资企业法》等，这对规范企业的营销活动起到了重要作用。② 政府机构执法的严格。各个国家都根据自己不同的情况，建立了相应的执法机关。

应用举例 **我国及其他主要国家的执法方式**

美国有联邦贸易委员会、联邦药物委员会、环境保护局、消费者事务局等执法机构；日本有公正交易委员会；德国有联邦卡特尔局；瑞典有消费者行政长官处和市场法院；加拿大有市场保护委员会等。这些官方机构对企业的营销活动有很大的影响力，近年来执法更加积极、严格。我国的市场管理机构比较多，主要有工商行政管理局、技术监督局、物价局、医药管理局、环境保护局、卫生防疫部门等机构，分别从各个方面对企业的营销活动进行监督和控制，在保护合法经营、取缔非法经营、保护正当交易和公平竞争、维护消费者利益、促进市场有序运行和经济健康发展方面，发挥了重要作用。

总之，企业必须知法守法，自觉用法律来规范自己的营销行为并自觉接受执法部门的管理和监督。同时，还要善于运用法律武器维护自己的合法权益，当其他经营者或竞争者侵犯自己正当权益的时候，要勇于用法律手段保护自己的利益。

2.2.7 社会文化环境

社会文化是指一个社会的民族特征、价值观念、生活方式、风俗习惯、伦理道德、教育水平、语言文字、社会结构等的总和。它主要由两部分组成：一是全体社会成员所共有的基本核心文化；二是随时间变化和外界因素影响而容易改变的社会次文化或亚文化。社会文化因素通过影响消费者的思想和行为来影响企业的市场营销活动。因此，企业在从事市场营销活动时，应重视对社会文化的调查研究，并做出适宜的营销决策。社会文化所包含的内容很多，下面仅就与企业营销关系较为密切的社会文化因素进行讨论。

1. 教育水平

教育水平是指消费者受教育的程度。一个国家或地区的教育水平与经济发展水平是一致的。不同的文化修养表现出不同的审美观，其购买商品的选择原则和方式也不同。一般来讲，教育水平高的地区，消费者对商品的鉴别力强，容易接受广告宣传和接受新产品，购买的理性程度高。因此，教育水平的高低影响着消费者的心理及消费结构，也影响着企业营销组织策略的选取以及销售推广方式的差别。

应用举例　　教育水平对于广告的接受程度

在文盲率高的地区，用文字形式做广告，难以收到好效果，而用电视、广播和当场示范表演形式，才容易为人们所接受。又如在教育水平低的地区，适合采用操作使用、维修保养都较简单的产品，而教育水平高的地区，则需要先进、精密、功能多、品质好的产品。

2. 价值观念

价值观念是人们对社会生活中各种事物的态度、评价和看法。不同的文化背景下，人们的价值观念差别是很大的，而消费者对商品的需求和购买行为深受其价值观念的影响。如西方社会对分期付款、赊销与中国人的量入为出的差异等。

3. 宗教信仰

不同的宗教信仰有不同的文化倾向和戒律，从而影响人们认识事物的方式、价值观念和行为准则，也影响着人们的消费行为，带来特殊的市场需求，它们与企业的营销活动有密切的关系，特别是在一些信奉宗教的国家和地区，宗教信仰对市场营销的影响力更大。

4. 审美观

审美观通常指人们对事物的好坏、美丑、善恶的评价。不同的国家、民族、宗教、阶层和个人，往往其社会文化背景不同，其审美标准也不尽一致。有的以“胖”为美，有的则以“瘦”为美；有的以“高”为美，有的则以“矮”为美。不一而足。

应用举例　　不同的审美观

缅甸的巴洞人以妇女“长脖”为美，而非洲的一些民族则以文身为美，等等。因审美观的不同而形成的消费差异更是多种多样。例如，在欧美，妇女结婚时喜欢穿白色的婚礼服，因为她们认为白色象征着纯洁和美丽；在我国，妇女结婚时喜欢穿红色的婚礼服，因为红色象征吉祥如意、幸福美满。又如，中国妇女喜欢把装饰物品佩戴在耳朵、脖子、手指上，而印度妇女却喜欢在鼻子上、脚踝上配以各种饰物。

5. 风俗习惯

风俗习惯是人们根据自己的生活内容、生活方式和自然环境，在一定的社会物质生产条件下长期形成、并世代相袭而成的一种风尚和由于重复、练习而巩固下来并变成需要的行动方式等的总称。它在饮食、服饰、居住、婚丧、信仰、节日、人际关系等方面，都表现出独特的心理特征、伦理道德、行为方式和生活习惯。不同的国家、民族有不同的风俗习惯，它对消费者的消费嗜好、消费模式、消费行为等具有重要的影响。

应用举例　　不同国家的风俗禁忌

不同的国家、民族对图案、颜色、数字、动植物等都有不同的喜好和使用习惯，像中东地区严禁带六角形的包装；英国忌用大象、山羊作商品装潢图案。再如中国、日本、美国等国家对熊猫特别喜爱，但一些阿拉伯人却对熊猫很反感；墨西哥人视黄花为死亡，红花为晦气而喜爱白花，认为白花可驱邪；德国人忌用核桃，认为核桃是不祥之物；匈牙利人忌数字“13”；日本人忌荷花、梅花图案，也忌用绿色，认为不祥；南亚有一些国家忌用狗作商标；在法国，仙鹤是蠢汉和淫妇的代称，法国人还特别厌恶墨绿色，这是基于对第二次世界大战的痛苦回忆；新加坡华人很多，所以对红、绿、蓝色都比较喜好，但视黑色为不吉利。

可以说，这是企业做好市场营销尤其是国际经营的重要条件，如果不重视各个国家、民族之间的文化和风俗习惯的差异，就可能造成难以挽回的损失。

小资料　　我国的营销法规及政策

我国在产业政策方面制定的《关于当前产业政策要点的决定》，明确提出了当前生产领域、基本建设领域、技术改造领域、对外贸易领域各主要产业的发展序列。还有诸如人口政策、能源政策、物价政策、财政政策、金融与货币政策等，都给企业研究经济环境、调整自身的营销目标和产品构成提供了依据。国际上各国政府采取的对企业营销活动有重要影响的政策和干预措施主要内容如下。

（1）进口限制。这是指政府所采取的限制进口的各种措施，如许可证制度、外汇管制、关税、配额等。它包括两类：一类是限制进口数量的各项措施；另一类是限制外国产品在本国市场上销售的措施。政府进行进口限制的主要目的在于保护本国工业，确保本国企业在市场上的竞争优势。

（2）税收政策。政府在税收方面的政策措施会对企业经营活动产生影响，例如，对某些产品征收特别税或高额税，会使这些产品的竞争力减弱，给经营这些产品的企业效益带来一定影响。

（3）价格管制。当一个国家发生了经济问题时，如经济危机、通货膨胀等，政府就会对某些重要物资，甚至所有产品采取价格管制措施。政府实行价格管制通常是为了保护公众利益，保障公众的基本生活，但这种价格管理直接干预了企业的定价决策，影响了企业的营销活动。

（4）外汇管制。这是指政府对外汇买卖及一切外汇经营业务所实行的管制，它往往对外汇的供需与使用采取限制性措施。外汇管制可对企业营销活动特别是国际营销活动产生重要影响，例如，实行外汇管制，使企业生产所需的原料、设备和零部件不能自由地从国外进口，企业的利润和资金也不能或不能随意汇回母国。

（5）国有化政策。这是指政府由于政治、经济等原因对企业所有权采取的集中措施，例如，为了保护本国工业免遭外国势力阻碍等原因，将外国企业收归国有。

子任务二 微观营销环境分析

企业的微观营销环境主要由企业的供应商、营销中介、顾客、竞争对手、社会公众以及企业内部参与营销决策的各部门构成，如图 2-1 所示。

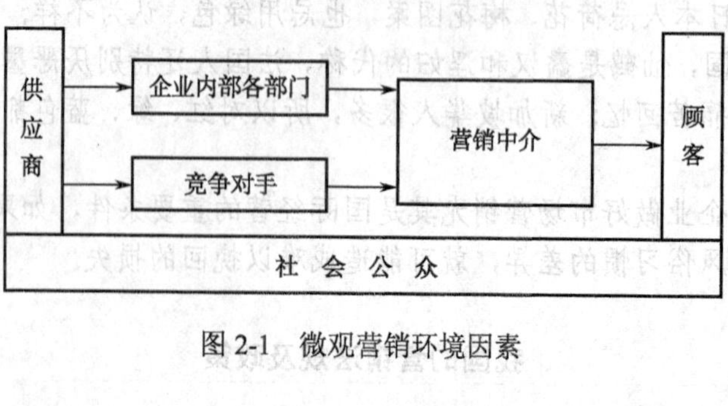

图 2-1 微观营销环境因素

2.3.1 企业内部各部门

企业为开展营销活动，必须设立某种形式的营销部门，营销部门不是孤立存在的，它还面对着其他职能部门以及高层管理部门。企业营销部门与财务、采购、制造、研究与开发等部门之间既有多方面的合作，也存在争取资源方面的矛盾。这些部门的业务状况如何，它们与营销部门的合作以及它们之间是否协调发展，对营销决策的制定与实施影响极大。

高层管理部门由董事会、总经理及其办事机构组成，负责确定企业的任务、目标、方针政策和发展战略。营销部门在高层管理部门规定的职责范围内做出营销决策，市场营销目标是从属于企业总目标，并为总目标服务的次级目标，营销部门所制订的计划也必须在高层管理部门批准后实施。

2.3.2 供应商

供应商供应的原材料价格的高低和交货是否及时，数量是否充足等，都会影响产品的成本、售价、利润和交货期。因此，营销管理人员必须对供应商的情况有比较全面的了解和透彻的分析。一般说来，按照与供应商的对抗程度，可以把供应商分为两类：一类是作为竞争对手的供应商（寄生关系），另一类是作为合作伙伴的供应商（共生关系）。

对供应商管理的目的就是确定在哪些条件下对哪些原料可以通过自行生产来解决，而哪些原料需要通过外购来解决。

1. 作为竞争对手的供应商

一般说来，对供应商的管理意味着实现采购成本的最优化，也就是说，企业主要关心原料的价格和数量，并设法维持一种强有力的与供应商讨价还价的能力。例如，当一个企业在决定是自行生产还是在开放的原料市场上购买所需原材料和其他物料时，它实际上关心的是以哪种形式能获得更大收益。因此，把供应商作为竞争对手的观念实际上是倡导这样一种原则：尽可能地减弱他们的讨价还价能力，以获得更大的收益。

2. 作为合作伙伴的供应商

企业把供应商作为竞争对手来考虑，往往会引起一些消极的后果，如采购价格的大幅波动，供应量无法保证，供应时间可能被推延，原材料质量无法监控，等等。为了获得原材料或者其他物料的稳定供应，维持质量的一致性，企业最好的选择是把供应商作为自己的合作伙伴，保持与供应商长期而灵活的关系，并在此基础上考虑自己的营销活动。这种合作模式首先产生于日本，主要特点是企业在管理供应商的过程中更多地采用谈判的方式，而不是讨价还价，力图维持与供应商长期互利的关系。

应用举例 宜家的供应商管理

作为全球最大的家居商品零售商，宜家公司的基本思想就是低价位，使设计精良、实用性强的家居产品能够为人人所有。宜家必须从供应商那里采购到低成本、高质量、符合顾客要求而且环保的产品。为了实现这一目标，同供应商的关系就变得非常重要。目前，宜家的供应商有1800家，分布在世界上55个国家。宜家认为同供应商的密切接触是理性和长期合作的关键，它在33个国家设立了42个贸易公司来专门负责采购以及发展同供应商的合作关系。这些贸易公司的员工经常造访供应商，从而监督生产、测试新方案、商谈价格和进行质量审查，负责向供应商传授知识，例如，在诸如效率、质量和环保工作的问题上对他们进行培训，他们还负责制定并检查供应商的工作条件、社会保障和环保工作等重要任务。

2.3.3 营销中介

1. 中间商

它是协助企业寻找顾客或直接与顾客交易的商业性企业。中间商可分为两类：代理中间商和买卖中间商。代理中间商有代理商、经纪人和生产商代表，他们专门介绍客户或与客户磋商交易合同，但并不拥有商品所有权。买卖中间商又称经销中间商，主要有批发商、零售商和其他再售商，他们购买商品并拥有商品所有权，然后再售商品。

2. 实体分配公司

实体分配公司主要是指储运公司，是协助厂商存储货物并把货物从产地运送到目的地的专业企业。仓储公司提供的服务可以针对生产出来的产品，也可以针对原材料及零部件。

3. 营销服务机构

营销服务机构主要有营销调研公司、广告公司、传播媒介公司和营销咨询公司等，范围比较广泛。他们帮助生产企业推出和促销其产品到恰当的市场。在现代，大多数企业都要借助这些服务机构来开展营销活动，例如，请广告公司制作产品广告，依靠传播媒介传播信息等。企业在选择这些服务机构时，必须对他们所提供的服务、质量、创造力等方面进行评估，并定期考核其业绩，及时替换那些不具有预期服务水平和效果的机构，这样才能提高经济效益。

2.3.4 顾客

顾客是企业产品或劳务的购买者，是企业服务的对象。顾客可以是个人、家庭，也可以是组织机构（包括其他企业和转售商）和政府部门。它们可能与企业同在一个国家，也可能在其他国家和地区。

对于一个企业来说，顾客永远是最重要的微观环境因素。如果顾客采取了不利于企业的行动，对企业的产品和服务提出更高要求等，企业的营销活动就会受到很大的压力。这时，企业应该做出一个妥善的计划以赢回失去的顾客和满足他们的要求，避免因失去顾客而影响销售。

2.3.5 竞争对手

从市场营销的角度分析，企业在市场上面临四种类型的竞争对手。

1. 愿望竞争者

当消费者想要满足各种目前愿望时企业面临的是愿望竞争，这时能满足消费者不同愿望的不同生产者，就是企业的愿望竞争者。

2. 类别竞争者

当消费者确定要满足一种愿望时，他面临着满足这种愿望的种种方法，企业面临的是类别竞争，提供这种方法的企业就是类别竞争者，如满足交通工具的需要，汽车、摩托车、自行车等制造商属于类别竞争者。

3. 产品形式竞争者

产品形式竞争者即能满足消费者某种愿望的同类商品在质量、规格、价格、外观上的竞争者。

4. 品牌竞争者

品牌竞争者即能满足消费者的某种欲望的同种产品不同品牌的竞争者，如电视机有长虹、康佳、TCL 等品牌，这些品牌的生产者就是品牌竞争者。

2.3.6 社会公众

社会公众是指对企业实现其目标的能力感兴趣或发生影响的任何团体或个人。一个企业所包括的社会公众主要如下。

1. 金融公众

金融公众指那些关心和影响企业取得资金能力的集团，包括银行、投资公司、证券公司、保险公司等。

2. 媒介公众

媒介公众指那些联系企业和外界的大众媒介，包括报纸、杂志、电视台、电台等。

3. 政府公众

政府公众指负责企业的业务、经营活动的政府机构和企业的主管部门，如主管有关经济立法及经济政策、产品设计、定价、广告及销售方法的机构；国家经委及各级经委、工商行政管理局、税务局、各级物价局等。

4．公民公众

公民公众指有权指责企业经营活动破坏环境质量、企业生产的产品损害消费者利益、企业经营的产品不符合民族需求特点的团体和组织，包括消费者协会、保护环境团体等。

5．地方公众

地方公众指企业周围的居民和团体组织，他们对企业的态度会影响企业的营销活动。

6．一般公众

一般公众指并不购买企业产品但深刻地影响着消费者对企业及其产品的看法的个人。

7．内部公众

内部公众指企业内部全体员工，包括领导（董事长）、经理、管理人员、职工等，处理好内部公众关系是搞好外部公众关系的前提。

公众会对企业的生存和发展产生巨大的影响，可能有增强企业实现其目标的能力，也可能会产生妨碍企业实现其目标的能力。所以，企业必须采取积极适当的措施，主动处理好同公众的关系，树立企业的良好形象，促进市场营销活动的顺利开展。

子任务四 营销环境分析工具——SWOT分析

2.4.1 SWOT 分析概述

1．SWOT 分析法的概念

SWOT 分析法即态势分析法，20 世纪 80 年代初由美国旧金山大学的管理学教授韦里克提出，经常被用于企业战略制定、竞争对手分析等场合。

来自于麦肯锡咨询公司的 SWOT 分析，包括分析企业的优势（Strength）、劣势（Weakness）、机会（Opportunity）和威胁（Threats）。因此，SWOT 分析实际上是对企业内外部条件各方面内容进行综合和概括，进而分析组织的优劣势、面临的机会和威胁的一种方法。

SWOT 分析法（自我诊断法）是一种能够较客观而准确地分析和研究一个单位现实情况的方法。利用这种方法可以从中找出对自己有利的、值得发扬的因素，以及对自己不利的、如何去避开的东西，发现存在的问题，找出解决办法，并明确以后的发展方向。根据这个分析，可以将问题按轻重缓急分类，明确哪些是目前急需解决的问题，哪些是可以稍微拖后一点儿的事情，哪些属于战略目标上的障碍，哪些属于战术上的问题。它很有针对性，有利于领导者和管理者在单位的发展上做出较正确的决策和规划。

应用举例　隆中对策

汉末群雄逐鹿，刘备在群雄中艰难生存，得知南阳诸葛亮足智多谋，便三顾茅庐请其出山相助，诸葛亮在茅庐中根据刘备所处形势，进行了优势、劣势、机会和威胁的分析，为刘备制定了详细的发展战略，使刘备茅塞顿开，也奠定了后来近80年的三分天下的基础，刘备此后根据诸葛亮在隆中时的对策东征西讨，最终实现了三分天下有其一的战略目标。

2. SWOT 分析法的应用

优劣势分析主要着眼于企业自身的实力及其与竞争对手的比较，而机会和威胁分析将注意力放在外部环境的变化及对企业的可能影响上。在分析时，应把所有的内部因素（优劣势）集中在一起，然后用外部的力量来对这些因素进行评估。

（1）机会与威胁分析。由于经济、社会、科技等诸多方面的迅速发展，特别是世界经济全球化、一体化进程的加快，全球信息网络的建立和消费需求的多样化，使企业所处的环境更为开放和动荡。这种变化几乎对所有企业都产生了深刻的影响。正因为如此，环境分析才成为一种日益重要的企业职能。

环境发展趋势分为两大类：一类表示环境威胁，另一类表示环境机会。环境威胁指的是环境中由一种不利的发展趋势所形成的挑战，如果不采取果断的战略行为，这种不利趋势将导致公司的竞争地位受到削弱。环境机会就是对公司行为富有吸引力的领域，在这一领域中，该公司将拥有竞争优势。

（2）优势与劣势分析。每个企业都要定期检查自己的优势与劣势。当两个企业处在同一市场或者说它们都有能力向同一顾客群体提供产品和服务时，如果其中一个企业有更高的盈利率或盈利潜力，那么这个企业比另外一个企业更具有竞争优势。换句话说，所谓竞争优势是指一个企业超越其竞争对手的能力，这种能力有助于实现企业的主要目标即盈利。但值得注意的是，竞争优势并不一定完全体现在较高的盈利率上，因为有时企业更希望增加市场份额，或者多奖励管理人员或雇员。

竞争优势可以指消费者眼中一个企业或它的产品有别于其竞争对手的任何优越的东西，可以是产品线的宽度，产品的大小、质量、可靠性、适用性、风格和形象以及服务的及时、态度的热情等。虽然竞争优势实际上指的是一个企业比其竞争对手有较强的综合优势，但是明确企业究竟在哪一个方面具有优势更有意义，因为只有这样，才可以扬长避短，或者以实击虚。

2.4.2 SWOT 分析步骤

1. 构造 SWOT 矩阵

将调查得出的各种因素根据轻重缓急或影响程度等以排序方式构造 SWOT 矩阵（见

图 2-2)，确认企业的关键能力和关键限制。在此过程中，将那些对公司发展有直接、重要、大量、迫切和久远影响的因素优先排列出来，而将那些间接、次要、少许、可暂缓和短暂的影响因素排列在后面。

SW / OT	优势 （Strength）	劣势 （Weakness）
机会 （Opportunity）	SO战略 利用优势，利用机会	WO战略 利用机会，克服劣势
威胁 （Threats）	ST战略 利用优势，回避威胁	WT战略 回避威胁，克服劣势

图 2-2　SWOT 矩阵

2．SWOT 分析步骤

（1）确认当前的战略是什么。

（2）确认企业外部环境的变化。

（3）根据企业资源组合情况，确认企业的关键能力和关键限制。

（4）按照通用矩阵或类似的方式打分评价。把识别出的所有优势分成两组，分的时候以两个原则为基础：它们是与行业中潜在的机会有关，还是与潜在的威胁有关。用同样的办法把所有的劣势分成两组，一组与机会有关，另一组与威胁有关。分组情况如表 2-1 所示。

表 2-1　SWOT 识别因素分组

潜在资源力量	潜在资源弱点	公司潜在机会	外在潜在威胁
✧有力的战略 ✧有力的金融环境 ✧品牌形象美誉度高 ✧市场地位高 ✧成本优势 ✧产品创新技能 ✧优质客户服务 ✧强势广告 ✧优秀产品质量 ✧战略联盟与并购	✧没有明确的战略导向 ✧陈旧的设备 ✧超额负债 ✧高额成本 ✧缺乏关键技术 ✧内在动作困境 ✧落后的 R&D 能力 ✧过分狭窄的产品组合 ✧市场规划能力的缺乏	✧服务独特的客户群体 ✧新的地理区域的扩张 ✧产品组合的扩张 ✧核心技术向产品组合的转化 ✧分享竞争对手的市场资源 ✧新技术开发通路 ✧品牌形象拓展的通路	✧强势竞争的进入 ✧替代品引起的销售下降 ✧市场增长的减缓 ✧贸易政策的不利转换 ✧由新规则引起的成本增加 ✧商业周期的影响 ✧消费者购买需求的下降 ✧人口与环境的变化

（5）将结果在 SWOT 分析图上定位，如图 2-3 所示。

3．SWOT 分析的局限性

与很多其他的管理模型一样，SWOT 模型已由麦肯锡提出很久了，带有时代的局限性。以前的企业可能比较关注成本和质量，现在的企业可能更强调组织流程。SWOT 没有考虑到企业改变现状的主动性，企业是可以通过寻找新的资源来创造企业所需要的优势的，从而达到过去无法达成的战略目标。

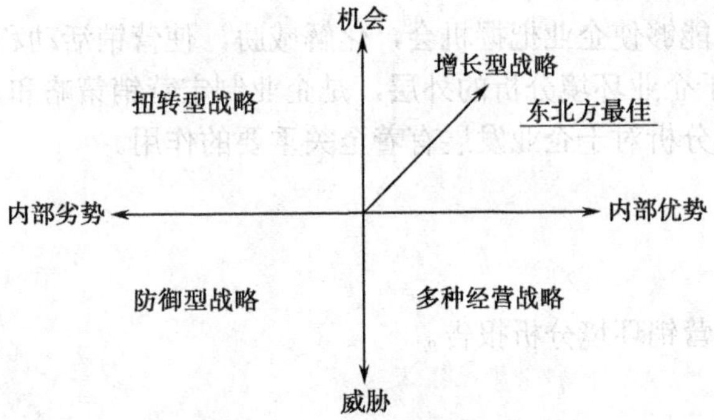

图 2-3　SWOT 分析定位图

应用举例　**电动打字机的转型**

以前的电动打字机被印表机取代，该怎么转型？是应该做印表机还是其他与机电有关的产品？从 SWOT 分析来看，电动打字机厂商优势在机电，但是发展印表机又显得比较有机会。结果有的朝印表机发展，“死”得很惨；有的朝剃须刀生产，发展得很成功。

实训一

任务：要求学生进行角色的扮演，确定在企业发展过程中，如果对宏观环境进行分析，应提出哪些营销策略。

【实训目的】使学生更好地掌握市场环境对于企业发展的重要作用，明确宏观环境对于企业制定策略时居于何种地位。

【实训内容】

学生根据所扮演的角色，自选一个特定国家企业的负责人，分析企业在特定的背景下，如何针对其他企业对于宏观环境分析得出的销售策略进行竞争，更好地使环境对于企业的不利影响程度降低。

【实训方法】

1．实训过程。

第一步：课堂教师将市场环境对于企业的作用和宏观环境分析传授给学生。

第二步：学生根据课堂知识点，利用课余时间选择一家国内企业，分析中国最近宏观环境的情况，针对这些特定事件，制定销售策略以降低风险，更好地进行竞争，并形成有效方案。

第三步：课堂上随机选择 10 名左右的学生进行讨论。

第四步：对现场发言的学生进行点评，选出一个最好的方案。

2．时间：30 分钟。

3．地点：教室。

【总结】

1．任何企业总是生存于一定的环境之中，企业的营销活动不可能脱离环境而单独进行，对环境进行分析能够使企业把握机会，化解威胁，使营销活动和营销环境相匹配。

2．宏观环境居于企业环境分析的外层，是企业制定营销策略和方案的前提，特别是针对所在市场的宏观分析对于企业发展有着至关重要的作用。

实训二

任务：撰写市场营销环境分析报告。

【实训目的】

1．培养学生观察、分析问题的能力。

2．培养学生利用基本分析工具撰写分析报告的能力。

【实训内容】

随着全球经济一体化趋势的不断增强，以及各国对外开放程度的不断提高，越来越多的企业开始把创新的触角伸向了国际市场。试分析在国际市场营销中，企业应考虑哪些营销环境因素以及如何进行机会威胁分析。

【实训方法】

1．实训过程。

第一步：通过网络或在图书馆查阅相关资料。

第二步：以小组（每组3～5人）为单位组织研讨。

第三步：在充分讨论的基础上，对国际市场营销环境下企业的机会威胁进行分析，形成小组分析报告。

第四步：每组进行陈述和展示。

第五步：教师根据各组完成的工作量、资料收集情况、所撰写分析报告的充实性等方面，对学生做出点评。

2．时间：60分钟。

3．地点：课外+教室。

【总结】

1．在市场营销环境因素中，从企业的角度看，外部环境因素是企业不能控制的客观条件，时刻处于变动之中。因此，企业必须经常对自身系统进行调整，才能适应外部环境的变化。

2．外部环境变化对任何一个企业产生的影响都可以从两个方面进行分析：一是对企业市场营销有利的因素，即它对企业市场营销来说是市场机会；二是对企业市场营销不利的因素，即它对企业市场营销的环境威胁。对机会和威胁，企业必须采取适当的应对措施，才能在环境变化中生存下来。

任务三

市场调研与预测

知识目标

1. 掌握市场调研的程序；
2. 掌握调研问卷的设计与应用；
3. 了解市场调研的方法；
4. 了解市场调研报告的组成部分；
5. 了解市场预测的方法。

能力目标

1. 能够运用市场调研程序的相关知识，完成对某一项市场的调研任务；
2. 能够运用市场调研问卷设计的相关知识，设计一份完整的调研问卷；
3. 能够运用市场调研报告相关知识，撰写一份简单的市场调研报告。

引入案例　宝洁公司的教训

20 世纪 80 年代，宝洁公司生产的婴儿尿布在美国很受欢迎。宝洁公司不满足于现状，准备把市场扩展到国外，经过讨论，把目标定在了德国和日本市场，认为这个尿布在美国已经使用了这么多年，收到了普遍的好评，直接进入德国和日本市场一定不会有什么问题。

就这样，宝洁公司很快就进入了德国和日本市场。因为是美国的畅销产品，到了德国和日本，很多母亲都信任宝洁，购买了这种婴儿尿布。可是德国的消费者反映，宝洁公司的尿布太薄了，吸水性不足；日本的消费者反映，宝洁公司的尿布太厚了，简直就是浪费。同样的尿布，怎么会同时太薄又太厚呢？这让公司的管理人员有点摸不着头脑。

于是宝洁公司进行了详细的调研。最后发现，同时反映太薄又太厚的原因是德国和日本的母亲使用婴儿尿布的不同习惯造成的。虽然婴儿一天的平均尿量大体相同，但德国人凡事讲究制度化，按规矩行事，德国的母亲早上起来的时候给孩子换一块尿布，然后到了晚上才会再换一次。于是宝洁公司的尿布相对来说就显得太薄了。可是日本的母亲却把婴儿的舒适当作头等大事，孩子只要一尿尿就会换上一块新的尿布，一天不知道要换多少次。所以宝洁公司的尿布就显得太厚了。

案例评析：

宝洁公司的尿布之道之所以失败，是因为它没有进行市场调研。按正常的程序，任何企业每进入一个市场都要经过“实地试销”，以便发现存在的问题，市场调研是企业进入一个新市场的第一步和基础工作，对企业的经营起着至关重要的指导作用。

子任务一 市场调研

随着社会经济的快速发展，市场中各种信息也瞬息万变，哪个企业对信息掌握得迅速、准确、可靠，产品更新换代快，生产计划安排得当，适销对路，哪个企业才能在竞争中取胜。因此，企业不得不投入人力物力进行专门的市场调研。

3.1.1 市场调研概述

1．市场调研的概念

市场调研是指企业为了达到特定的经营目标而运用科学的方法和通过各种途径、手段去收集、整理、分析有关市场营销方面的情报资料，从而掌握市场的现状及其发展趋势，以便对企业经营方面的问题提出方案或建议，供企业决策人员进行科学的决策时作为参考的一种活动。

市场调研既是市场活动的起点，又贯穿于整个营销过程之中，对企业及时掌握各种信息，从而发现问题、避免损失、捕捉机会、促进发展具有重要作用。

2．市场调研的内容

由于市场变化的因素很多，因而市场调研的内容也十分广泛。一般来说，凡属影响市场变化的各种主要因素都应调研。

（1）市场环境的调研。调研内容包括政治法律环境、经济环境、科学技术环境、文化环境等，以便了解党和国家的方针政策，特别是经济法规政策；了解消费者的教育水平、文化层次结构等。

（2）市场需求的调研。调研内容包括调研和了解现实的和潜在的顾客是哪些人，人数有多少，他们的购买力如何，顾客可以分为哪些种类，有什么样的消费心理，影响人们购买选择的因素有哪些，各因素的变化情况如何，顾客对目前市场上的产品有哪些不满意的地方，有哪些新的要求，现实的和潜在的需求量有多大，需求的发展趋势如何等。

（3）市场竞争的调研。调研内容包括企业的竞争对手是哪些企业，谁是主要竞争对手，竞争对手的营销目标、营销战略和策略，竞争对手的优、劣势，潜在竞争对手的情况，竞争对手未来发展趋势等。

（4）本企业市场营销战略的调研。调研内容包括本企业的市场营销战略和策略是否有问题或缺陷，其实施效果如何，哪些地方做得好，哪些地方做得不好，做得不好的原因何在，需要做什么样的调整和改进等。

3.1.2 市场调研的类型

市场调研是按照一定目标进行的。根据调研目标的不同，有不同类型的调研。

1．探索性调研

探索性调研是指企业对需要调研的问题尚不清楚，无法确定应调研哪些内容。因此，只能收集一些有关资料进行分析。这可以帮助企业查明问题产生的症结，找出问题的关键，确定进一步调研的重点内容。因此，探索性调研是为了使问题更明确而进行的小规模调研活动。这种调研特别有助于把一个大而模糊的问题表达为小而准确的子问题，并识别出需要进一步调研的信息。探索性调研具有灵活性的特点。

应用举例　　探索性调研

某公司的市场份额去年下降了，公司无法一一查知原因，就可用探索性调研来发掘问题：是经济衰退的影响？是广告支出的减少？是销售代理效率低？还是消费者的习惯改变了？等等。

2．描述性调研

描述性调研是指企业针对需要调研的问题，采用一定的方法，对市场的客观情况进行如实的描述和反映。是寻求对“谁”“什么事情”“什么时候”“什么地点”这样一些问题的回答。它可以描述不同消费者群体在需要、态度、行为等方面的差异。描述的结果，尽管不能对“为什么”给出回答，但也可用作解决营销问题所需的全部信息。

应用举例　　描述性调研

某商店了解到该店67%的顾客主要是年龄为18～44岁的妇女，并经常带着家人、朋友一起来购物。该描述性调研提供了重要的决策信息，使商店特别重视直接向妇女开展促销活动。

3．因果性调研

因果性调研是指了解市场中出现的有关现象之间因果关系的调研。在市场调研中，经常遇到一些回答“为什么”的问题。因果性调研就是要在描述性调研的基础上，收集有关市场变化的实际资料，运用逻辑推理和统计分析的方法，找出它们之间的因果关系，从而预见市场的发展变化情况。

应用举例　　因果性调研

近期某产品的销量有所下降，可能是该产品的市场供应量已接近饱和，也可能是竞争者的产品有所改进等，通过调研，找出其因果关系。

4．预测性调研

预测性调研是指在取得过去和现在的各种市场情报资料的基础上，经过分析研究，运用科学的方法和手段，估计未来一定时期内市场对某种产品的需求量及其变化趋势。从竞争的角度预测竞争对手对某种产品市场（有时也包括替代品）的供应量，以及估计本企业在未来一定时期可能实现的销售量和销售额等。

3.1.3　市场调研的程序

现代市场营销调研是一种科学研究活动。在长期的实践中，为了保证市场调研的质量和效率，形成了一套严格的工作程序，一般分为调研准备、正式调研和资料处理三大阶段。

1．调研准备阶段

调研准备阶段又可分为确定调研题目、拟订调研计划、培训调研人员三个阶段。

（1）确定调研题目。做好市场调研，必须针对本企业的具体情况确定好调研题目。如果选题出现错误，整个调研将前功尽弃。因此，调研前要在综合分析的基础上，确定调研题目。调研题目要根据调研目的确定，如调研的目的是了解产品销售下降的原因，经过初步分析认为可能是产品质量有问题，就可把调研产品质量问题确定为调研题目。

（2）拟订调研计划。计划要具体、明确。调研计划要求：①明确调研目的；②确定调研对象，即向哪些单位或个人调研；③选择调研和收集资料的方法，按不同的调研内容选择不同的调研方法；④明确调研日期，特别是完成时间；⑤做出调研经费预算及规定作业进度安排。

（3）培训调研人员。调研人员的素质对调研质量关系重大。因此，必须确定合适的人选并采取有效的方法进行培训。

2．正式调研阶段

市场调研计划批准后，市场调研就进入正式调研阶段。

（1）组织安排好调研力量。目前，我国的市场调研力量一般还是由调研单位自己组织的，在有条件的地方，可委托专门的市场调研机构进行调研。

（2）设计调研表。调研表是整个调研工作的一项重要工具。调研表设计得好与坏直接影响调研效果。设计要既具有科学性又具有艺术性。调研表的提问要避免抽象，尽可能具体，文字要简练，要通俗易懂等。

（3）现场实地调研。现场实地调研，即现场收集资料。现场调研要把调研人员分好工，并掌握调研进度，保证调研质量。

（4）收集各种资料。市场调研需要的各种资料，可分为一手资料和二手资料两大类。一手资料是从实地调研中所得到的资料；二手资料是从他人或其他单位取得的、已经积累起来的资料。二手资料节省时间和经费，应尽量采用，资料不足时可实地调研获取原始资料补充。

① 一手资料的调研。获取一手资料的方法有询问法、观察法、实验法、统计调研法（普查、重点调研、典型调研、抽样调研）等。每种方法都有自己的优缺点和适用范围，企业可根据自己的情况进行选择。

② 二手资料的调研。获取二手资料的方法主要有文案调研法。这种资料来源于内部资料和外部资料。内部资料是企业内部的市场信息系统所经常收集和记录的资料，如客户订单、销售资料、销售损益、库存情况、产品成本等；外部资料是从统计资料、行业资料、市场调研机构资料、科研情报机构资料、金融机构资料、文献/报纸/杂志等资料中获得的资料。

3．资料处理阶段

（1）编辑整理。在情报资料的编辑整理过程中，要检查调研资料的误差。产生误差常常是不可避免的，其原因一般有两种：①抽样误差。由于抽样调研是用样本结果推算全体，因此推算结果必然有一定误差，所以必须加以测定。②非抽样误差。例如，统计计算错误，调研表内容设计不当，谈话记录不完整，访问人员有偏见，被调研人员回答不认真或前后矛盾等。

要对情报资料进行评定，即审核其根据是否充分，推理是否严谨，阐述是否全面，观点是否成熟，以保证情报资料的真实与准确。

（2）分类。为了便于查找、归档、统计和分析，必须将经过编辑整理的资料进行分类编号。如果资料采用计算机处理，分类编号尤为重要。

（3）统计。将已经分类的资料进行统计计算，以便利用和分析。

（4）分析。运用调研所得出的有用数据和资料，分析情况并得出结论。

（5）调研报告。将调研所得出的结果编写成调研报告形式提供给有关部门或领导，以便做决策时参考。编写调研报告的原则是突出调研主题，调研内容要客观、扼要、有重点，方案简洁易懂，报告结构要合理、严谨，给人以完整的印象；编写调研报告的内容包括：调研的目的和范围、调研所采用的方法、调研的结果、提出的建议、必要的附件。

市场调研的程序如图 3-1 所示。

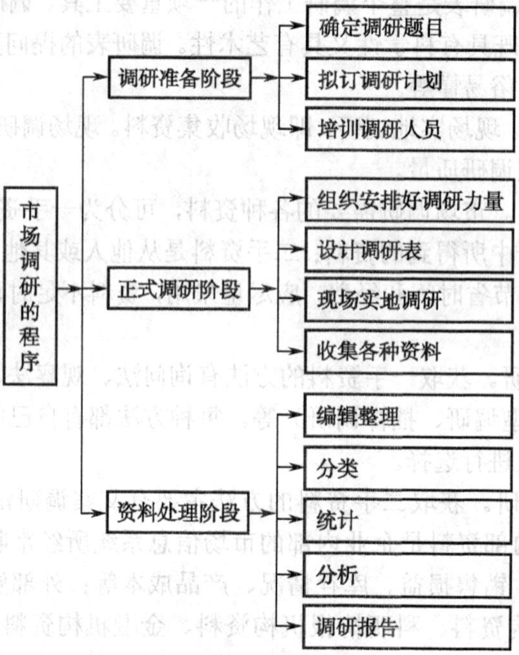

图 3-1　市场调研的程序

子任务二　市场调研的方法

市场调研的方法有很多种，主要包括两大类、六种具体方法。

3.2.1　询问法、观察法、实验法和文案调研法

按收集资料的方法划分，市场调研可分为询问法、观察法、实验法和文案调研法。其中询问法、观察法、实验法属于实地市场调研，又称直接调研，收集的是一手资料；文案调研法属于非实地调研，又称间接调研，收集的是二手资料。

1. 询问法

这是应用最广泛的一种方法，以询问的形式向消费者收集资料，了解情况。询问法大致可分为以下四种。

（1）面谈调研法。其是指调研者面对面地向被调研者提出询问，并予以当场记录的方法。调研者可以根据事先拟好的调研问卷或调研提纲进行提问，也可采取自由交谈的方式进行。其优点包括：①由于直接与被调研者见面，能当面听取被调研

者的意见，并观察其反应。②具有灵活性，即可根据被调研者对访问问题的态度，进行详细调研或简要调研，若发现调研者不符合抽样设计要求，可以停止调研。③能互相启发，发现新的问题，对询问表中不太清楚的问题可给予解释，并能较深入地了解情况。④资料的真实性较强。⑤询问表的回收率较高。其缺点包括：调研成本较高，尤其是小组访问，要花费较多的人力和时间，调研结果容易受调研人员技术熟练程度的影响。

（2）电话调研法。其是指由调研者用电话向被调研者询问意见，以获取所需资料的方法。其优点包括：资料收集快，调研成本最低，可按事先拟好的询问表询问，便于统一处理。其缺点包括：不易取得被调研者的合作，谈话时间不能太长，不能询问较为复杂的问题，谈的问题也不能深入。

（3）邮寄调研法（又称通信调研法）。即将设计好的询问表、信函等通过邮局寄给被调研者，请其根据自己的想法填好寄回。其优点包括：调研的区域广泛，凡邮政所能达到的地区都可以列入调研的范围，被调研者可以有充分的时间来回答询问，调研的成本较低；能避免个人访问中可能产生的调研者偏见的影响。其缺点包括：询问表、征订单的回收率较低，回收的时间也较长；被调研者有时还会误解问卷的意义。

（4）留置问卷调研法。其是指调研者将调研表当面交给被调研者，经说明和解释后留给调研者自行填写回答，再由调研者按约定的时间上门收回的一种收集资料的方法。其主要特点是将“面谈”与“笔谈”结合起来，既可缩短调研周期，又能够对被调研者回答的完整和可信性给予及时评价与检查，并保证问卷有较高的回收率。留置问卷调研法可以适合较大范围和较复杂问题的调研，已经成为现代市场调研中收集资料的一种主要方式。

2. 观察法

观察法是指调研人员在现场对调研对象的情况直接观察记录的一种调研方法。其特点在于当被调研者被调研时并不感到正在被调研。因为调研人员不直接向被调研者提出问题要求回答，而是利用自己的眼睛或照相机、录音机、摄像机和其他仪器对调研对象的活动和现场加以考察记录。其优点是能客观地获得准确性较高的一手资料，缺点是调研面较窄，花费时间较长，成本较高。观察法包括以下两种类型。

（1）直接观察法。其是指在现场凭借自己的眼睛观察市场行为的方法，包括以下两种类型。

① 顾客观察法。其是指在各种市场中以局外人的方式秘密注意、跟踪和记录顾客的行踪和举动以取得调研资料的方法。顾客观察法常常要求配备各种计数仪器，如录音摄像器材、计数仪器、计数表格等，以减轻调研者计数的负担和提高资料的可信度。

应用举例　　应该观察哪些顾客行为

对顾客的客流量、顾客购物的偏好、顾客对商品价格的反应、顾客购物的路径、顾客留意商品时间的长短、顾客产生冲动购物的次数、顾客付款是否方便等方面进行观察。

② 环境观察法。其是指以普通顾客的身份对调研对象的所有环境因素进行观察以获取调研资料的方法。有时也称此种方法为“伪装购物法”或“神秘购物法”。这种方法是让接受过专门训练的“神秘顾客”作为普通的消费者进入其所调研的环境。

应用举例 应该观察哪些环境因素

可以观察调研对象的购物环境，如颜色、布局、货架摆放、通道的宽窄、装饰等，也可以观察服务情况，以监督控制服务的质量和效果。

案例3-1 帕科·昂得希尔的成功

帕科·昂得希尔是著名的商业密探，他所在的公司叫思维罗塞尔市场调研公司。他通常的做法是坐在商店的对面，悄悄地观察来往的行人。而此时，他的属下正在商店里努力地工作——跟踪在商品架前徘徊的顾客。他们的目的是找出商店生意好坏的原因，了解顾客走进商店以后如何行动，以及为什么许多顾客在对商品进行长时间挑选后还是失望地离开。通过这些工作，昂得希尔给许多商店提出了实际的改进措施。

如一家主要以青少年光顾的音像商店，通过调研发现这家商店把磁带放置得过高，孩子们往往拿不到。昂得希尔指出应把商品降低放置，结果销售量大大增加。

再如一家叫伍尔沃思的公司发现商店后半部分的销售额远远低于其他部分，昂得希尔通过观察和拍摄现场解开了这个谜：在销售高峰期，现金出纳机前顾客排着长长的队伍，一直延伸到商店的另一端，妨碍了顾客从商店的前面走到后面。针对这一情况，商店专门安排了结账区，结果使商店后半部分的销售额迅速增长。

案例评析：

帕科·昂得希尔之所以成功是因为通过观察法了解到了影响销售的因素，通过让商店改进获得了好的销量。

(2) 间接观察法。其是指通过对现场遗留下来的实物或痕迹进行观察以了解或推断过去的市场行为的方法，如食品橱观察法。该方法对一些家庭日常用品的消费调研非常重要。

国外流行的食品橱观察法，即调研人员通过查看顾客的食品橱，记下顾客所购买的食品品牌、数量和品种，来收集家庭食品的购买和消费资料。

应用举例 丰田的旅行车

一次，一个美国家庭住进了一位日本人，奇怪的是，这位日本人每天都在做笔记，记录美国人居家生活的各种细节，包括吃什么食物，看什么电视节目等。一个月后，日本人走了。不久丰田公司推出了针对当今美国家庭需求而设计的物美价廉的旅行车。如美国男士喜爱喝玻璃瓶装饮料而非纸盒装的饮料，日本设计师就专门在车内设计了能冷藏并能防止玻璃瓶破碎的柜子。直到很久后，丰田公司才在报纸上刊登了他们对美国家庭的研究报告，同时向收留日本人的家庭表示感谢。

3．实验法

实验法是指产品在大批量生产之前，先生产一小批，向市场投放，进行销售，观察和收集消费者有关方面的反应来获得情报资料的一种调研方法。因为是在特定地区、特定时间，向市场投放一部分产品进行试销，故又称这些地区为“实验市场”。实验的目的在于：一是看本企业生产的产品质量、品种、规格、外观是否受欢迎；二是了解产品价格是否被消费者所接受。实验法突出的优点是切合实际，可提供较真实的资料，方法科学；其缺点是可变因素难以掌握，实验时间长，成本较高。

应用举例　**咖啡店的心理实验**

一位日本咖啡店老板发觉不同颜色能使人产生不同的感觉，于是他做了一个实验。他请来 30 位实验者，请他们每人喝四杯浓度完全相同的咖啡，但这四个装咖啡的杯子颜色是不同的，有红色、黄色、绿色和棕色。然后，咖啡店老板询问实验者：“哪种杯子的咖啡浓度最好？”结果绝大多数人对浓度的排序是红色、棕色、黄色、绿色。其实只有老板知道，所有咖啡的浓度是完全一样的。于是该店从此以后一律用红色杯子盛放咖啡，使得顾客普遍感到满意。

4．文案调研法

文案调研法又称间接调研法，是利用企业内部（如销售记录、统计报表、账簿、顾客意见本等）和外部（如统计报告、新闻报道、互联网、国内外的书籍等）的各种现有信息、情报资料，对调研内容进行分析研究的一种调研方法。

实地调研与文案调研相比，更费时、费力，组织起来也比较困难，故不能或不宜经常进行，而文案调研如果经调研人员精心策划，随时都能根据企业经营管理的需要，收集、整理和分析各种市场信息，定期为决策者提供有关市场调研报告。但文案调研法也有很多局限性：第一，这种方法依据的主要是历史资料，过时资料比较多，现实中正在发展变化的新情况、新问题难以得到即时的反映。第二，所收集、整理的资料和调研目的往往不能很好地吻合，数据对解决问题不能完全适用，收集资料时易有遗漏。例如，调研所需的是分月商品销售额资料，而所掌握的是全年商品销售额资料，尽管可计算平均月销售额，但精确度会受到影响。第三，文案调研要求调研人员有较广的理论知识、较深的专业知识及技能，否则将感到无能为力。

以上四种调研法的比较内容如表 3-1 所示。

表 3-1　各种调研方法的比较

项　目		方　法	具 体 方 法	优　点	缺　点
资料来源	一手资料	询问法	面谈调研	信息资料准确可靠，针对性、有效性强	费用成本高、周期长
			电话调研		
			邮寄调研		
			留置问卷调研		
		观察法	直接观察、间接观察		
		实验法	无控制实验、有控制实验		
	二手资料	文案调研法	内部资料查询	费用成本低、快捷方便	缺乏针对性，可靠性、准确性、客观性需进一步验证
			外部资料收集		

3.2.2　全面调研和非全面调研

按其调研范围划分，市场调研可分为全面调研和非全面调研。

1. 全面调研

全面调研法又称市场普查法，是指以调研者计划调研的总体作为调研对象的一种调研方法，适合调研范围中个体数量有限的情况。这种方法的优点是取得的资料比较全面、准确，缺点是工作量很大。

应用举例　　普查的应用

企业对中间商情况的全面调研；生产者市场上，销售大型设备的企业，对其所有潜在客户的摸底调研；广告公司对其所有客户的回访等。

2. 非全面调研

非全面调研法是指对调研对象的一部分进行调研的方法。这种调研方法，可以节省人力、物力、财力和时间。非全面调研包括以下三种类型。

（1）重点调研法。其是指在调研总体中，针对选取的一部分重点样本进行的一种非全面调研法。重点样本是指在调研总体中处于十分重要地位的样本，或者在调研总体和总量中占绝大比重的那些样本。

重点样本与一般样本的差别较大，不具有普遍的代表性。这种调研的目的在于对调研对象的基本情况做出估计，一般情况下不能用重点调研的综合指标来推断调研对象总体的综合指标。但在市场需求和市场供给的调研中，也可以利用重点调研所得的资料，对总体调研进行粗略的估计。

应用举例　　重点调研法的应用

某家电生产企业向全国范围内的 100 家批发零售企业供货，根据以往的销售统计资料，其中 20 家企业的供货量占该企业总供给量的 80%以上。现对这 20 家批发零售企业进行重点市场调研，了解到它们本年度向企业的进货量为 10 万件，据此可估计出该企业本年度的总需求量应在 12.5 万件左右。

（2）典型调研法。其是指从调研总体中选出具有代表性的对象进行调研，以达到推算的一种非全面调研法。典型调研的关键在于正确选择调研样本。在通常情况下，可以选择中等或中间水平的对象进行调研。在选择数量上，若总体水平比较一致，则选一个或少数几个有代表性的就可以了；当总体发展水平差异较大时，应先按某些标志进行分类，然后在各类中选择典型进行调研，其调研结果就比较准确可靠了。

除了非全面调研的优点以外，还有利于迅速地取得调研结果，灵敏地反映市场情况的变化。缺点是在选择典型单位时是根据调研者的主观判断，难以完全避免主观随意性；用部分调研样本的调研结果来判断调研总体的特征，缺乏有力的科学依据。所以，如果对调研推断精度的要求较高，就不宜采用典型调研的形式。典型调研较多地运用于调研对象数量大、调研人员对调研情况有一定了解的调研。

（3）抽样调研法。其是指根据概率统计的随机原则，从被研究的总体抽出一部分单位作为样本进行调研，以样本的调研结果来推断总体的一种非全面调研法。这种方法具有费用少、资料获取及时、调研结果准确等优点。因此，抽样调研法是市场调研中最规范、使用范围最广的方法。

要保证抽样调研的科学性、准确性，做好抽样设计是关键。抽样设计包括三个内容：一是确定抽样对象，即调研哪些人；二是确定样本大小，即调研多少人；三是确定抽样方法，即如何抽取样本。

① 抽样对象。抽样对象并不总是显而易见的。例如，要想了解家庭购买电视机的决策过程，究竟应调研丈夫、妻子还是全体家庭成员？要想了解 IT 业用户对所采购产品的意见，应调研用户的采购部门、使用部门还是领导部门？只要购买者、使用者、决定者和影响者处于分离状态（不是由同一人承担），调研人员就需要对抽样对象做出选择。

② 样本大小。大样本当然比小样本提供的结果更可靠，但大样本的调研成本高，而且往往没有必要。只要抽样方法正确，即使样本不足总体的 1%，也同样能提供可靠的调研结果。

③ 抽样方法。抽样方法主要有两大类：一是非随机抽样；二是随机抽样。

非随机抽样法是指在整体中不是每个个体都有机会被选为样本。非随机抽样也可分为三种具体方法：一是任意抽样，即调研人员任意选择样本，如在街头上任意找几个行人询问其对某产品的看法和印象；二是判断抽样，即调研人员根据自己或专家的经验来判断由哪些个体作为样本；三是配额抽样，即首先对总体进行分组，然后由调研人员从各组中任意抽取一定数量的样本。

随机抽样又称概率抽样，就是在广泛的对象中，不做任何有目的的选择，用偶然的方法抽取样本，总体中每个个体的机遇是相等的。随机抽样是一种严密、科学的方法，在市场调研中已被广泛使用。在大多数情况下，如果没有特别说明，抽样调研就是指随机抽样。随机抽样遵循随机性原则，这样，可以避免调研时的主观因素干扰，从而保证所抽取的样本对总体有足够的代表性；另外，在由样本推断总体的估计过程中，抽样估计的精确度及可靠程度还可以测定并控制。随机抽样的方法很多，常用的有如下四种。

① 简单随机抽样。这是在抽样中采取的最简单的方法。该方法适用于所有个体差异不大情况的调研。简单随机抽样中常用的方法有抽签法和乱数表法。抽签法就是把被调研的总体写在标签上，把顺序打乱，然后随便抽出一定数量作为样本；乱数表法就是把 0～9 的数字打乱顺序，随便排列，编成乱数表，表格的数目根据调研点的需要决定，每个数字可以出现多次。

② 分层随机抽样。其是指把调研的总体按特性分成若干层，在每层中抽取一定数量的样本。该方法适用于那些个体差异性很大的调研。怎样分层，并无一定规则。例如，对消费者的调研，一般可按收入多少分层，也可按性别、年龄、家庭人口等标准分层。

③ 分群随机抽样。这是指把被调研的对象分为若干群，然后从中抽取一个或几个群，抽中的群中所有的个体都是被选中的样本。分群抽样与分层抽样不同。分层随机抽样的各层之间差异很大，层内样本之间差异不大；而分群随机抽样则是群之间差别不大，群内样本之间却差异很大。如调研用户，按分层随机抽样法，在收入高的一层中全是高的，收入低的一层中全是低的。而在分群随机抽样中，在每一群中都有高、中、低三种。

④ 等距抽样。这是指把被调研的总数编号排列，然后每隔一定的距离从总体中抽取一个样本。抽样的间隔距离由调研总数除以样本总数所得，其公式是抽样间隔距离=调研总体单位数÷样本总数。

3.2.3 问卷设计

在现代市场调研中，应有事先准备好的询问提纲或调研表作为调研的依据，这些文件统称问卷。它系统地记载了所需调研的具体内容，是了解市场信息资料、实现调研目的和任务的一种重要形式。

由于问卷方式通常是靠被调研者通过问卷间接地向调研者提供资料，所以其设计是否科学合理，将直接影响问卷的回收率，影响资料的真实性和实用性。因此，在市场调研中，应对问卷设计给予足够的重视。

1. 调研问卷的构成

一份问卷通常由三部分组成：前言、主体内容和结束语。

（1）前言。前言主要是对调研目的、意义等的说明，包括问卷标题、问卷说明及被调研者的基本情况。前言部分文字须简明易懂，能激发被调研者的兴趣。

① 问卷标题。问卷的标题是概括说明调研研究主题，使被调研者对所要回答什么方面的问题有一个大致的了解。标题应简明扼要，易于引起回答者的兴趣。例如，“大学生消费状况调研”“我与广告——公众广告意识调研”等。而不要简单采用“问卷调研”这

样的标题，它容易引起回答者因不必要的怀疑而拒答。

② 问卷说明。问卷说明旨在向被调研者说明调研的目的和意义。有些问卷还有填表须知、交表时间、地点及其他事项说明等。问卷说明一般放在问卷开头，通过它可以使被调研者了解调研目的，消除顾虑，并按一定的要求填写问卷。问卷说明既可采取比较简洁、开门见山的方式，也可在问卷说明中进行一定的宣传，以引起调研对象对问卷的重视。

应用举例　　问卷说明

尊敬的女士（先生）：

改革开放以来，我国广告业蓬勃发展，已成为社会生活和经济活动中不可缺少的一部分，对社会经济的发展起着积极的推动作用。我们进行这次公众广告意识调研，目的是加强社会各阶层人士与国家广告管理机关、广告用户和经营者等各方的沟通和交流，进一步加强和改善广告监督管理工作，促进广告业的健康发展。本次问卷调研并非知识性测验，只要求您根据自己的实际态度选答，不必进行讨论。根据统计法的有关规定，我们会对您个人情况实行严格保密。

③ 被调研者的基本情况。这是指被调研者的一些主要特征，通过这些项目，便于对调研资料进行统计分组、分析。在实际调研中，列入哪些项目，列入多少项目，应根据调研目的、调研要求而定，并非多多易善。

应用举例　　被调查者的基本情况

在消费者调研中，消费者的性别、年龄、民族、家庭人口、婚姻状况、文化程度、职业、单位、收入、所在地区等；对企业调研中的企业名称、地址、所有制性质、主管部门、职工人数、商品销售额（或产品销售量）等情况都属于被调研者的基本情况。

（2）主体内容。这是市场调研所要收集的主要信息，它由一个个问题及相应的选择项目组成。通过主体部分问题的设计和被调研者的答复，市场调研者可以对被调研者的个人基本情况和对某一特定事物的态度、意见倾向以及行为有较充分的了解。

（3）结束语。结束语主要表示对被调研者的感谢，并在表后附上调研员的姓名、访问日期、时间等，以明确调研人员完成任务的性质。如有必要，还可写上被调研者的姓名、单位或家庭住址、电话等，以便于审核和进一步追踪调研。但对于一些涉及被调研者隐私的问卷，上述内容则不宜列入。

2. 调研问卷的题型

（1）封闭式提问。这是指提出所有可能的回答，让被调研者从中选择，便于统计。

① 是否式问句。是否式问句又称二项式问句、伪真式问句。这种问句的回答只分两种情况，必须二者择一。该问句回答简单，调研结果易于统计归类。但也有一定的局限性，主要是被调研者不能表达意见，回答只有“是”与“否”两种选择。若被调研者还没有考虑好这个问题，即处于“未定”状态，则无从表达意见。

应用举例 **是否式问句**

您是否喜欢惠普打印机？是（　　）否（　　）

您今年是否打算购买数码相机？是（　　）否（　　）

② 程度评定式问句。对提出的问题，给出程度不同的答案，被调研对象从中选择认同的一个做出回答。该方法多用于测量消费者满意程度的量表。

应用举例 **程度评定式问句**

您认为某某牌打印机的售后服务如何？

好（2）、较好（1）、一般（0）、较差（-1）、差（-2）

③ 语意差别式问句。列出两个语意相反的词，让被调研对象做出一个选择。

应用举例 **语意差别式问句**

请问您对某某牌液晶电视机的看法：

式样新颖（　　）　式样陈旧（　　）　图像清晰（　　）　图像模糊（　　）
耗电少（　　）　耗电多（　　）

④ 多项选择式问句。多项选择式问句是对一个问题事先列出几种（两个或两个以上）可能的答案，让被调研者根据实际情况，从中选择一个或几个最符合被调研者情况的作为答案。使用该问句有一点值得注意，即在设计选择答案时，应考虑所有可能出现的答案，否则，会使得到的信息不够全面、客观。

应用举例 **多项选择式问句**

某打印机厂欲了解本企业产品在同类产品中的市场占有率，设计问句：您所使用的打印机是哪一种品牌的？

A. 爱普生（　　）　B. 佳能（　　）　C. 联想（　　）　D. 三星（　　）
E. 惠普（　　）　F. 方正（　　）　G. 其他（　　）

⑤ 顺位式问句。顺位式问句是在多项选择式问句的基础上，要求被调研者对所询问问题的各种可能的答案，按照重要程度不同或喜爱程度不同，对所列答案定出先后顺序。该问句回答较为简单，易于归类统计，但须注意避免可供选择的答案的片面性。

应用举例 **顺位式问句**

1. 您选购电视机时，对下列各项，请按照您认为的重要程度以1、2、3、4为序进行排序。

A. 图像清晰　B. 音质好　C. 外形漂亮　D. 使用寿命长

2. 下列品牌的打印机中，请根据您喜爱的程度，以1、2、3、4、5、6为序进行排序。

A. 爱普生　　B. 佳能　　C. 联想　　D. 三星

E. 惠普　　F. 方正

（2）开放式提问。这是指对所提出的问题，被调研对象可以根据自己的情况自由回答。该提问方式的答案不唯一、不易统计、不易分析。

① 自由式问句。被调研对象不受任何限制，可自由回答问题。自由式问句比较适用于调研受消费者心理因素影响较大的问题，如消费习惯、购买动机、质量、服务态度等，因这些问题一般很难预期或限定答案范围。

应用举例　　自由式问句

请给出您印象最深刻的一个广告（　　）。

您的建议是（　　）。

② 语句完成式问句。提出一个不完整的句子，由被调研对象完成该句子。

应用举例　　语句完成式问句

当我口渴时，我想喝（　　）。

③ 字眼联想式问句。调研人员列出一些词汇，每次一个，由被调研对象说出或写出他所联想到的第一个词。

应用举例　　字眼联想式问句

当您听到以下词句，首先会想到什么？计算机（　　）三星（　　）。

3. 问卷设计应注意的问题

问卷中问题提问合理、排列科学，可以提高问卷回收率和信息的质量。

（1）字意表达准确，不应使填卷人有模糊认识。

应用举例　　字意表达不清而造成的歧义

问句“您通常喜欢选购什么样的鞋？”就是用词不准确，因为“通常”、“什么样”的含义，不同的人有不同的理解，回答各异，不能取得准确的信息。如改为具体的问题：“您外出旅游时，会选购什么品牌的旅游鞋？”这样表达就很准确，不会产生歧义。

（2）问卷要避免使用引导性的语句。

应用举例　　引导性语句产生的后果

“某某品牌的显示器质优价廉，您是否准备选购？”这样的问题容易使填表人得出肯定性的结论或对问题反感，这样不能反映消费者对商品的真实态度和真正的购买意愿，所以产生的结论也缺乏客观性。

（3）问句设计要有艺术性。避免对填卷人产生刺激而不能很好地合作。

应用举例 **两种问法，两种感受**

有如下两个问句：①您至今未买计算机的原因是什么？A. 买不起；B. 没有用；C. 不懂；D. 软件少。②您至今未购买计算机的主要原因是什么？A. 价格高；B. 用途较少；C. 性能不了解；D. 其他。显然②问句更有艺术性，能使被调研者愉快地合作。而①问句较易引起填卷人反感、不愿合作，导致调研结果不准确。

（4）问卷要避免提出不易回答的问题。①是涉及填卷人的心理、习惯和个人生活隐私而不愿回答的问题。即使将其列入问卷也不易得到真实结果。遇有这类问题，如果实在回避不了，可列出档次区间或用间接的方法疑问。如调研个人收入，如果直接询问，不易得到准确结果，而划分出不同的档次区间供其选择，效果就比较好。②另一种是时间久、回忆不起来或回忆不准确的问题。经常有些市场调研要求被调研者回忆以前三个月甚至半年、一年的购买情况，这显然取决于被调研者的回忆力和合作程度。③问题会有假定性，使被调研者无法准确回答。例如，您现在的计算机坏了是否会选择联想牌？④用词生僻或过于专业，被调研者无法正确理解问题。

应用举例 **专业性问句**

某 VCD 光盘生产厂家就市场潜力派员访问调研，询问：请问您是否使用过 VCD2.0 版本技术？因为不知道什么是 2.0 版本技术，影响调研结果。

某保险公司调研顾客对本公司业务的印象，询问：请问您对本公司的理赔时效是否满意？请问您对本公司的展业方式是否满意？许多被调研者不明白什么是“理赔时效”和“展业方式”，即使给出答案也没有意义。

（5）遗漏重要问题选项，没有包含全部可能的因素并且没有“其他”选项。

应用举例 **遗漏重要选项**

您常用的搜索引擎是哪一个？（　　）

A. 谷歌　　B. 雅虎　　C. 360　　D. 搜狗

显然，这个问题里的选项缺少了百度这个重要的选项，那么调研出的结果将缺乏准确性。如果加上“其他”选项，也不会产生好的效果，因为被调研者都填“其他”，那么调研的结果没有意义。因此，在设计选项时要考虑全面，尽可能地想到被调研者可能选择的所有选项。

（6）调研问题过多。调研问题过多，易使被调研者感到疲惫和厌倦，从而采取不认真的态度填写问卷，降低了调研结果的准确性，问题一般是 10～30 个为好。

（7）调研目的不明确，数据没有实际价值。调研问卷的题目要与实际的调研目的相一致，否则调研没有意义。

应用举例　关于产品顾客满意度的调查问卷

您的月收入是多少？（　　）

A. 2000～3000 元　　B. 3001～4000 元　　C. 4001～5000 元　　D. 5001 元以上

显然调研收入与调研顾客满意度没有任何关系。因此，调研出的数据也将没有任何意义。

(8) 过多地收集被调研者的个人信息。收集个人信息过多，会使被调研者缺乏安全感，从而产生抵触心理。

子任务三　市场调研报告的撰写

阅读市场调研报告的人，一般都是繁忙的企业经营管理者或有关机构负责人。因此，撰写市场调研报告时，要力求条理清楚、言简意赅、易读好懂。

3.3.1　市场调研报告

1. 市场调研报告的概念

市场调研报告是对市场中某个事件、某个问题，经过深入细致的调研后，将调研中收集到的材料加以系统整理，分析研究，以书面形式向组织和领导汇报调研情况的一种文书。

2. 市场调研报告的分类

（1）情况调研报告。这是比较系统地反映本地区、本单位基本情况的调研报告。这种调研报告是为了弄清情况，供决策者使用。如针对企业的市场规模这一情况撰写的调研报告。

（2）典型经验调研报告。这是通过分析典型事例，总结工作中出现的新经验，从而指导和推进工作的一种调研报告。

（3）问题调研报告。这是针对某一方面的问题，进行专项调研，澄清事实真相，判明问题的原因和性质，确定造成的危害，并提出解决问题的途径和建议，为问题的最后处理提供依据，也为其他有关方面提供参考和借鉴的一种调研报告。

3.3.2　市场调研报告的格式

1. 标题

一般在标题中，要把被调研单位、调研内容明确而具体地表示出来，如“关于哈尔滨市家电市场的调研报告”。有的调研报告还采用正、副标题形式，一般正标题表达调研的主题，副标题则具体表明调研的单位和问题。如“关于手机的市场调研报告——大连地区”。标题和报告日期、委托方、调研方，一般应打印在扉页上。

2．目录

如果调研报告的内容、页数较多，为了方便读者阅读，应当使用目录或索引形式列出报告所分的主要章节和附录，并注明标题、有关章节号码及页码，一般来说，目录的篇幅不宜超过一页。

3．概述

概述主要阐述调研的基本情况，它是按照市场调研课题的顺序将问题展开，并阐述对调研的原始资料进行选择、评价、做出结论、提出建议的原则等，主要包括三方面内容：第一，简要说明调研目的，即说明调研的由来和委托调研的原因；第二，简要介绍调研对象和调研内容，包括调研时间、地点、对象、范围、调研要点及所要解答的问题；第三，简要介绍调研的方法，有助于使人确信调研结果的可靠性。因此，对所用方法要进行简短叙述，并说明选用方法的原因。

4．正文

正文是市场调研分析报告的主体部分。这部分必须准确阐明全部有关论据，包括问题的提出到引出的结论、论证的全部过程、分析研究问题的方法、调研结果和必要的市场信息，也包括对这些情况和内容的分析评论。

5．结论与建议

结论与建议是撰写综合分析报告的主要目的，提出如何利用已证明为有效的措施和解决某一具体问题可供选择的方案与建议。结论和建议与正文部分的论述要紧密对应，不可以提出无证据的结论，也不要得出没有结论性意见的论证。

6．附件

附件是调研报告正文包含不了或没有提及，但与正文有关，必须附加说明的部分。它是对正文报告的补充或更详尽的说明，包括数据汇总表、原始资料背景材料、必要的工作技术报告。

3.3.3 需注意的问题

一篇高质量的调研报告，除了符合调研报告一般的格式以及很强的逻辑性结构外，写作手法是多样的，但其中必须注意以下两点。

（1）报告要言之有据，简练准确，朴实无华。

（2）报告不是流水账或数据的堆积，过多地堆砌数字常会使人感到眼花缭乱，不得要领。所以运用数据要适当，准确的数据证明事实的真相往往比长篇大论更能令人信服。

子任务四 市场营销预测

市场调研的目标除了对现状进行描述分析外，也要利用调研来预测市场未来发展和企业如何发展。

3.4.1 市场预测

1. 市场预测的概念

市场预测是指在市场调研的基础上，采用科学的方法进行分析研究，以推测未来一定时期内的市场需求情况及发展趋势，为企业确定营销目标和制定营销策略提供依据。

2. 市场预测的作用

（1）企业经营决策的前提。通过市场预测，企业能够掌握市场的需求特点及变化趋势，为企业制订营销计划和策略提供依据，以帮助企业做出正确的决策，减少失误和盲目性。

（2）企业制订营销计划的依据。通过市场预测，企业可有效地了解和掌握市场的需求水平和结构，了解竞争对手的情况，以便制订各种营销计划与策略，不断巩固和开拓市场。

（3）企业加强经营管理的手段。通过市场预测，企业可制订有效的营销策略，争取市场主动权，同时加强企业内部管理，改善外部环境，提高经济效益。

3.4.2 市场预测的原理

1. 连贯性原理

连贯性原理是指预测对象的发展用过去和现在的发展规律持续向前发展。任何事物的发展都具有一定的惯性，即在一定时间、一定条件下保持原来的趋势和状态，这也是大多数传统预测方法的理论基础。在利用连贯性原理进行预测时，一般要求预测对象所处的系统具有稳定性。一旦系统的稳定性遭到破坏，预测对象的规律将会发生变化，这时应用连贯性原理进行预测可能产生误差。

2. 类推性原理

类推性原理是指许多事物相互之间在发展变化上常有类似之处。利用预测对象与其他事物的发展变化在时间上有前后不同，但在表现上有类似之处的特点，人们有可能根据已知事物的基本类似结构和发展模式，通过类推的方法对后发展事物的前景做出预测。使用类推性原理进行预测的关键在于发现预测对象与已知事件的共同性或类似点。如果已知事件与预测对象之间无类似性，则不能用类推性原理对案例进行预测。

应用举例　　类推性原理的应用

可以根据其他国家在与我国处于类似经济发展阶段的消费需求和消费结构变化规律，预测我国的消费需求和消费结构变化前景；在预测我国现阶段住房和汽车消费的发展趋势时，可以参照国外的情况来类推。

3．相关性原理

相关性原理是指预测对象与其影响因素之间的相互联系。任何事物的发展变化都不是孤立的，都是与其他事物的发展变化相联系的。利用相关性原理进行市场预测，就是要找出影响预测对象变化的各种因素，然后根据这些影响因素的变化估计预测对象的变化。在利用相关性原理进行预测时，除要找出各种相关因素与预测对象之间的相关关系外，还必须分析在预测期内这些因素与预测对象之间的相关性是否会发生较大的变化，如果将发生较大的变化，预测结果将会出现较大的偏差。

应用举例　　相关性原理的应用

对于食物的消费，人口和购买力是最主要的影响因素。因此，可以根据人口和购买力的变化预测对食物需求的变化。

3.4.3　市场预测的方法

进行市场预测必须运用科学的方法。目前，在经济工作中应用的预测方法数以百计，其中广泛使用的也有几十种。归纳起来，这些方法可以划分为定性预测法和定量预测法两类。

1．定性预测法

定性预测法是依靠预测者的知识、经验和对各种资料的综合分析，来预测市场未来的变化趋势。其特点是简便易行，不需经过复杂的运算过程，主要有以下三种常用的方法。

（1）个人经验判断法。这是指预测者依据个人的经验和知识，通过对影响市场变化的各种因素进行分析、判断和推理来预测市场的发展趋势。在预测者经验丰富、占有资料详尽和准确的前提下，往往能做出准确的预测。

（2）集体经验判断法。这是指预测人员邀请生产、财务、市场销售等各部门的负责人进行集体讨论，广泛交换意见，再做出预测的方法。由于预测参加者分属于各个不同的部门和环节，做出的预测往往较为准确和全面。这种预测方法也较为简单可行，常用于产品市场需求量和销售额的预测。

（3）专家调研法（又称德尔菲法）。这种方法是由美国兰德公司提出来的，被广泛运用于军事、经济和商情预测。其实施程序是先确定预测目标和预测专家若干名，并将预测目标通知给专家们，同时向专家提供所需资料，要求每一位专家提出还有哪些资料可用于该项目的预测；专家接到通知后，根据自己的经验和知识做出初步预测，并说明其依据和理由，再将资料寄给主持者；主持者对各种预测结果进行归纳整理，对不同的预测注明理由和依据，再分寄给各位专家，要求专家们修改自己的预测；专家接到反馈意见后，通过分析各种预测意见和理由，提出自己的修改意见及理由，如此反复多次，直到专家们的意见趋于一致为止。

这种预测方法的特点是，由于专家之间互不联系，可避免权威人士对其他预测者的影响，预测结果较为准确，且费用不高，节省时间。

2. 定量预测法

定量预测法主要是依靠数学模型和数理统计方法，对各种资料进行计算分析，从而对市场变化趋势做出预测。这类方法适用于对历史统计资料准确、详尽，预测对象变化发展的客观趋势比较稳定的对象的预测。常用的方法有以下四种。

（1）简单平均法。简单平均法是指计算预测目标实际值在各个时期的平均数，并将其作为下期预测值。其计算公式如下：

$$\bar{x}=\frac{x_1+x_2+\cdots+x_n}{n}=\frac{\sum x}{n}$$

式中，$\bar{x}$——序时平均数，即预测值；

$x_1,x_2,\cdots x_n$——预测目标观测期内的实际值；

n——时间序列的项数。

应用举例　**简单平均法的应用**

试预测7月份的销售额。某公司2014年1～6月的销售额资料如表3-2所示。

表3-2　销售额资料表

月　份	1	2	3	4	5	6
销售额（万元）	32	29	34	28	33	32

解：以6个月的销售额的简单算术平均数作为预测值，则7月份销售预测值为

$$\bar{x}=\frac{\sum x}{n}=\frac{32+29+34+28+33+32}{6}=31.33\text{（万元）}$$

（2）加权平均法。根据不同时期的实际值对预测值影响程度的差异，分别给予不同的权数。一般地，近期实际数据的权数相对大一些，远期实际数据的权数相对小一些。然后再进行加权平均，所得的加权平均数作为下一期的预测值。其计算公式如下：

$$\bar{x}=\frac{x_1f_1+x_2f_2+\cdots+x_nf_n}{f_1+f_2+\cdots+f_n}=\frac{\sum xf}{\sum f}$$

式中，$\bar{x}$——加权平均数，即预测值；

$x_1,x_2,\cdots x_n$——预测目标观测期内的实际值；

$f_1,f_2,\cdots f_n$——各期实际值的权数；

n——时间序列的项数。

应用举例　　加权平均法的应用

根据上例资料，预测 7 月份的销售额。

解：各月销售额数据变动不大，因而取等差数列为权数，即 1～6 月销售额权数依次取 1、2、3、4、5、6 时，7 月份的销售额预测值为

$$\bar{x}=\frac{\sum xf}{\sum f}=\frac{32\times1+29\times2+34\times3+28\times4+33\times5+32\times6}{1+2+3+4+5+6}=31.48\text{（万元）}$$

（3）平滑预测法。对于市场营销的短期预测，可以使用指数平滑的时间序列预测法，即平滑预测法。采用这种方法只需要三种信息：本期实际销售额、本期预测销售额和平滑系数。下期销售额预测为

$$M_{n+1}=aX+(1-a)M_n$$

式中，M_{n+1}——$n+1$ 期的预测值；

X——本期实际值；

M——本期预测值；

a——平滑系数（$0<a<1$）；

n——时间序列的项数。

应用举例　　平滑预测法的应用

已知某房地产市场某年 1～8 月份的市场价格，试用平滑预测法预测 9 月份的市场价格（见表 3-3）。（a 为 0.4）

表 3-3　某房地产市场某年 1～8 月份价格

月　份	1	2	3	4	5	6	7	8
实际价格（元/平方米）	2400	2500	2450	2510	2490	2500	2510	2540
预测价格（元/平方米）	2400	2400	2440	2444	2470.40	2478.24	2486.94	2496.16

9 月份的预测价格 $M=0.4\times2540+0.6\times2496.16=2514$（元/平方米）

（4）一元回归预测法。这是一种最简单的回归预测法，用以分析一个自变量与一个因变量之间的关系。其计算公式如下：

$$y=a+bx$$

式中，y——因变量，即预测对象；

x——自变量，即影响因素；

a、b——待计算的参数，即回归系数。

根据最小二乘法，参数 a、b 的计算公式为

$$a=\frac{\sum y-b\sum x}{n};\quad b=\frac{n\sum xy-\sum x\sum y}{n\sum x^{2}-(\sum x)^{2}}$$

实训一

任务：学生针对本校学生网络购物情况设计一份调研问卷。

【实训目的】

促进学生熟悉市场调研的相关知识；掌握设计调研问卷的题型和注意的问题；促使学生能够针对某一情况进行调研问卷的设计。

【实训内容】

为增多学生自主创业的机会，鼓励学生开设网络店铺，通过了解学生网络购物情况，以为学生指明方向。以大连职业技术学院学生为例，根据所学知识进行调研问卷的设计，调研的结果用来为学生开设网络店铺服务。

【实训方法】

1．实训过程。

第一步：根据班级学生人数来确定小组划分，每一小组以 5～8 人为宜，小组成员要合理分工。

第二步：学生根据调研目的来设计调研问卷，包括调研问卷的前言、主体内容和结束语，切记设计时应避免出现不合理的问题。

第三步：选出 3 组学生，分享其成果。

第四步：实训指导教师进行分享和总结。

2．时间：30 分钟。

3．地点：课外+教室。

【总结】

1．设计调研问卷的关键是题目的设计，题目要始终围绕调研目的而设计，并且问句科学合理、题目数目适当。

2．为使调研结果准确，在问卷的前言部分要对问卷进行说明，以使被调研者了解调研的目的和重要意义，促使其积极参与，或者提供其一定的物质奖励。

实训二

任务：学生针对本校食堂就餐情况进行调研。

【实训目的】

促进学生熟悉市场调研的相关知识；掌握市场调研的程序；促使学生能够针对某一情

况进行市场调研。

【实训内容】

为使学生能够在一个良好的环境中就餐并能吃到可口的饭菜，以本校食堂为例，根据所学知识进行调研，调研的结果用来改进食堂的管理。

【实训方法】

1．实训过程。

第一步：根据班级学生人数来确定小组划分，每个小组以 5～8 人为宜，小组成员要合理分工。

第二步：进行市场调研的准备，包括确定调研的题目、拟订调研计划及培训调研人员。

第三步：进入正式调研阶段，主要包括调研问卷的设计和进行实地调研。

第四步：资料的处理阶段，主要是对收集资料的整理→分类→统计→分析→形成调研报告。

第五步：选出 3 组学生，分享其成果。

第六步：实训指导教师进行分享和总结。

2．时间：30 分钟。

3．地点：课外+教室。

【总结】

1．进行市场调研首先要确定主题，然后根据主题选择调研的方法（不同的调研内容，选择的方法不同），设计调研问卷；其次就是资料的整理，去除填写不完整的问卷，删除和调研目的不相符的二手资料；最后就是市场调研报告的撰写：标题→目录→概述→正文→结论与建议→附件。

2．为提高市场调研的准确性，调研人员要尽心尽力完成任务，计划周全、实施完美。

任务四

消费者行为分析

知识目标

1．了解消费行为的基本过程、特点及消费行为的理论；
2．认识影响消费者行为过程的因素；
3．掌握个人与组织消费行为的过程与特点；
4．熟练掌握消费者的消费需要和动机的概念及内容。

能力目标

1．能够从整体上分析个体的消费行为，并能根据具体情境确定影响消费心理的主要因素；
2．能够比较组织消费行为与个体消费行为的差异，为营销活动制订方案做准备；
3．能够针对消费者的需要和动机特点，进行简单的营销活动策划。

引入案例　高露洁的“中日之旅”

高露洁的英文名字为“Colgate”，音译为科尔盖特，是美国一家非常知名的公司。科尔盖特公司生产的牙膏是深受美国消费者欢迎的畅销产品，当它进入日本市场时，却出乎意料地滞销，市场占有率仅达 1％。

科尔盖特牙膏与雄踞行业榜首的日本狮王牙膏的包装同属红、白两色的单纯设计，所不同的是，前者以红为主、红底白字，后者以白为主、白底红字。这是因为美国人无论男女老幼都偏爱红色，认为红色象征着活力、生命力；日本人喜欢白色，很多商标名称都冠有“白”字，如白鹤、白雪等。他们认为像国旗那样，大片的白底上一个鲜红的太阳才是最美的色彩，而红色被认为是带有婴儿和女性气息的色彩，同时红色的扩张感也让人产生强烈的刺激感，这与牙膏产品要求的温和舒适也不够匹配。科尔盖特牙膏大块地使用红色的包装，显然漠视了日本消费者与美国消费者的色彩感觉差异和购买心理差异。因此，难逃失败的厄运。

或许这次失败的“日本旅行”，给科尔盖特的亚洲之旅敲响了警钟，于是，在其进入中国市场的时候，做了充分的准备，其融入中国文化的营销策略就做得非常成功。

首先，其包装的红色与中国文化意外的巧合，中国人对红色的喜爱是显而易见的。其次，为了迎合中国消费者的心理，他们巧妙地把英文名称“Colgate”汉译为“高露洁”，这一主题清晰的名称，使中国消费者一下子就开始认识和喜欢上这个产品，并以为这是一家地道的中国公司。最后，高露洁公司在市场调研的基础上对1996年中国牙膏产业的现状进行了系统分析，得到了四个清晰的结论：第一是牙膏品牌众多，竞争激烈；第二是牙膏基本都集中在低价位；第三是几个老品牌市场份额相对稳固，不容易轻易夺走；第四是牙膏的广告趋于白热化，广告诉求重点很突出，即面对中老年消费者。

通过市场调研、市场细分、产品试用等几个阶段后，高露洁已经清楚地认识到中国牙膏市场高档产品所存在的巨大商机，于是接连打出了一套组合拳，即把高价位的“高露洁”品牌推向市场，在几乎占领了这一部分市场绝大份额后，利用品牌延伸效应推出“高露洁”品牌中档产品。这一系列衔接紧密的市场动作把中国的一些牙膏厂商打得措手不及。

时至今日，高露洁依然是中国人喜欢并一直使用的产品，你或你的朋友亲戚是否也是高露洁的用户呢？

案例评析：

1. 高露洁“日本之旅”的失败，是因为忽视了日本文化下的消费心理差异：美日文化中对红色的不同理解。

2. 在我国的成功是充分地研究了中国文化，从命名及产品的定位等，满足了消费者的心理需求。

3. 抓住决定消费者消费的最核心因素，是一个企业和产品是否能够成功营销的关键和核心。

子任务一 认识消费者行为

每个成年人几乎每一天都要发生消费行为，虽然消费行为发生的原因千差万别，但是，其过程基本一致，作为营销者，为了更好地进行营销活动，必须寻找合适的角度对消费行为进行研究，并抓住其中的重要因素进行有针对性的分析和营销。

4.1.1 消费者行为

消费者行为简单地说就是消费者消费产品和劳务的过程。其中，包括三个方面的要素：消费者、产品或劳务、过程。第一个也是关键的因素消费者，主要分成两种：个体与组织。个体消费者行为是消费过程中的主要行为，因为是大家常见的行为；组织消费行为是以组织为主体的购买行为，其行为是团体性质的，受到的影响因素较多。第二个是消费对象，是产品或劳务，在现代社会中，对产品的消费也包括了一定的服务内容。第三个是消费过程，会受到各种因素的影响。

4.1.2 影响消费者行为的因素

无论是简单还是复杂的消费行为，分析一个消费行为的时候，都包含了以下因素。

1. 消费者

消费者是消费活动的主体，其购买行为决定了市场的走向，消费者需要的变化决定了产品市场的变化，消费者的行为总是体现了人的个体特点。虽然消费者包括个体和集体两类，但在分析消费心理的时候，多倾向于对个体消费心理的分析。

消费者的因素包括两个方面：一是消费者的自然因素和心理因素。消费者的个体自然因素包括年龄、性别、文化差异、经济状况等，对个体的消费行为是很重要的影响因素，在目前的市场状态下，研究这些因素的时候，是将其作为群体共性因素进行分析。二是个体的心理因素，制约着个体的消费心理活动。人的心理是一个动态和复杂的过程，消费心理的分析从消费者心理活动过程和个性心理特点这两个方面展开，揭示和分析消费者心理现象的一般规律，是消费心理分析的基础。因此，后者的因素就是消费心理分析中的关键要素，其中的心理学的规律也很丰富。

消费者（人）的心理包括两个方面，如图 4-1 所示。

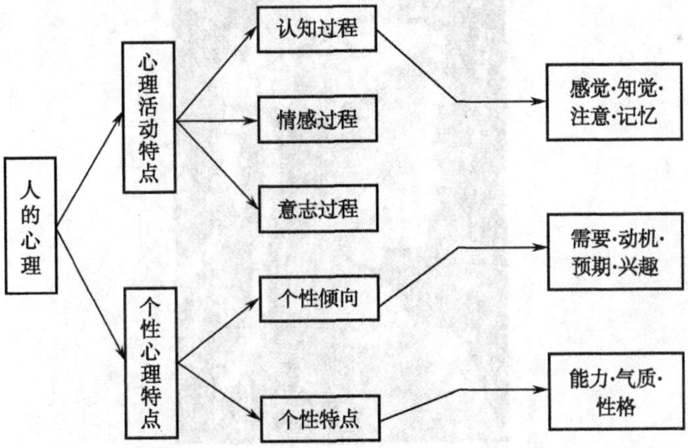

图 4-1 消费者（人）的心理

应用举例 **杯子还是人头**

如图 4-2 所示，当人们把图中的白色部分作为知觉的对象，黑色部分作为知觉的背景时，看到的是一个杯子；当人们把图中的黑色部分作为知觉的对象，白色部分作为知觉的背景时，看到的是两个侧面人头。

图 4-2　知觉对象和背景的相对关系

应用举例　　**美女还是老妇**

如图 4-3 所示，图片中有两个人物：美女和老妇。当人们看到美女时，就看不到老妇的存在；反过来也是这样，这就是认知的选择性。由于人的“爱美之心”，大多数人在第一眼看的时候，多是美女，这是认知选择性的一个心理规律。

图 4-3　知觉选择性条件

应用举例　　**知觉的理解性**

如图 4-4 所示，图片中前者是一只小狗，后者是一个古代的骑士骑在马上。前者图片接近人的认知，因此，容易理解；后者的图片没有提示语的时候，很难辨识，但一旦给了提示语之后，人们根据以前的经验进行认识，“觉得”真是骑士和骏马，这是认知的理解性。

图 4-4　知觉的理解性

2．影响因素

(1)社会因素。人们的行为总是受到各种社会因素的影响并体现出其特殊的社会意义，这些影响因素包括参照群体、社会文化、社会经济等，都对消费行为的产生和发展有着根深蒂固的影响。具体因素如图 4-5 所示。

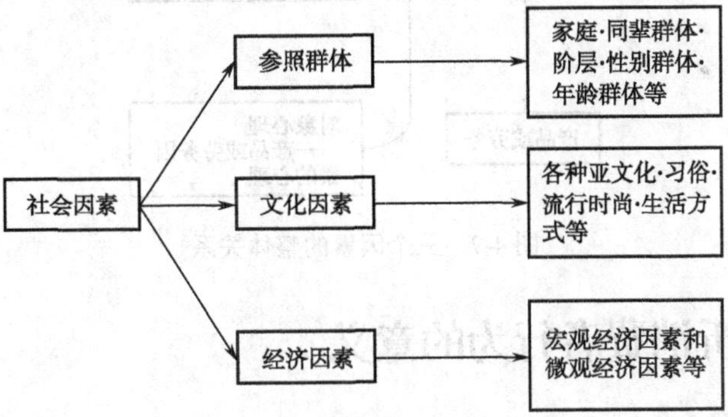

图 4-5　社会因素

(2) 产品或劳务因素。产品或劳务决定消费者选择的产品因素也有很多的方面，包括产品所处的阶段、产品的价格、包装、营销人员的活动等，都对整个消费过程有重要的作用。

(3) 产品因素与消费心理的双向影响关系。消费者的消费对象包括有形的产品，也包括无形的产品，也就是劳务。产品和劳务的特点同样会对消费者的行为产生影响。

消费行为是一个过程，为了更好地分析消费者的心理状况，将其分解成消费者、消费行为过程、产品或劳务（见图 4-6）三个方面的因素，三个因素相互制约、相互影响。三个因素的整体关系如图 4-7 所示。

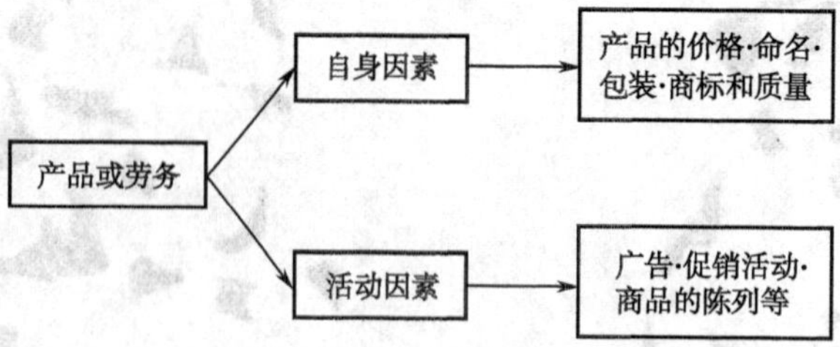

图 4-6　产品或劳务因素

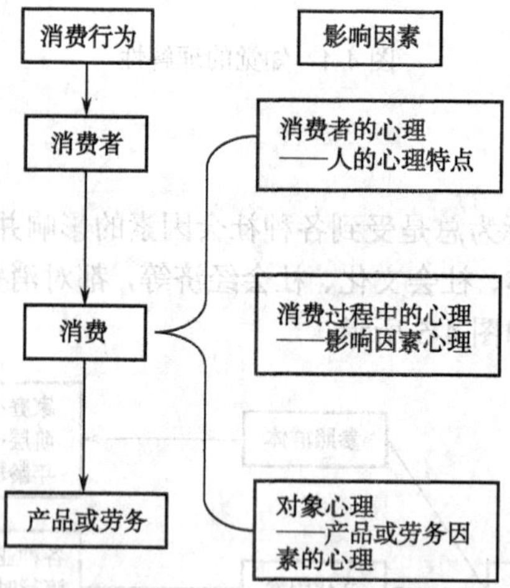

图 4-7　三个因素的整体关系

4.1.3　分析消费者行为的意义

1. 微观意义——推销产品或服务的意义

在每个具体的营销过程中，首先应该了解和掌握消费者的消费行为和特征，根据目标市场的特征进行推销和推广。例如，向消费者推销“牛奶”这个产品，当目标市场确定后，重要的目标就是研究消费者更关注什么，然后进行有效的推广和营销。

2. 宏观意义——整体营销的意义

作为企业和品牌一种营销方案的制订，首先也需要了解和研究消费者的特征及主要心理，然后进行整体营销的推广。例如，广告方案确定之前，就要分析目标市场的特点，然后确定广告的核心诉求。

子任务二 认识个体消费行为

个体消费行为是日常最常见的行为。对个体消费行为的分析，可以为营销中的销售、市场推广等营销活动奠定基础。

4.2.1 个体消费行为过程

虽然个体消费行为千差万别，但是，归纳起来一个完整的消费行为过程包括以下五个步骤。

1. 问题认知

消费者认识到自己有某种需要时，是其决策过程的开始，这种需要可能是由内在的生理活动引起的，也可能是受到外界的某种刺激引起的。例如，看到别人穿新潮服装，自己也想购买；或者是内外两方面因素共同作用的结果。因此，营销者应注意不失时机地采取适当措施，唤起和强化消费者的需要。

2. 搜寻信息

消费者一旦确认了问题，就开始寻找信息，为下决定提供依据。

首先，要分析的是消费者的信息来源。通常消费者的信息来源主要有四个方面：第一，个人来源，如家庭、亲友、邻居、同事等；第二，商业来源，如广告、推销员、分销商等；第三，公共来源，如大众传播媒体、消费者组织等；第四，经验来源，如操作、实验和使用产品的经验等。每种产品的消费者其信息来源是不同的，例如，食品与服装，食品多是口口相传，而服装多来自公众信息途径。

其次，影响个人信息搜寻范围大小的因素。通常这类因素主要有四个方面：一是消费者对风险的预期，一般来说，随着对购买风险预期的增加，消费者会扩大搜寻范围，当消费者打算买一处新房子时，他会广泛和长时间地搜寻信息；二是消费者对产品或服务的认识，如果消费者对潜在的购买了解很多，就不再需要另外搜寻更多的信息；三是消费者对产品或服务感兴趣的程度，信息搜寻的范围与消费者对要消费的对象感兴趣的程度呈正相关关系，即对其产品更感兴趣的消费者花更多的时间搜寻信息，例如，一个网球运动爱好者，为了购买新的球拍，可能更愿意向专业人士讨教，并比其他购买者花费更多的时间和精力选择适合的球拍；四是情景因素，在紧急的情况下购买产品时，人们对信息的搜寻是有限的，例如，车坏在半路上了，司机不大可能到处打电话去找一个最便宜的地方修车，或者是抢购的时候消费者也不会有充分的时间去搜寻信息。

最后，消费者搜寻信息的渠道与载体。产品的消费者群体倾向于从哪里寻找相关信息，是电视、报纸，还是网络等，与消费者本人的文化程度等密切相关。

3．分析评价

消费者得到的各种有关信息可能是重复的，甚至是互相矛盾的，因此还要进行分析、评估和选择，这是决策过程中的决定性环节。

在消费者的评估选择过程中，有以下几点值得营销者注意。

第一，产品性能是购买者所考虑的首要问题。

第二，不同消费者对产品的各种性能给予的重视程度不同，或评估标准不同。

第三，多数消费者的评选过程是将实际产品同自己理想中的产品相比较。

应用举例 “我的衣服是这样的”

消费者想要购买一件衣服，闺密也买了这件衣服，本来自己也非常满意，但是，去了现场突然改变了主意，原因是衣服的蝴蝶结是绿色的，按照她自己的想象是“我的衣服的蝴蝶结是粉色的”。有时消费者自己理想中的产品对自己的购买决策影响也是很大的。

4．购买决定

消费者对商品信息进行比较和评选后，已形成购买意愿，然而从购买意图到决定购买之间，还要受到以下两个因素的影响。

第一，他人的态度。反对态度越强烈，或持反对态度者与购买者关系越密切，修改购买意图的可能性就越大。

第二，意外的情况。如果发生了意外的情况，如失业、意外急需、涨价等，则很可能改变购买意图。

5．购后行为

对消费者购买决策后的行为分析，影响到营销的后续活动，对购后行为的分析主要有购后的满意程度、购后的活动等。

消费者购后的满意程度取决于消费者对产品的预期性能与产品使用中的实际性能之间的对比。购买后的满意程度决定了消费者的购后活动，决定了消费者是否重复购买该产品，决定了消费者对该品牌的态度，并且还会影响到其他消费者，形成连锁效应。具体购后行为如图 4-8 所示。

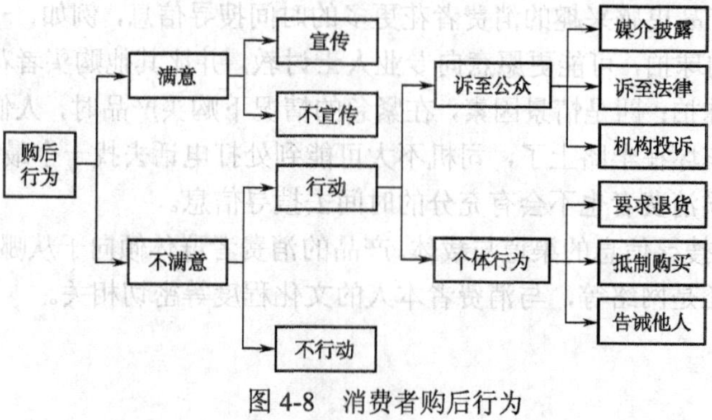

图 4-8　消费者购后行为

关注购后行为的主要目标是掌握消费者对产品或劳务的感受，同时，也是企业进行产品或劳务调整的一个重要依据。

应用举例 **欧珀莱包装的改进**

欧珀莱化妆品系列中的一款粉底的包装是高瓶颈的包装，女生在使用时有一个经验，总是有一些粉底因为瓶颈高的原因，很难通过倾倒的方法使用，造成了一定的浪费。因此，根据消费者的用后经验，这款粉底的包装从高瓶颈改装成矮装，方便了消费者的使用。

4.2.2 购买行为模式

1. 购买行为的一般模式

研究消费者购买行为模式，对于满足消费者需要，搞好市场营销工作具有重要的现实意义。在现代社会生活中，由于消费者的个性与需要、购买动机、消费观念、消费方式与购买习惯的不同，消费者的购买行为也是千差万别、不尽相同的。尽管如此，在不同的消者费购买行为中，仍然存在着某种共同的带有规律性的特征。心理学家在深入研究的基础上，指出了消费者购买行为中的共性或规律性，即消费者购买行为的一般模式：刺激-反应模式，如图 4-9 所示。

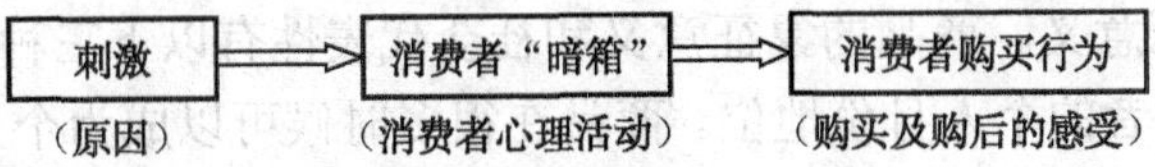

图 4-9　购买行为的一般模式

根据刺激-反应模式的分析，所有消费者购买行为的原因是由刺激引起的，这种刺激来自两个方面：一是外界环境，如社会的经济情况、政治情况、科技水平、文化因素、企业的市场营销刺激（广告、价格、包装等）等；二是来自消费者内部的生理和心理因素，如需要、动机、个性、态度、观念、习惯等。消费者在各种刺激因素的综合作用下，经过复杂的心理过程，产生了购买动机；在动机的驱使下，做出购买决策，采取购买行动，并进行购后评价，由此完成了一次购买行为。由于这一过程是消费者心理活动过程，是在自我状态下完成的，因此，心理学家称之为“暗箱”或“黑箱”。

但是，尽管消费者的购买过程存在“暗箱”，但是一般模式的分析指出了外界和心理的刺激是产生购买的直接动力和原因，同时，指出消费行为，分析“暗箱”的存在，即消费行为受不确定因素的影响。

2. 购买行为的一般模式分析的意义

对消费者购买行为的一般模式的建立和分析，为企业营销部门制订营销计划、扩大商品销售提供了依据。根据这一模式，市场营销刺激与其他刺激进入购买者的意识后促使消费者购买动机的产生，消费者的特征和决策过程导致了购买决策。消费行为的分析以及市场营销人员的核心任务就是要了解在出现外部刺激后、消费者做出购买决策前的购买者意识中所发生的情况，认识消费者的购买行为规律，并根据本企业的特点，向消费者进行适宜他们的“刺激”，以便使外在的刺激因素与消费者的内在心理活动发生相互作用，以便形成购买决策，采取购买行动，满足消费者的需要，对于企业就是获取销售利润的目的。

4.2.3 购买行为理论

购买行为是指人在社会活动中常见、对营销者十分重要的行为。为了更好地认识消费者的购买行为，很多人就消费者的购买行为进行了研究和分析，从不同侧面解释了消费者消费行为的主要原因和特点，为分析消费者的购买行为、指导营销策略的制订奠定了基础。

1. 象征性社会行为理论

（1）理论的核心。消费者购买的任何商品都有两种价值：其一是商品的使用价值，这是消费者购买商品的基础，它能满足消费者对商品功能的需要；其二是商品的社会价值，即每种商品都有其社会象征意义。所以消费者在消费商品的过程中，都购买了某种特殊的社会含义。

随着社会的发展，消费者在购买商品时，除关注商品的使用价值外，越来越关注商品的象征意义和社会价值，作为商品的经营者应更多地从商品的社会象征意义入手，满足消费者对商品社会属性的要求。

（2）商品的象征意义。商品的象征意义和社会代表性有以下三种。

第一，象征消费者的个人身份地位。商品在很多时候可以成为个人身份的象征，表明了商品拥有者的社会地位和身份。

应用举例　　消费者消费了什么

高档轿车的拥有者、名表的购买者、高档时装的消费者等，都说明了这些消费者在社会中的地位。有些服务的消费也如此，在快餐店、饭店及五星级酒店进行的习惯性消费都无言地表明了消费者所处的社会阶层和社会地位。

第二，表达消费者的兴趣、爱好等。某些商品的消费也可以表达消费者的兴趣、爱好以及对时尚潮流的把握程度。

应用举例　　兴趣与爱好的购买

很多商品的购买都表明了消费者的爱好和兴趣，例如，集邮爱好者收藏的邮票、钓鱼爱好者所买的渔竿等，都表明了消费者的情趣。同时有些商品的购买也表明了消费者与时尚的距离，例如，网上购物、所穿服装的颜色和款式等。

第三，消费者社会交往的用途。社会交往的用途是指商品用于人际交往，并象征了两者之间的关系和人际关系的状况。

应用举例　**现代商品的交往意义**

玫瑰花用来表达爱情，康乃馨表达了对母亲的祝福，这些传统的商品都传达了某种特殊的社会意义。现代情况下很多商品也被赋予了某种社会交往性，例如，三九胃泰——女人送给男人的关爱；脑白金——子女送给父母的健康祝福；金六福——节日带给全家的欢乐等。

（3）理论意义。消费者购买商品时不但买到了商品的使用价值，更重要的是买到了商品的社会意义，所以在产品的推广中，不但要考虑商品的使用性，更要关注和开发商品及服务的社会性，使消费行为变成一种社会行为，消费者为了满足社会性的消费愿意付出的“成本”远远比对使用价值付出的要更多，而且更心悦诚服。

2．减少风险理论

（1）理论的核心。这个理论是指消费者在购买商品时总感觉要承担某种不确定的损失，产品不同，消费者的担心内容也有一定差异。

应用举例　**消费者消费中的担心**

消费者购买一双鞋，总是担心价格是否高、款式是否符合自己的身份、是否会有质量问题等。即使消费者消费一包普通的面巾纸也会担心是否会不卫生等。因此如何让消费者在消费中没有后顾之忧是非常重要的。

（2）产品不同时期的风险。产品的生命周期包括产品的介绍期、成长期、成熟期和衰退期四个阶段，在这四个周期中消费者感觉到要承担的风险是不同的。

① 在产品的介绍期——产品质量风险。在介绍期，商品对消费者来说是一个全新的概念，因此消费者对产品没有消费的直接和间接经验可以借鉴，所以消费者最担心产品的质量和实用性问题，所以在第一个生命周期内，营销者应着眼降低消费者对产品的质量和稳定性的担心，例如，增长产品的试用期、包退换等，使消费者更有信心消费和购买该产品。

② 在产品的成长期——产品时间风险。在成长期，产品已经有一定量的消费群体，消费者对商品的了解程度开始增加并开始熟悉产品，在产品初期购买的消费者通常是时尚群体、改革者或者社会地位较高者，所以尽早购买产品也具有更多的社会意义。所以在这个阶段，消费者担心的是自己在产品消费中所处的先后位置，所以时间风险是最主要的。在这个阶段，营销者应从渠道出发，尽快地使想购买该产品的消费者可以在第一时间最方便地购买该商品。

③ 在产品的成熟期——社会性风险。在成熟期，产品的消费者越来越多，同时同类产品的差异性降低，同样的产品在成熟期时充满了市场，而且质量也基本上没有太多的差异，所以消费者购买商品时，购买哪个品牌的产品都不会担心产品的质量和价格，例如，时下家用电器的消费，质量和价格不再是消费者所担心的，消费者购买商品更关心该产品与其他产品的差异性，这是消费者购买产品的主要依据。买索尼电视机的可能是因为该品牌的技术水平，买松下品牌的可能是因为“家电之王”的尊称，所以在这个阶段，营销者应着眼强调本品牌的商品差异性，即产品的差异定位。

④ 在产品的衰退期——经济风险。在衰退期，消费者已经饱和，产品也逐渐退出市场，这个时期的消费者是消费群体中的低端消费者，产品的质量、渠道以及产品的差异性都不再是消费者关心的问题，所以消费者消费该产品时希望以最低价格购买产品，商品的价格成为消费者最担心的问题。因此在这个阶段，营销者应着眼于以最合适的价格和时机最快地逃离市场，例如，过季服饰的大幅度打折策略就是市场中最常见的策略。

(3) 理论的意义。减少风险理论的意义是降低消费者的购物风险，使目标群体能放心地购买本企业的产品，并增加消费者的消费信心和惠顾程度。

3. 习惯建成理论

(1) 理论的核心。这个理论是建立在心理学的条件反射理论基础上的，其核心内容是消费者的消费行为，实际上是习惯养成的过程。无论消费者的消费行为如何千差万别，都是一个通过接触、认识、喜欢以至习惯的过程，是一个渐进的过程。

(2) 理论的具体内容。主要包括以下三个方面。

① 重复会形成喜欢。消费者对长期的产品推广信息和对一个产品的使用，都会使消费者建立喜欢的情绪，即所谓的“敝帚自珍”的心理和怀旧心理。

应用举例　色拉油的推广

在色拉油的推广初期，消费者，尤其是有经验的家庭主妇都会认为，色拉油在烹调食品时其色香都与传统的大豆油有很大的差别，但随着色拉油的不断推广，消费者越来越喜欢色拉油。同样，人们对鸡精、小粒盐的接受也同样如此。

所以，如何让消费者使用该产品是很重要的，例如，试用、品尝以及重复的广告推广等都是让消费者因为重复而建立喜欢的重要途径和方法。

小资料　吸引与喜欢规则

美国心理学家费斯汀格在对大学生喜欢的人的描述中认为，多数学生选择的是同宿舍或临近宿舍的同学，其最主要的原因是临近更熟悉，没有陌生感，危险性也最小，所以容易形成喜欢，以后的心理学家或者认为临近导致喜欢，或者认为熟悉导致喜欢，无论哪个理论，都是因为人与人之间的反复认知，所以导致相互的喜欢。对产品的消费也符合该心理规则。

② 重复过程和反映的巩固程度决定消费行为的养成。假如消费者经常购买某种商品，就会形成一种习惯，建立稳定的条件反射，一旦再次见到该产品或重新产生了购买欲望，就会自然而然地再去购买它。重复过程和反映的巩固程度越强，条件反射就越牢固，带有某种“定向”性的购买就会越容易出现，例如，北方人经常吃饺子，所以北方人吃饺子的习惯是很难改变的。

所以，营销者如何让消费者长期使用某产品，对企业培养长期的顾客是很关键的，例如，可口可乐在进入中国市场时，大量的广告和免费品尝对培养消费者的习惯购买起到了重要的作用。

③ 强化物对习惯行为的养成也有很大的影响。任何一个人新的行为养成都必须使用强化物，而且只有通过强化物的反复作用，才能使人的一种新行为得到产生、发展、完善和巩固。

在商品的消费中，这种现象也是常见的，例如打折策略，只有将这个策略反复强化，才会使消费者不断地去购买该产品。

在销售过程中怎样为消费者提供一个好的“强化物”是很关键的问题，例如，是为护手霜提供一个更好品牌的护手霜做赠品还是差一点的，就是一个需要考虑的技术问题。

4．消费行为的认知理论

（1）理论的核心。认知理论是近年来比较流行的一种消费行为理论，它的核心是把消费行为看成一个信息处理过程。该理论认为，从消费者接受商品信息开始，至最后购买行为结束，始终与对信息的加工和处理直接相关。这个对商品信息的加工、处理过程就是消费者接收、编码、储存、提取和使用商品信息的过程。它包括注意、知觉、表象、记忆、思维和语言等。在整个过程中，商品信息在消费者机体内“流动”，从注意、知觉开始，通过储存、提取，直到购买使用。

（2）信息处理的过程。消费者对商品信息的处理过程如下：当商品信息刺激消费者时，在多种内外因素的共同作用下，经过消费者的知觉选择、过滤后，或被接收或被拒收，从而决定是否购买。此过程就是外来的商品信息首先要暴露给消费者，通过消费者的知觉选择，可能被接收，也可能被拒收；当信息被接收后，消费者也不一定去注意，如果消费者对这些信息不感兴趣，就可能视而不见，听而不闻。这时的信息只是一种感觉，很快就会消退，从记忆中消失掉。只有当信息被注意后，才能转入短时记忆，这时，消费者就必须认知信息、了解信息，看信息是否与自己的知识、经验相一致，一致则予以接收，否则就予以拒收。信息一旦被接收，就将转入长时记忆，以备取用。当消费者面对某种商品信息时，长时记忆中储存的信息就会与新接收的信息整合起来，形成对该种商品的态度，从而影响购买决定的做出。

因此，该理论的意义就在于将产品的营销过程看成一个将产品信息有效传递给消费者的过程。信息的制作、传播的渠道、传播的方式等是对消费者接收信息、最终做出购买决定非常重要的因素。

子任务二 认识组织消费行为

消费主体有两类：个人和组织。组织作为消费主体有其自身的特点，正确地认识组织消费者的特点，才能做出有针对性的营销活动。

4.3.1 消费行为中的组织

消费者通常分成个体与组织两大类。在前面的内容中，介绍了个体消费者的消费行为，个体消费者是千差万别的。组织作为消费者，也有以下四大类。

1. 生产者市场

生产者市场又称生产资料市场、工业品市场或产业市场，是指购买产品或服务用于制造其他产品或服务，然后销售或租赁给他人以获取利润的单位和个人。

2. 中间商市场

中间商市场包括批发商和零售商，是指购买产品用于转售或租赁以获取利润的单位和个人。

3. 非营利性组织市场

非营利性组织（学校等事业单位）市场是指为了维持正常运作和履行职能而购买产品和服务的各类非营利性组织所构成的市场。

4. 政府市场

政府市场是指为了执行政府职能而购买或租用产品的各级政府和下属部门。

这些组织消费者由于其消费的目的各不相同，因此，其消费行为也有很大的不同，应根据具体的情况进行分析。

4.3.2 组织消费行为过程

组织消费行为的参与、决策与执行者通常不是一个人，而是一个群体，其消费过程也相对复杂，主要包括以下八个步骤。

1. 问题识别

与个体消费行为一样，组织消费行为也开始于需要，组织产生这种需要也会有两个方面的原因。外在因素，例如，采购人员参观展销会、浏览广告、接到某一能提供价廉物美产品的销售代理的电话等原因产生的需要。另外一部分就是组织本身产生的需要，例如，由于办公原因，产生对办公用品、计算机、软件等产品的需要；生产性企业由于生产等产生的对原材料的需要等；组织产生这种需要时，需要以集体讨论的方式确定是否进行购买等。

2. 总需要说明

对于复杂项目来说，采购者要会同其他部门人员共同决定所需项目的总特征，包括对可靠性、耐用性、价格及其他属性进行讨论，确定本次需要的相关内容。

3. 明确产品规格

在总需要确定以后，采购组织要着手制作开发项目的技术规格说明书。

一般来说，公司将委派负责人投入这个项目的工作。例如，政府采购计算机，就需要在研究之后，根据专业的判断决定采购产品的规格、配置等，以满足需要者的实际需要。

4. 寻找供应商

采购者设法认识其最适宜的卖主，主要通过查找交易指南、进行网络搜索、打电话要其他公司推荐、观看贸易广告和参加展览会等方式进行。

供应商要设法被列入主要名录中，通过强有力的广告、制订促销方案、在市场上建立良好信誉等一系列策略引起买主的注意。

5. 征求供应建议书

购买者邀请合格的供应商提交供应建议书。购买者通过这些推荐书进行分析最能满足本次需要的意向企业。

6. 供应商选择

采购中心将向有意愿的供应商规定某些属性并指出它们之间的重要性。采购中心针对这些属性对供应商加以评分，找出最具吸引力的供应商。各不同属性的相对重要性随购买情况类型的差异而有所不同。例如，购买软件产品时，其稳定性属性的要求较高；如果购买的是计算机，其品牌的属性就相对重要，稳定性就成为基础的要求。

7. 购买决定

与个体消费行为不同的是，组织消费行为将多人参与到整个消费行为过程中。批准者、决策者、购买者、影响者、使用者、守门者都会参与到整个购买过程中。

应用举例　**学校采购中的各种人**

对于学校要采购的一批计算机来说，学院党政联席会是批准者与决策者，购买者是资产与财务处，使用者是具体的教师或学生，守门者是纪检处，影响者更多，包括院领导、行政部门、专家、各使用单位等。

8. 绩效评价

购买者可以接触最终用户并询问他们的评估意见；购买者用几种标准对供应商加权评估；购买者把绩效差的成本加总，以修正包括价格在内的采购成本。

4.3.3 组织消费行为特点

由于购买行为的主体分成两类：个体与组织，个体消费行为在日常生活中经常发生。

因此，研究的内容相对丰富和严谨，组织消费行为的研究多是以与个体消费行为比较研究的方式进行的。

1. 采购中的差异

组织消费行为与个体消费行为，在产品选择过程中的差异主要体现在购买的目的、产品类型等方面。具体如表 4-1 所示。

表 4-1 组织与个体消费行为比较

购买行为	组织	消费者
购买的目的	再生产/零售/服务	个人或家庭使用
产品的类型	设备/原料/半成品	成品
选择的依据	专业和技术数据	说明/款式/时间
参与决策人数	多人参与决策	少人参与决策
决策类型	多聘用专家	很少或没有专家
分析内容	价值和买者分析多	较少分析
付款方式	租赁和分期较多	现金
购买数量	数量较多	数量较少

2. 市场上的差异

组织消费与个体消费的市场也有很大的差异，例如，组织市场通常变化较大，在国家限制公车标准后，公车市场就会急速下滑。具体如表 4-2 所示。

表 4-2 组织与个人消费市场差异

市场特点	组织市场	消费者市场
需求来源	来自消费者市场	来自消费者
稳定性	需求波动大	需求波动小
目标市场	数量少、分布集中	数量多
渠道	短	长
服务	专门性服务	一般性服务

3. 影响组织购买决策的主要因素

组织消费与个体消费的重大差异在于购买者的不同，但是，在组织购买行为中，采购者是消费行为的执行者，对购买行为的影响较大，是整个购买行为的关键因素。因此，在分析影响组织购买决策的主要因素时，将采购者作为分析的基础；同时，考虑采购者的人际关系与组织因素。组织行为的发生同样受到市场环境因素的影响。采购者是负责组织购买行为的“消费者”。影响其消费行为的因素与影响个体消费者的因素一样。其中，采购者在组织中的角色、个性特点与兴趣等因素，是分析其消费行为的主要因素。具体如图 4-10 所示。

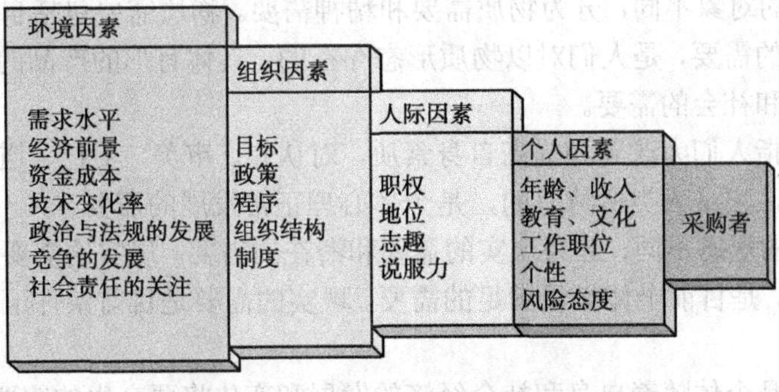

图 4-10　组织购买行为的影响因素

子任务四　消费者的需要与动机

需要与动机是市场营销学、管理学及行为科学等学科都要关注的问题，只有找到消费者的需要才会为企业找到市场，了解消费者的消费动机，才能真正了解消费者对产品或服务的真实关注点。

4.4.1　消费者的需要

1．需要

需要是人脑对客观事物的欲望和追求，它是个体的一种内部状态，通常有缺乏感，是个体行为的动力。

2．需要的种类

（1）按需要的起源不同，分为自然需要和社会需要。自然需要又称生理需要，是个体为保护和维持自己生命及延续其后代所需条件的要求。具体地说，就是人类对衣、食、住、行，以及异性、安全等的需要。这是个体生活的基本需要，是推动人们行动的强有力的动力。这些需要如果得不到满足，个体就无法生存。有资料表明，自然需要若得不到充分满足也会对个体的心理产生影响。例如，注意力不集中，最关心食物或对食物一类东西敏感等。

社会需要又称心理需要，是指个体对文化艺术、交往、社会地位、归属等方面的要求。这是个体对维持和发展社会正常生活所必需条件的反映，是人作为社会成员在后天的社会生活中形成的，是由消费者的心理特性所决定的。

社会需要是由于外界的刺激所产生的，是个体在社会生活和交往过程中产生的，体现了人的社会化特点，例如，人对奢侈品的追求等。

（2）按需要的对象不同，分为物质需要和精神需要。物质需要包括自然需要和社会需要中对物质对象的需要，是人们对以物质形态存在的、具体有形的产品的需要。物质的需要又包括生理的和社会的需要。

精神需要是指人们为改善和提高自身素质，对认知、审美、交往、道德、创造需要等精神层面的需要，它是人类所特有的，是个体心理正常发展的需要。

（3）按需要的形态不同，分为现实的需要和潜在的需要。现实的需要是个体已经认识和感觉到的需要，是目前个体必须满足的需要。现实的需要是目前条件下的企业市场和主要的营销对象。

潜在的需要是个体随着自身和社会经济的发展和变化将要产生的需要，是企业的未来市场，是企业发展和市场开拓的主要对象。

孩童时只需要吃喝就可以成长，随着人的不断成长会产生很多的包括教育、购买家用电器等的需要；随着家电产品成熟期的到来，消费者就会需要功能更齐全、性能更好的、有特色的产品；随着收入的增多，人们对奢侈品的消费也会越来越多等，这些都是企业的潜在市场，也是企业进行产品的开发和培育未来市场的依据，企业要不断地研究消费者的潜在需要，为企业的发展寻找更好的机会。

现实的需要是企业目前的市场，潜在的需要是企业未来的市场，都是企业需要研究的问题，是企业抓住市场所必须研究的课题。

3．需要的产生

个体需要的产生是因为缺乏某种刺激，因此呈现出一种不平衡状态，为了达到新平衡的体验时就表现出一种需要。

具体分析个体需要产生的原因有两个方面：内部的原因和外部的原因（或者外部的刺激）。

内部的原因是人长期缺乏等原因而产生的对客观事物的追求，这种缺乏有两种原因：一是由于精神的渴望而产生的需要，例如，长期没有亲情的关怀而产生对亲情的需要等；二是由于物质的渴望而产生的需要，例如，由于饥饿而产生的对食物等的需要。

外部的刺激是由外界原因的促使或压力而产生的需要。

应用举例　外部刺激促使新需要产生

由于周围人都有了计算机，使本来对计算机一无所知的人或者没有想到要买计算机的人也想买一台；看到了关于食物的诱人广告，虽然不是饥饿的状态，也产生了购买的欲望等。

外部刺激产生的需要是营销者要重视的课题，外界的原因可以促使消费者产生新的需要，给营销带来了无限的空间和市场。

4．需要的规律

（1）消费者需要的伸缩性或弹性。消费者需要的伸缩性又称消费需要的弹性，是指消费者对某种商品的需求量会随着具体条件的变化而增加或者减少的现象。

消费者需要的弹性受两个方面的影响：经济环境及产品自身的因素。

经济环境包括宏观经济及消费者收入变化，当经济处于发展时期时，消费者的收入会呈现增长的趋势，所以对产品的需要就会上升；反之，就会下降。

产品自身的因素主要指价格和产品价值因素。当价格上升时，消费者的需要就会下降；反之，价格下降时，需要就会上涨，例如，对于家用电器，像电视机、冰箱等，随着价格的下调而需求量大增。

产品的价值因素即产品的价格与消费者的支付和承受情况的比较。

对于价值较高，高于消费者支付能力的产品，如高档服饰、手表、汽车、住房等，价格的需要弹性相对较大，消费者可能会把这种需要抑制、转化或降级，如选择较便宜的服饰、手表、汽车、租房、二手房、小户型的房子等；对于价值小的日常消费品的需要弹性就会较小，价格的变动对消费者的需要影响不大。

（2）消费者需要的周期性。消费者的需要总是呈现出周期循环的状态。产品的周期性首先是因为在社会中，各种周期现象的存在，包括消费者的生理机制、自然环境变化、产品寿命等都呈现出周期性的特点。所以，消费者的需要也会受这些周期的影响，出现周期性的特点。

应用举例　　**消费中的周期**

由于自然界的周而复始，北方消费者对服装的需要由于自然界四季的变化，出现周期的现象；由于节日周期的影响，人们对粽子、元宵、月饼等的需要也随着节日的周期循环等；人们消费的牛仔裤、唐装等，其款式也是不断重复的，但时下的牛仔裤和唐装被加入了新的概念和元素，例如，面料的技术、材料的多样性、款式的翻新等，都使这些循环不是简单的重复。

消费者对一种产品的需要是有周期的，但是，这个周期的现象并不是简单的重复，而是总有某些新元素的加入。产品的周期在周期的运行中，不断被加入新的元素，因而呈现出在重复中上升的现象。

每种产品的周期，由于产品特点和社会发展速度的影响，其周期的长短不同，是市场学和消费心理学、经济学研究的难点和重点所在。

（3）消费者需要的多样性。多样性是消费者需要的最显著特征。由于消费者的个体特征、产品的功能和使用的范围不同等，形成多种多样的需要。

需要的多样性受到很多因素的影响，包括年龄、性别、职业、文化水平、经济条件、所处地域、民族传统等的差别，形成了多种多样的需要。例如，北方人喜欢吃面食、南方人喜欢吃米饭等。

产品特点的不同，也产生了消费者多种多样的需要。例如，同样是啤酒，有黑啤、白啤等。

消费者生活内容的多样性也决定了消费需要的多样性。随着社会的快速发展，社会提供的商品以及服务种类不断增加，消费者自身的需要也随着社会的发展而逐步地增多，从而使消费者的生活内容日益丰富。经营者不断去研究消费者的生活内容，去开发和满足消费者的需要，为企业的发展创造和寻找机会。

产品的多样性和消费者需要的多样性是相互影响、互相促进的。由于消费者需要的多样性，促使产品开发的多样性；产品的多样性，也促使消费者需要的不断发展，两者是互相促进、互相影响的。

（4）消费者需要的层次性。根据美国心理学家马斯洛提出的需要层次理论，需要从低到高分为五个层次。通常情况下，消费者是在满足低层次的需要后，才追求高层次的需要。当然，在现实生活中，这种需要的层次顺序也会改变，有的消费者在满足较高层次的需要后，回头再寻求低层次的需要。

消费者需要的层次性主要表现在需要从较低层次向较高层次推进、从物质需要向精神需要发展、从需要的数量扩展到质的不断深化。

消费者需要的层次性是个体发展的需要，也体现了人生存的本质。这种层次的需要是企业必须深入研究的。由于产品的发展处于不同的时期，人们对产品的需要重点是不同的。例如，汽车和电视机两种产品由于其发展阶段性的差异，消费者对其的需要重点也是不同的。

案例4-1　星巴克在日本的经营之道

星巴克是家喻户晓的商业奇迹，虽然在这几年的经营中出现了很多的问题，但是，其始终没有停止全球扩张的计划，从1996年开始开垦和进驻日本市场，并获得成功，为其经营带来了新的气象。

星巴克在日本的成功原因有三个方面：第一，星巴克推出了绿茶口味的咖啡。为了满足亚洲人对茶的喜欢，推出了符合亚洲传统和特点的咖啡，成功地打入了亚洲市场，并深受日本消费者的青睐。第二，推出了冰咖啡。亚洲的夏天气温很高，不适合喝热咖啡，星巴克就推出了冰咖啡。满足消费者在这个季节的特殊需要。第三，形成新的“星巴克一族”。星巴克在日本登陆之前，日本已经有了几家大型的连锁咖啡店，它的主要消费者是那些上了年纪的人，在下午的时候出来休闲和闲聊。这些日式咖啡店里大多光线昏暗，烟雾缭绕。星巴克曾被咨询公司告知如果坚持禁止在室内吸烟，就会失掉日本市场，同时，日本人没有在路上边走边吃的习惯，外带咖啡与日本的传统格格不入。可是，星巴克店内装饰优雅大方，不卖酒精饮料，禁止客人吞云吐雾。很多日本女性因为讨厌烟味而止步于日式咖啡店门外，却成了星巴克的忠实顾客。她们时常结伴而来，人数日益增多，渐渐发展为“星巴克一族”，形成一种新的时尚。此外，外带咖啡方便卫生，也很受欢迎。这样，日本已成为星巴克最成功的海外市场。

案例评析：

本案例成功的原因和案例提到的一样，满足消费者的需要是成功的一个前提，例如，对咖啡特殊口味、特殊温度等需要；分析消费者的需要不仅要看到目前的需要特点，更要满足那些因为各种原因没有满足的需要，这些没有得到满足的需要就是产品或服务的市场。

4.4.2 消费者购买动机

动机和需要的研究在消费心理学中同样重要，需要的研究相对宏观，动机的研究相对微观和具体，都是促使消费者进行消费的诱因和推动力。

1. 动机与购买动机的定义

动机的英文是Motivation，源于拉丁文Movere，即推动的意思。它是直接推动一个人进行活动、以获取满足其需要事物的内部动因或动力。

购买动机是指为了满足一定的需要而引起人们购买行为的愿望或意念，是推动购买活动的内在动力，也是消费者购买行为的直接出发点。

购买动机是动机的一种，动机的概念更大。因此，动机的规律也可应用到购买动机之中，在后面任务中统一使用购买动机。

2. 动机与需要的关系

（1）动机和需要的联系。需要产生动机。消费者在特定的外界刺激下产生需要，需要在一定的具体条件下便会成为一种行为的内在动力，即动机。例如，因为内部缺乏水分使人产生了对水的需要，当看到一瓶自己喜欢的饮料时，产生了去购买的愿望，即产生了动机。

（2）动机和需要的区别。需要是人们对某种客观对象的渴求或欲望，主要和人们的主观愿望和内心的渴望相联系；动机在需要的基础上产生，主要和人的行为相联系。也就是说，需要并不直接产生行动，而必须先产生动机才能引起人的行动；动机是需要与行为之间必经的一个中间环节。

动机虽然在需要的基础上产生，但并不是所有的需要都能产生动机。其中，需要必须达到一定的强度并且有相应的客观条件才能转化为动机。

应用举例　**买房动机的产生**

一个人想买房子，有了购房的需要，但是由于没有买房子的钱，于是这种需要就会暂时搁置下来；或者没有合适的房子，也没有了买房子的愿望。在这种条件下，需要没有形成具体的动机。所以，引起消费者的动机必须有内因（需要）和外因（外部刺激）两个条件。

3. 购买动机的分类

消费者购买动机根据标准的不同，有很多分类方法。按动机的起源分为两大类：生理性和心理性购买动机。生理性购买动机主要是指为了满足个体的生存需要而产生的购买动机；心理性购买动机是指为了满足个人的社会或精神需要所产生的购买动机。在消费心理学中多以在消费过程中主要追求的或要达到的主要目标进行分类，具体分成以下九种。

（1）求实性购买动机。这是指消费者以注重商品或劳务的实际使用价值为主要目的的购买动机。具有这类购买动机的消费者在购买商品或劳务时，通常特别注重产品的质量和实用性，要求产品经久耐用、经济实惠，不会太多地在意产品的外形包装、款式色彩等，并且在购买时，表现出认真仔细的对比挑选，不太会受广告和促销人员的影响。这种购买动机跟个人的价值观念、消费态度和价格承受能力等有一定的关系，也和产品自身特点有关。

（2）求廉性购买动机。这是指消费者以注重商品价格的低廉为主要特征的购买动机。这类消费者对商品的价格非常关注，希望用最小的代价获得物质上或精神上的满足，所以，这类消费者对价格的变动非常敏感，挑选商品的过程中，一般以价格为主要标准。

（3）求美性购买动机。这是指消费者以注重商品的美学价值和艺术欣赏价值为主要目的的购买动机。消费者在购买商品时，特别在意商品的外观造型、艺术品位，强调色彩的搭配、对环境的装饰、对个体的美化、对精神生活的陶冶等方面，而对商品本身的实用性要求不高。

在现实生活中，随着人们生活水平的提高，收入的增加，求美动机越来越占有重要的比例。

（4）求名性购买动机。这是指在消费活动中，以追求名牌或仰慕企业名望而产生的购买动机。因为名牌的建立往往以商品的质量、信誉为基础，同时，优秀的品牌具有一定的社会象征意义。因此，消费者在购买时，对商品的商标、品牌特别注意，面对众多的同类产品，成为该品牌的忠诚消费者，满足社会交往的需要。

（5）好胜性购买动机。这是一种比较典型的冲动性购买动机，指消费者以为一时争强好胜与别人攀比并希望胜过他人为目的的购买动机。一般消费者购买一些产品不是为了实用，也不合具体的实际情况，只是为了表现比别人强，满足心理上的虚荣。因此，这种动机带有一定的偶然性和浓厚的感情色彩。

（6）嗜好性购买动机。这是指消费者由于个人生活习惯或业余爱好等原因而形成对某商品或某企业的偏好而产生的购买动机。例如，集邮者对邮票、音响发烧友对音响器材、美容师对化妆品等。在这种动机的驱使下，消费者在选择商品时，往往以符合自己的需要为准则，指向比较集中和稳定，并表现出经常性和持续性的购买。

（7）求新、求奇性购买动机。这是指消费者在购买时，追求商品的奇特、新颖、时髦等特点。在购买过程中，特别注重产品的款式、造型、包装等是不是符合时尚，有没有与众不同的地方，是不是独一无二的。因此，这类消费者对新品信息的发布非常感兴趣，对于大众还不熟悉的产品情有独钟，表现出较快的信息接收能力。当然，有时也是凭一时的兴趣而购买。例如，现在的“日流”、“韩流”、“波西米亚风”，往往都是由一些求新的消费者带动起来的。

（8）求便性购买动机。这是指消费者在购买过程中，为了方便或者为了减少家庭劳务，选择便利性的产品产生的购买动机。其核心是方便购物、节省时间、增加自由空间。

应用举例　**由方便购买动机“创造”的产品**

在实际的购买过程中，为消费者提供方便的产品很受欢迎，如洗衣机、洗碗机、方便食品、超市净菜等，可以减轻家务负担。同时，一些提供方便的劳务也逐渐红火，如钟点工、外卖、电视购物等，也逐渐成为城市生活不可缺少的一部分。

（9）惠顾性购买动机。这是指消费者以信赖某一商品或某一购物场所而产生的购买动机。这类购买动机的消费者多是因为自己的购买经验和体会非常好，而产生对某种产品、某个销售地点、某个销售人员等的好感而产生的购买动机，这类购买动机带有很强的感情色彩，拥有这种动机的消费者会对产品的宣传起到非常大的作用。

案例4-2　**“旺旺小食品”的推广**

依据中国文化传统，在过春节时，消费者多为了祈求未来一年的顺利、兴旺、好运等，在春节前的购物中希望能充满喜庆和吉利。

旺旺产品的“旺旺”两个字与中国人的期望是切合的，即旺旺食品的命名与主流的购买动机就有了一个切入点。找到这一点之后，旺旺产品就利用广告的宣传，传递了“过年吃旺旺，来年一定旺”的概念，以及“过年送旺旺，大家一起旺”过年礼品的“大礼包”的产品概念，使旺旺不单成为一种小食品的品牌，更成为过年的“象征性”礼品，完成了产品对消费者的诱导，扩大了产品的购买对象。

早在2004年和2005年两个春节期间，消费者就为旺旺贡献了3亿元的业绩。在价格战频繁、利润不断跳水的休闲食品行业里，旺旺走出了一条高利润的道路。

案例评析：

消费者对产品的购买动机不仅有个体差异性，也有群体的共性，抓住群体的购买动机共性，可以为产品的销售找到一个准确的切入点，更好地帮助产品进入市场。

实训一

任务：从整体上分析消费心理，并能从中寻找重要因素。

【实训目的】

提高学生分析消费行为的能力。

【实训内容】

夏季的时候，商家进行反季推销羽绒服的活动。作为营销者，分析消费者心理应从哪些方面入手？在这些影响因素中，主要的核心因素有哪些？

【实训方法】

1．实训过程：学生分组进行讨论分析，可以采用头脑风暴法，也可以采用粘贴板法；小组将本小组讨论的意见进行汇总，并分析其中最重要的因素；选择一名代表向全班学生做介绍，并进行记录；学生对所分析的因素进行汇总，教师进行总结、点评。

2．时间：50分钟。

3．地点：教室。

【总结】

1．在分析消费心理的时候，应从以下两个方面入手，即消费者本人的心理因素及影响因素（包括社会因素及产品因素）。

2．在本次消费中，影响消费者的因素主要有消费者的年龄因素、产品的价格因素以及产品的特点和款式等问题。

3．避免在分析中漫天分析、没有规律和条理。

4．强调从整体上对该问题进行分析，运用已经学过的知识等。

5．以本案例推广到其他实践问题的分析。

实训二

任务：熟悉并能够运用消费行为分析的理论分析一个产品的消费，掌握消费行为分析的理论。

【实训目的】

促进学生熟悉消费行为理论的相关知识；能够运用这些理论进行产品消费分析；提高学生自主学习相关知识的能力。

【实训内容】

以消费行为理论——象征性社会行为理论、减少风险理论及习惯建成理论对下列产品消费进行分析，并说明这些分析的实践意义。

第一，加多宝凉茶。

第二，苹果台式计算机。

第三，月饼。

第四，LV女包。

第五，住房。

【实训方法】

1．实训过程。

第一步：将学生分成六个小组，每两个小组以抽签的方式，选出一种理论对上述五类商品进行分析；说明这些分析的实践意义，形成小组讨论结论。

第二步：分享每个小组的讨论结论，分析这些案例带来的启发是什么。

第三步：实训指导教师进行分享和指导，主要从两个方面进行：消费行为理论对产品消费行为分析的意义，以及小组工作速度中的一些启发意义。

2．时间：10分钟。

3．地点：教室。

【总结】

1．消费理论主要有四种，其中三个理论对产品的营销非常重要。象征性社会行为理论强调的是消费者消费产品除了产品自然属性外，也有社会属性，例如，对地产、品牌产品等消费，消费者更加关注社会意义；减少风险理论主要是在产品的不同时期消费风险也不同；习惯建成理论认为，消费者消费某产品有一个习惯养成过程。

2．上述分析和产品的属性以及产品所处的阶段有关系。因此，在产品的推广过程中，要关注产品的社会和象征意义的塑造、要注意推广过程的时间性（不能要求消费者立刻适应新产品）、要注意产品在不同时期消费者最关心的问题，因此要进行有针对性的营销。

3．关注小组工作方法。

实训三

任务：通过分析某一个具体的消费行为过程，掌握消费行为分析的基本过程及主要的关注点。

【实训目的】

促使学生熟悉消费行为分析及消费行为过程的相关知识；促使学生能从整体上分析消费者行为；能够从这个过程中，找到主要和重要的关注点。

【实训内容】

收集自己某一个具体的消费过程，以下列两种形式分析这个消费行为过程：具体的语言描述与以消费行为过程分析的理论描述；通过这两种途径分析，找出影响本次消费行为过程的主要和关键因素，分析这个因素在本次消费中的作用；这些分析对产品宣传的启发意义。

【实训方法】

1．实训过程。

第一步：每位学生找一个自己最近的、典型的、全面的消费事件，简单描述一下本次消费行为；以消费行为过程的分析方式分析消费行为；列举在本次消费行为中的影响因素；分析影响本次消费行为的重要因素。

第二步：随机的两位学生交换各自的分析；相互评析分析的案例：根据消费行为的基本过程、影响因素、关键因素等，给案例分析打分，说明扣分及扣分的理由。

第三步：选出五位以上的学生分享分析的结果：消费行为分析过程及本人对分析的评价。

第四步：教师点评汇总和提高。

2．时间：30 分钟。

3．地点：教室。

【总结】

1．从专业学习的角度分析消费行为的过程。消费行为过程分为五部分：问题认知—搜寻信息—分析评价—购买决定—购后行为。消费行为的影响因素主要来自两个方面：消费者及影响因素（包括社会因素及产品因素）。每个因素都可能成为影响一个具体消费行为过程的关键和核心因素。

2. 对一个产品的推广，要从消费者消费行为过程的分析中，寻找出营销本产品的方式，如果关键因素是产品，主要策略就是从突出产品特色出发，如果是社会因素的话就应该从如何使产品顺应社会影响因素的需要出发。

3. 消费行为过程给了从整体上对该问题进行分析的路径，学生应学会整体思考的方法以及相互评价的方法。

任务五

目标市场营销

知识目标

1．了解市场细分的概念和作用，掌握市场细分的标准；

2．熟练掌握目标市场营销策略的类型及优缺点；

3．掌握市场定位的策略。

能力目标

1．能够运用市场细分知识，对某一市场进行市场细分；

2．能够运用目标市场相关知识，为企业选择适合的目标市场营销策略，并能够进行市场定位。

引入案例　“小白兔”带来大利润

20 世纪 80 年代初，我国牙膏市场一度供过于求。当杭州牙膏厂厂长陈瑞华走马上任时，全国牙膏库存有 7 亿多支，厂里也积压了 2000 多万支，企业压力很大。敏锐的陈瑞华对牙膏市场进行了一番细分，发现儿童牙膏市场潜力巨大。当时全国 11 亿人口中有 3 亿多儿童，而儿童中患龋齿者十之七八，于是杭州牙膏厂果断决定以儿童为目标市场。他们采用国际防龋齿药剂，配以国际流行草莓香料，迅速推出新一代“小白兔”儿童专用牙膏，并断然“买”下中央电视台“小喇叭”儿童节目全年广告，大做“小白兔吃萝卜”电视广告，再配以其他多种形式的公关活动。就这样，“小白兔”名声大振，每年销售 3000 多万支，独占全国儿童牙膏市场 2/3 以上的份额，连续 7 年被各大商场推荐为“全国最受欢迎的轻工产品”。

案例评析：

杭州牙膏厂之所以能够取得成功，是因为对牙膏市场进行了市场细分，并把市场规模较大的儿童市场作为目标市场，且针对儿童特点生产出其专用牙膏，又用适合儿童的广告推广产品，所以取得了很大的成功。

子任务一 市场细分

企业面对着成千上万的消费者，他们的需求和欲望是千差万别的。对于复杂多变的大市场，任何一个企业无论规模多巨大、资金实力多雄厚，都不可能满足该市场上全部消费者的所有需求。企业只能根据自身的优势条件，从事某方面的生产、营销活动，选择力所能及的、适合自己的目标市场经营，就必须进行市场细分。

5.1.1 市场细分概述

1. 市场细分的概念

市场是由购买者、购买欲望和购买力三个要素组成的。只要这三个必要的因素结合在一起，企业眼中的市场就变成了实实在在的买主和顾客。

市场细分是指企业根据消费者需求的差异性，把某一类产品的整个市场划分为若干个在需求上具有某种相似性的消费者群，从而形成各种不同细分市场的过程。每个需求特点相近的消费者群体就构成了一个子市场，即细分市场。不同细分市场的消费者对同一种产品的需求和欲望存在明显的差别；而属于同一细分市场的消费者，其需求和欲望则较为相似。因此，市场细分是辨别差异性消费者群体的一种方法，它是以消费者需求作为划分对象，识别具有不同要求或需要的消费者群体的过程。

案例5-1　资生堂的成功

20世纪80年代以前，资生堂实行的是一种不对消费者进行细分的大众营销策略，即希望自己的每种化妆品对所有的消费者都适用。80年代中期，资生堂因此遭到重大挫折，市场占有率下降。1987年，公司经过认真反省以后，提出的口号是“体贴不同岁月的脸”。他们根据年龄进行了市场细分，并对不同年龄段的消费者提供不同品牌的化妆品：为十几岁少女提供的是RECIENTE系列，20岁左右的是ETTUSAIS系列，30岁左右的妇女则有长生不老 ELIXIR 系列，40 岁以上的妇女则可以用防止肌肤老化的资生堂返老还童RIVITAL系列。

案例评析：

资生堂之所以能够成功，就是因为其根据年龄进行了市场细分，并针对不同细分市场的特点，提供了相应的产品满足不同消费者的需求。

2. 市场细分的作用

（1）有利于发现市场机会，开拓新市场。在买方市场条件下，企业营销决策的起点在于发现有吸引力的市场环境机会，这种环境机会能否发展成市场机会取决于两点：与企业战略目标是否一致；利用这种环境机会能否比竞争者具有优势并获取显著收益。显然，这些都必须以市场细分为起点。通过市场细分可以发现哪些需求已得到满足，哪些只满足了一部分，哪些仍是潜在需求。相应地可以发现哪些产品竞争激烈，哪些产品较少竞争，哪些产品有待开发。

案例5-2　百事可乐在缝隙中求发展

20世纪50年代，当时美国的可口可乐饮料在消费者心目中几乎就是饮料的代名词，其他品牌的饮料根本无法与之相提并论。百事可乐首创不含咖啡因的“七喜”，并用饮料中是否含有咖啡因作为标准，硬是将饮料市场一劈为二：含有咖啡因的饮料市场和不含咖啡因的饮料市场，并成功地让消费者认同可口可乐是前一个市场的霸主，而“七喜”则是后一个市场的霸主。

案例评析：

百事可乐公司就是通过市场细分为自己发现了绝妙的市场机会，并在此基础上采用一系列的营销策略成功地改写了饮料市场上可口可乐一统天下的局面。

（2）有利于掌握目标市场的特点，制定营销策略。准确的市场营销策略，是在目标市场需求特点的基础上制定的。不进行市场细分，企业选择目标市场必定是盲目的，不认真地鉴别各个细分市场的需求特点，就不能进行有针对性的市场营销。根据市场的需求，考虑产品、价格、促销形式和销售渠道等各种因素制订市场营销方案，才能有针对性。

应用举例　失败与成功

前些年我国曾向欧美市场出口真丝花绸，消费者是上流社会的女性。由于我国外贸出口部门没有认真地进行市场细分，也没有掌握目标市场的需求特点，因而营销策略发生了较大失误：产品配色不谐调、不柔和，未能赢得消费者的青睐；低价策略与目标顾客的社会地位不相适应；销售渠道又选择了街角商店、杂货店甚至跳蚤市场，大大降低了真丝花绸产品的“华贵”地位；广告宣传也流于一般。这个失败的营销个案，从反面说明了市场细分对于制定营销组合策略具有多么重要的作用。

案例5-3　美勒啤酒公司的产品包装策略

美勒啤酒公司原是一个以生产为导向的公司，它一直认为啤酒公司是同质市场，只生产一种包装的啤酒——高生啤酒，就能满足消费者的需求。它在美国啤酒行业中排名第七，市场占有率仅为4%。1970年，美勒啤酒公司被美国著名的菲力普摩里斯公司收购。收购美勒啤酒公司后，菲力普摩里斯公司对啤酒市场进行了市场细分，为其唯一的产品“高生”啤酒取名“啤酒中的香槟”，该产品是为许多不常饮用啤酒的妇女及高收入者而准备的。该目标市场的特点是怕发胖且年纪大，针对这一特点，菲力普摩里斯啤酒公司开发出小容量罐装啤酒，结果极为成功。

案例评析：

菲力普摩里斯啤酒公司根据性别对啤酒市场进行了市场细分，并对女性啤酒这个目标市场分析后，发现其特点是怕发胖且年纪大，因此，制定了相应的营销策略，即开发出小容量罐装啤酒，结果取得了成功。

（3）有利于集中资源，提高企业的竞争能力。无论规模多大，实力多强的企业，其人力、物力和财力也总是有一定限度的。面对需求多样的市场，不可能面面俱到地去经营，而通过市场细分，企业就能找到最适合自己的业务。市场细分以后，每个细分市场上竞争者的优势和劣势就明显地暴露出来，企业只要看准市场机会，利用竞争者的弱点，同时有效地开发本企业的资源优势，就能用较少的资源把竞争者的顾客和潜在顾客变为本企业的顾客，提高市场占有率，增强竞争能力。

市场细分对中小企业尤为重要。与实力雄厚的大企业相比，中小企业资源能力有限，技术水平相对较低，缺乏竞争能力。通过市场细分，可以根据自身的经营优势，选择一些大企业不愿顾及、相对市场需求量较小的细分市场，集中力量满足该特定市场的需求，在整体竞争剧烈的市场条件下，在某一局部市场取得较好的经济效益，求得生存和发展。

案例5-4　克莱斯勒汽车公司如何渡过难关

1979 年，美国再次发生石油危机，主要以生产娱乐车辆、大型车辆为主的克莱斯勒汽车公司，由于生产的车辆都是耗油量大的“油老虎”而首先遭殃。面对这种情况，克莱斯勒汽车公司根据汽车油量标准进行了市场细分，果断地关闭了内部装修工厂、房地产、坦克公司等项目，只研制、开发、生产一种既省油、容量又较大的家庭汽车——K 型车，K 型车一经问世，就因其省油、小巧玲珑、操纵自如而大获成功。

案例评析：

克莱斯勒汽车公司之所以成功，是因为其根据汽车油量标准进行了市场细分后，集中一切资源，只研制、开发、生产 K 型车，从而提高了企业的竞争力。

（4）有利于全面满足社会需要，提高企业的经济效益。市场细分不仅给企业带来良好的经济效益，而且也创造了良好的社会效益。因为，一方面细分化可以使不同消费者的不同需求得到满足，提高了生活水平；另一方面有利于同类企业合理化分工，在行业内形成较为合理的专业化分工体系，使各类企业各得其所、各显其长。

应用举例　宝洁洗发水的系列产品

宝洁四种洗发水的核心特征包括：海飞丝——去屑；飘柔——柔顺；潘婷——营养强韧；沙宣——时尚染发。仅潘婷品牌就有如下产品：乳液修复、丝质顺滑、强韧养发、植物精粹，有 200ml、400ml、750ml 等，有护发素、营养发膜等，可以满足消费者的不同需要。

小资料　市场细分的起源

市场细分的概念最早是在 1956 年，由美国市场营销专家温德尔·史密斯提出来的。

20世纪50年代之前，企业往往把消费者看作具有同样需求的整体市场，所以大量生产单一品种的产品，用普遍广泛的分销方式和同样的广告宣传方式进行销售。但是，由于消费者的需求是有差异的，这样的销售方式使他们不满。50年代，美国宝洁公司发现消费者由于洗涤不同的纤维织物的需要，不满足于单一品种的肥皂，于是生产了三种不同性能、不同牌子的洗衣肥皂：一是洗涤软性纺织品的碱性小的肥皂；二是洗涤较脏衣服的强碱肥皂；三是多种用途的全能肥皂。由于这些肥皂满足了不同消费者的需求，使其在肥皂市场上获得最大的市场份额。营销专家总结了这一实践经验，提出了市场细分这一概念。

5.1.2 市场细分的原则

企业可根据单一因素，也可根据多个因素对市场进行细分。选用的细分标准越多，相应的子市场也就越多，每个子市场的容量相应就越小；选用的细分标准越少，子市场就越少，每个子市场的容量则相对较大。如何寻找合适的细分标准，对市场进行有效细分，在营销实践中并非易事。一般而言，成功、有效的市场细分应遵循以下四个原则。

1. 差异性

差异性是指各细分市场的消费者对同一市场营销组合方案会有差异性反应，或者说对营销组合方案的变动，不同细分市场会有不同的反应。一方面，如果不同细分市场顾客对产品需求差异不大，行为上的同质性远大于其异质性时，企业就不必对市场进行细分。另一方面，对于细分出来的市场，企业应当分别制订出独立的营销方案。如果无法制订出独立的营销方案，或其中某几个细分市场对是否采用不同的营销方案没有大的差异性反应时，便不必进行市场细分。

2. 可衡量性

可衡量性是指细分的市场是可以识别和衡量的，即细分出来的市场不仅范围明确，而且对其容量大小也能做出大致判断。有些细分变量，如具有“依赖心理”的青年人，实际上是很难测量的，以此为依据细分市场意义不大。

3. 可进入性

可进入性是指细分出来的市场应是企业营销活动能够抵达的，即企业通过努力能够使产品进入并对顾客施加影响的市场。一方面，有关产品的信息能够通过一定的媒体顺利地传递给该市场的大多数消费者；另一方面，企业在一定时期内有可能将产品通过一定的分销渠道运送到该市场。否则，该细分市场的价值就不大。例如，生产冰淇淋的企业，如果将我国中西部农村作为一个细分市场，恐怕在一个较长时期内都难以进入。

4. 可盈利性

可盈利性是指细分出来的市场，其容量或规模要大到足以使企业获利。进行市场细分时，企业必须考虑细分市场上顾客的数量，以及他们的购买能力和购买产品的频率。如果细分市场的规模过小，市场容量太小，细分工作烦琐，成本耗费大，获利小，就不值得去细分。

应用举例　福特汽车公司的“侏儒特制”汽车构想

福特汽车公司为了更好地满足特殊消费者的需求，在20世纪50年代曾经打算专门为1.2m以下的侏儒生产特制汽车，但这需要特殊的产品设计、与大众化汽车生产不同的生产线及工装设备，这必然造成成本的大量增加。通过市场调研与细分后，发现这一汽车细分市场的人口较少，需求极其有限，盈利前景暗淡，最终放弃了这一构想。

5.1.3　市场细分的标准

要进行市场细分就必须寻找细分的依据和标准，为便于研究，把市场特点鲜明的消费者市场和产业市场分别加以叙述。

1．消费者市场细分的标准

随着市场细分化理论在企业营销中的普遍应用，消费者市场细分标准可归纳为四大类：地理环境因素、人口因素、心理因素和行为因素。这些因素中少数相对稳定，多数处于动态变化中，如图5-1所示。

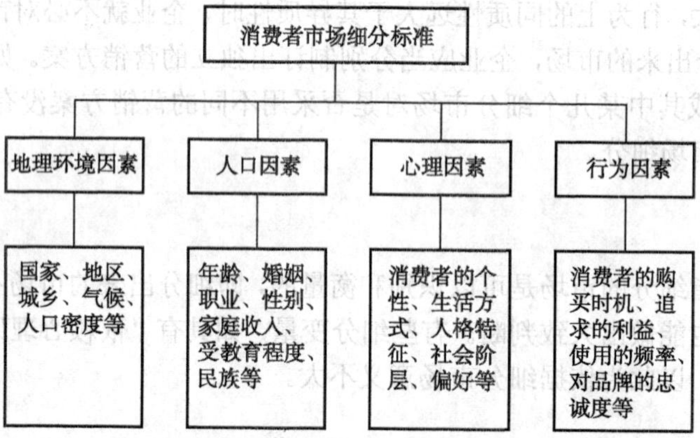

图5-1　消费者市场细分标准

（1）地理环境因素。即按照消费者所处的地理位置、自然环境细分市场。具体变量包括国家、地区、城乡、不同地区的气候等，如表5-1所示。

表5-1　地理环境因素细分标准

划分标准	典型细分
国家	中国、美国、日本等
地区	东北、华北、西北、华南等
城乡	都市、郊区、乡村、边远山区等
气候	南方、北方、亚热带、热带、寒带等

处于不同地理位置的消费者，对同一类产品往往呈现出差别较大的需求特征，对企业营销组合的反应也存在较大的差别。防暑降温、御寒保暖之类的消费品按照不同气候带细分市场是很有意义的。但是，地理因素是一种相对静态的变数，处于同一地理位置的消费者对某一类产品的需求仍然会存在较大的差异。因此，还必须同时依据其他因素进行市场细分。

应用举例　**自行车的市场细分**

对于自行车这一产品来说，乡村和城市消费者的需求截然不同。在乡村，人们不仅把自行车当作一种交通工具，有时还把它当作运输工具。因此，他们要求自行车结实、耐用、价格实惠；而在城市，自行车作为一种代步工具，人们更关注自行车的品牌、款式、颜色、轻便，而对价格则不太敏感。

小资料　**关于我国经济区域的新划分法**

我国传统的区域划分包括行政区域和经济区域两大类。近来有学者提出“八区域”划分方法：东北地区，这一地区自然条件和资源禀赋相近，历史上相互联系比较紧密，目前，面临的共同问题多，如资源枯竭问题、产业结构升级换代问题等；北部沿海地区，这一地区地理位置优越，交通便捷，科技文化事业发达，在对外开放中成绩显著；东部沿海地区，这一地区现代化起步早，历史上对外经济联系密切，在改革开放的许多领域先行一步，人力资本丰富，发展优势明显；南部沿海地区，这一地区紧临我国港、澳、台地区，海外社会资源丰富，对外开放程度高；黄河中游地区，这一地区自然资源尤其是煤炭和天然气资源丰富，地处内陆，战略地位重要，对外开放不足，结构调整任务艰巨；长江中游地区，农业生产条件优良，人口稠密，对外开放程度低，产业转型压力大；西南地区，这一地区地处偏远，土地贫瘠，贫困人口多，对南亚开放有着较好的条件；大西北地区，这一地区自然条件恶劣，地广人稀，市场狭小，向西开放有着一定的条件。

（2）人口因素。即按照各种人口统计变量细分市场。包括年龄、婚姻、职业、性别、家庭收入、受教育程度、家庭生命周期、国籍、民族、宗教、社会阶层等。例如，不同年龄、受教育程度不同的消费者在价值观念、生活情趣、审美观念和消费方式等方面会有很大的差异，如表 5-2 所示。

表 5-2　人口统计因素细分标准

划分标准	典型细分
年龄	婴儿、学龄前儿童、学龄儿童、少年、青年、中年、老年等
职业	职员；教师；科研人员；文艺工作者；企业管理人员；私营企业主；工人；离退休人员；学生；家庭主妇；失业者等
性别	男、女

续表

划分标准	典型细分
家庭收入（年）	1000 元以下，1000～10000 元，10001～20000 元，20001～30000 元，30001～50000 元，50000 元以上等
受教育程度	小学程度以下；小学毕业程度；初中程度；高中程度；大学程度；研究生以上等
家庭规模	1～2 人，3～4 人，5 人以上等

应用举例　**教师节免费入园与鸡蛋优惠活动**

大连森林动物园在 9 月 9 日、10 日两天对大连市的所有大中小学教师实行免费入园活动；某企业对大连龙畔金泉小区的 55 岁以上老年人买鸡蛋实行 5 元/千克的优惠活动。这样的市场细分标准都是人口细分。

（3）心理因素。即按照消费者的心理特征细分市场。按照上述几种标准划分的处于同一群体中的消费者对同类产品的需求仍会显示出差异性，可能原因之一是心理因素发挥作用。心理因素包括生活方式、人格特征、社会阶层、偏好等变量，如表 5-3 所示。

表 5-3　心理因素细分标准

划分标准	典型细分
生活方式	平淡型、时髦型、知识型、名士型等
人格特征	外向型或内向型、理智型或冲动型、积极性或保守型、独立型或依赖型等
社会阶层	上上层、上下层；中上层、中层、中下层；下上层、下下层
偏好	各种喜好

① 个性细分。消费者的个性对其需求和购买动机有较大的影响。虽然人们的个性千差万别，多种多样，但也可以找出共性，将其归类。有的企业使用个性因素来细分市场，设计出个性化的产品，以满足追求个性消费者的需求。

② 生活方式细分。生活方式是指个体在成长过程中，在与社会诸要素相互作用下，表现出来的活动兴趣和态度模式。消费者的消费行为与其生活方式有着非常密切的关系。来自不同文化、社会阶层、职业的人有着不同的生活方式。生活方式影响着人们对各种产品的兴趣和态度，其消费行为体现出他们的生活方式。目前以生活方式来细分市场的企业已越来越多。如一些企业服装制造商专为崇尚时尚生活的妇女设计生产流行服装。

应用举例　**福特牌与雪佛兰牌汽车的消费者特点**

在 20 世纪 50 年代，美国福特汽车公司和通用汽车公司就曾利用个性特征来推销福特牌和雪佛兰牌汽车，性格独立的、易冲动的、机灵善变的、自信的消费者喜欢福特车，而保守的、节俭的、计较利益的、冷静的消费者则喜欢通用公司的雪佛兰车。

③ 社会阶层细分。美国人将消费者分为七个阶层，并且说明每个社会阶层的人对汽

车、服装、家具、娱乐、阅读习惯等都有较大的不同偏好。

④ 偏好细分。这是指消费者对某种牌号的商品所持的喜爱程度。在市场上，消费者对某种牌号商品的喜爱程度是不同的，有的消费者对其有特殊的偏好，有的消费者对其有中等程度的偏好，有的消费者对其无所谓。因此，许多企业为了维持和扩大经营，努力寻找忠诚拥护者，并掌握其需求特征，以便从商品形式、销售方式及广告宣传等方面去满足他们的需要。

心理标准是细分市场中比较复杂的一个标准，企业必须根据消费者的不同心理，进行市场调查研究，从而获得可靠的数据，确定自己的目标市场。

（4）行为因素。即企业按照消费者购买或使用某种产品的时机、消费者所追求的利益、使用者、消费者对某种产品的使用频率、消费者对品牌的忠诚度、消费者的购买阶段以及对产品的态度来细分消费者市场，如表 5-4 所示。

表 5-4　行为因素细分标准

划 分 标 准	典 型 细 分
购买时机	日常购买、特别购买、节日购买、规则购买、不规则购买等
追求的利益	廉价、时髦、安全、刺激、新奇、豪华、健康等
使用的频率	很少使用者、中度使用者、大量使用者等
忠诚度	绝对品牌忠诚者、多种品牌忠诚者、变换型忠诚者、非忠诚者等

① 购买时机细分。在现代市场营销实践中，许多企业通过消费者购买商品的时机与使用商品的时机细分市场，试图扩大消费者使用本企业产品的范围。

应用举例　　**节日促销产品与领取免费纸巾**

在春节、中秋节、情人节等节日来临的时候，许多商家都会大做广告以促销自己的产品；某商场促销，持上一年同日期购买商品的凭条可以免费领取面巾纸一盒这样的市场细分标准都是行为细分。

② 利益细分。消费者往往因为各有不同的购买动机，追求不同的利益，所以购买不同的产品或品牌。

应用举例　　**牙膏的市场细分**

有些消费者购买高露洁牙膏，主要是为了防治龋齿；有些消费者购买芳草牙膏，是为了防治牙周炎、口腔溃疡。因此，企业按照不同消费者购买产品追求的不同利益细分市场。

③ 使用频率细分。许多产品还可以按照消费者对其使用的频率细分市场。如少量、中量、大量使用者。企业可对不同的产品用户采用不同的营销策略。根据美国某啤酒公司的调查，某一区域有 32%的人消费啤酒，其中，大量使用户与少量使用户各为 16%，但前者购买了该公司啤酒销售总量的 88%。因此，许多企业把大量使用者作为自己的销售对象。

④ 忠诚度细分。企业根据消费者对品牌的忠实程度细分市场。根据消费者对品牌的忠

实程度，可将某种产品的消费者分为四个群体：绝对品牌忠诚者、多种品牌忠诚者、变换型忠诚者和非品牌忠诚者。在“绝对品牌忠诚者”占很高比重的市场上，其他品牌难以进入；在变换型忠诚者占比重较高的市场上，企业应努力分析消费者品牌忠诚转移的原因，以调整营销组合，加强品牌忠诚程度；而对于那些非品牌忠诚者占较大比重的市场，企业应审查原来的品牌定位和目标市场的确立等是否准确，随市场环境和竞争环境变化重新加以调整和定位。

2．产业市场细分的标准

产业市场的细分标准，有许多与消费者市场细分的标准相同，如用户所追求的利益、用户情况、对品牌的忠诚度等。但是，由于产业市场有自身的特点，因此，还有一些其他标准来细分产业市场，如图 5-2 所示。

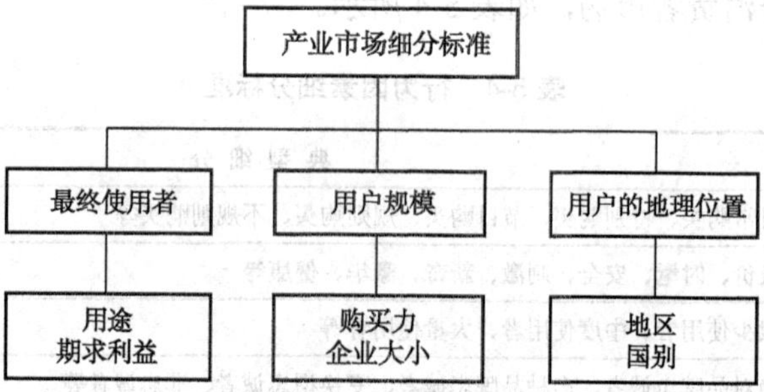

图 5-2　产业市场细分标准

（1）最终使用者。在西方国家，通常用最终用户这个变量来细分市场。在产业市场上，不同的最终用户对同一种产业用品的市场营销组合往往有不同的要求。因此，对不同的用户要运用不同的市场营销组合，采取不同的市场营销措施，以投其所好，促进销售。

应用举例　不同的制造商对产品的需求一样吗

计算机制造商采购产品时最重视的是产品质量和可用性，服务、价格也许并不是要考虑的最主要因素；飞机制造商所需要的轮胎必须达到的全部标准比农用拖拉机制造商所需轮胎必须达到的标准要高得多，豪华汽车制造商比一般汽车制造商需要更优质的轮胎。因此，不同的制造商对产品的需求不同。

（2）用户规模。用户规模是产业市场细分的一个重要标准。在西方国家，许多公司都建立适当的制度来分别与大顾客和小顾客打交道。

应用举例　大客户和小客户的不同待遇

美国一家办公室用具制造商按照顾客规模，将顾客分为两类顾客群：一是大客户，如国际商用机器公司、标准石油公司等，这类顾客群由该公司的全国客户经理负责联系；二是小客户，由外勤推销人员负责联系。

（3）用户的地理位置。用户的地理位置与企业合理组织销售力量，选择适当的分销渠道以及有效地安排货物运输关系很大，而且不同地区用户对生产资料的要求往往各有特色。因此，用户的地理位置也是细分市场的标准之一，如我国山西等省的煤炭工业区，形成了对矿山机械的需求市场。按用户的位置细分市场，有助于企业将目标市场选择在用户集中的地区，提高销售量，节省推销费用和运输成本。

企业在进行市场细分时必须注意以下问题：第一，市场细分的标准是动态的。市场细分的各项标准不是一成不变的，而是随着社会生产力及市场状况的变化而不断变化，如年龄、收入、城镇规模、购买动机等都是可变的。第二，不同的企业在市场细分时应采用不同的标准。因为各企业的生产技术条件、资源、财力和营销的产品不同，所采用的标准也应有所区别。第三，企业在进行市场细分时，可采用一项标准，也可采用多项标准进行市场细分。

5.1.4 市场细分的方法

1．单一变量细分法

单一变量细分法是指根据影响消费者需求的某一个重要因素进行市场细分，如服装企业按年龄细分市场，可分为童装、少年装、青年装、中年装、中老年装、老年装；或按气候的不同，可分为春装、夏装、秋装、冬装。又如，由于购买者对房屋的接受能力同他们的收入直接相关，因而就可以按收入这一因素把住宅市场划分为经济适用房、普通商品房、高档住宅等几个不同的市场，如表 5-5 所示。

表 5-5 单一变量细分法

家庭月收入（元）	2000 以下	2001~5000	5001 以上
细分市场	经济适用房	普通商品房	高档住宅

2．多个变量因素细分法

多个变量因素细分法是指根据影响消费者需求的两种或两种以上的因素进行市场细分，如生产锅炉的生产厂，主要根据企业规模的大小、用户的地理位置、产品的最终用途及潜在市场规模细分市场，如图 5-3 所示。

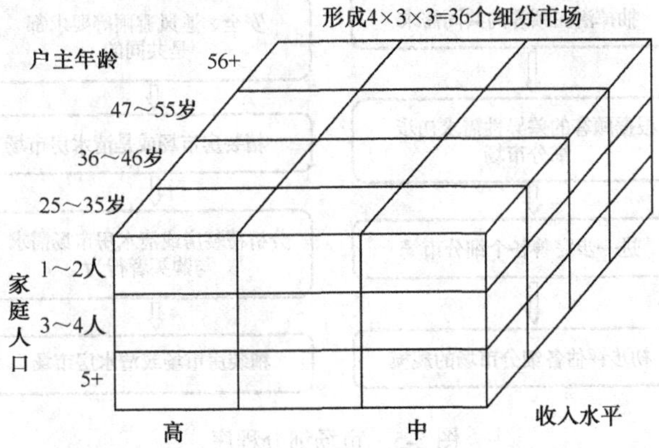

图 5-3 多个变量因素细分法

3. 系列变量细分法

系列变量细分法是指根据企业经营的特点并按照影响消费者需求的诸因素，由粗到细地进行市场细分。这种方法可使目标市场更加明确而具体，有利于企业更好地制定相应的市场营销策略，如图 5-4 所示。

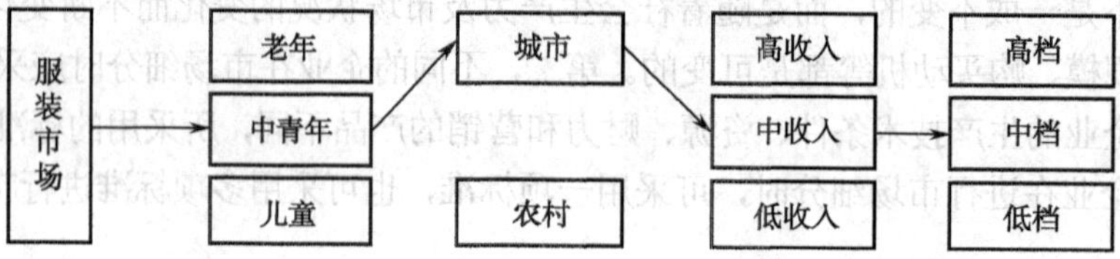

图 5-4　系列变量细分法

5.1.5　市场细分的程序

市场细分是企业决定目标市场和设计市场营销组合的重要前提。参照美国市场学家麦卡锡提出的细分市场程序，可以得到一套逻辑性强、简略直观且很有实用价值的市场细分程序，如图 5-5 所示。

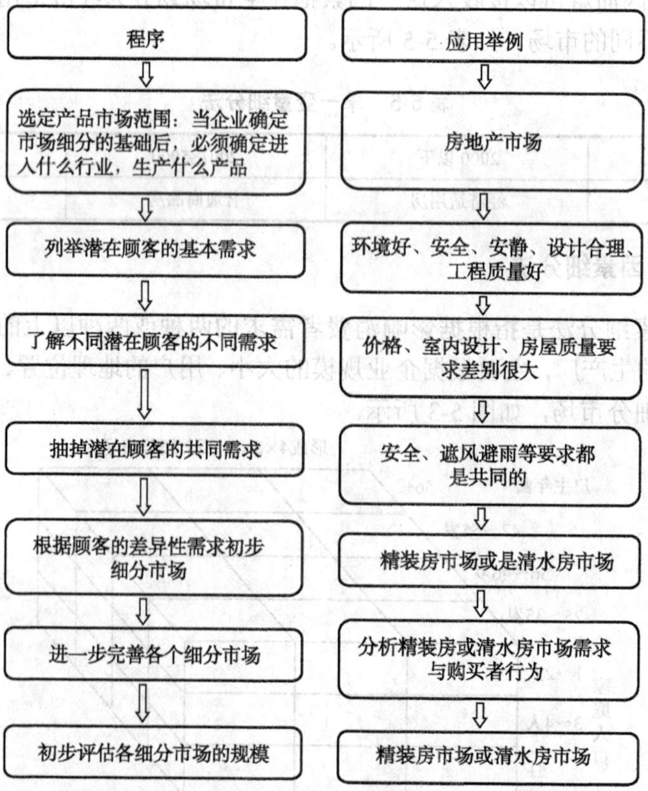

图 5-5　市场细分程序

1. 选定产品市场范围

在明确企业任务与目标，对市场环境充分调查分析之后，首先从市场需求出发考虑选定一个可能的产品市场范围，即确定进入什么行业，生产什么产品。产品市场范围应由顾客的需求来确定，而不是产品本身特性来确定。

应用举例　乡间建豪宅

某一房地产公司打算在乡间建造一幢简朴的住宅，若只考虑产品特征，该公司可能认为这幢住宅的出租对象是低收入顾客，但从市场需求角度看，高收入者也可能是这幢住宅的潜在顾客。因为高收入者在住腻了高楼大厦之后，恰恰可能向往乡间的清静，从而可能成为这种住宅的顾客。

2. 找出市场细分的标准——顾客需求上的差异

（1）列举潜在顾客的基本需求。企业可以在地理、心理和行为等方面，通过“头脑风暴法”对潜在顾客的要求做大致分析。这一步骤掌握的情况也许不够全面，但是可为以后各个步骤提供深入了解的资料。

应用举例　顾客需求知多少

企业可以通过调查，了解潜在顾客对前述住宅的基本需求。这些需求可能包括：遮风避雨，安全、方便、宁静，设计合理，室内陈设完备，工程质量良好等。

（2）了解不同潜在顾客的不同需求。对于列举出来的基本需求，不同顾客强调的侧重点可能会存在差异。例如，经济、安全、遮风避雨是所有顾客共同强调的，但有的顾客可能特别重视生活的方便，另外一类顾客则对环境的安静、内部装修等有很高的要求。通过对这种差异的比较，初步形成几个需求相近的细分市场。

（3）抽掉潜在顾客的共同需求。即对初步形成的几个细分市场之间共同的需求加以剔除，以它们之间需求的差异作为细分市场的基础。虽然共同需求也很重要，但只能作为市场营销组合决策的参考，不能作为市场细分的基础，如遮风避雨、安全是每位顾客的要求，就不能作为细分市场的标准，因而应该剔除。

3. 进行市场细分

（1）根据顾客的差异性需求初步细分市场。企业依据已调查清楚的细分标准和选择出的细分方法从事市场细分工作。例如，西方房地产公司常把购房的顾客划分为好动者、老成者、新婚者、度假者等多个子市场，并据此采用不同的营销策略。

（2）进一步完善各个细分市场。进一步分析每个细分市场需求与购买行为特点，并分析其原因，以便在此基础上决定是否可以对这些细分出来的市场进行合并，或做进一步细分。

4．初步评估各细分市场的规模

此即在调查的基础上，估计每个细分市场的顾客数量、购买频率、平均每次的购买数量等，并对细分市场上产品竞争状况及发展趋势做出分析。

子任务二 目标市场的选择

5.2.1 目标市场

1．目标市场的概念

目标市场是指企业为满足现实或潜在需求而开拓、积极准备进入的市场，即企业在市场细分的基础上，根据自身资源优势准备为之服务的那部分顾客群体。通过市场细分，企业首先要认真评估各个细分市场，然后根据自己的营销目标和资源条件选择适当的目标市场，并决定相应的目标市场策略。

2．目标市场的评估

现实中，人们经常面临着各种选择。选择意味着什么？选择意味着放弃，并不意味着获得。在对市场做出细分之后，大家认为应该选择哪个细分市场作为目标市场呢？是选择最大的细分市场，还是选择市场前景非常好的细分市场？

因此，企业要确定目标市场，首先要进行市场的评估。企业应从以下三个方面分析和评估市场。

（1）市场的潜力。细分市场潜力是在一定时期内，在消费者愿意支付的价格水平下，经过相应的市场营销努力，产品在该细分市场可能达到的销售规模。对细分市场潜力分析的评估十分重要。如果市场狭小，没有发掘潜力，企业进入后短期内肯定没有发展前途。当然，这一潜量不仅指现实的消费需求，也包括潜在需求。从长远利益看，消费者的潜在需求对企业更具吸引力。细分市场只有存在着尚未满足的需求，才需要企业提供产品，企业也才能有利可图。

（2）市场的竞争状况。企业要进入某个细分市场，必须考虑能否通过产品开发等营销组合，在市场上站稳脚跟或居于优势地位。所以，企业应尽量选择那些竞争者较少，竞争者实力较弱的细分市场为自己的目标市场。那些竞争十分激烈、竞争对手实力十分雄厚的市场，企业一旦进入后一般都要付出昂贵的代价。当然，对于竞争者已经完全控制的市场，如果企业有条件超过竞争对手，也可设法挤进这一市场。

（3）市场具有的特征是否与企业优势相吻合。企业所选择的目标市场应该是企业力所能及的和能充分发挥自身优势的。企业能力表现在技术水平、资金实力、经营规模、地理位置、管理能力等方面。所谓优势是指上述各方面能力较竞争者略胜一筹。如果企业进入的是自身不能发挥优势的细分市场，那就无法在市场上站稳脚跟。

5.2.2 目标市场的选择模式

1. 市场集中化

如图 5-6（a）所示，这是一种最简单的目标市场模式，即企业只选取一个细分市场，只生产一类产品，供应某一单一的顾客群，进行集中营销。例如，某服装厂商只生产儿童服装。选择市场集中化模式一般基于以下考虑：企业具备在该细分市场从事专业化经营或取胜的优势条件；限于资金能力，只能经营一个细分市场；该细分市场中没有竞争对手；准备以此为出发点，取得成功后向更多的细分市场扩展。

2. 产品专业化

如图 5-6（b）所示，是企业集中生产一种产品，并向各类顾客销售这种产品。例如，饮水器厂只生产一个品种，同时向家庭、机关、学校、银行、餐厅、招待所等各类用户销售。产品专业化模式的优点是企业专注于某一种或某一类产品的生产，有利于形成和发展生产和技术上的优势，在该领域树立形象。其局限性是当该领域被一种全新的技术与产品所代替时，产品销售量有大幅度下降的危险。

3. 市场专业化

如图 5-6（c）所示，是企业专门经营满足某一顾客群体需要的各种产品。例如，某工程机械公司专门向建筑业用户供应推土机、打桩机、起重机、水泥搅拌机等建筑工程中所需要的机械设备。市场专业化经营的产品类型众多，能有效地分散经营风险。但由于集中于某一类顾客，当这类顾客的需求下降时，企业也会遇到收益下降的风险。

4. 选择专业化

如图 5-6（d）所示，是企业选取若干个具有良好的盈利潜力和结构吸引力，且符合企业的目标和资源的细分市场作为目标市场，其中每个细分市场与其他细分市场之间较少联系。其优点是即使某个细分市场盈利不佳，仍可在其他细分市场获得盈利，从而有效地分散经营风险。采用选择专业化模式的企业应具有较强资源和营销实力。

5. 市场全面覆盖

如图 5-6（e）所示，是企业生产多种产品去满足各种顾客群体的需要。实力雄厚的大型企业只有选用这种模式，才能收到良好效果。

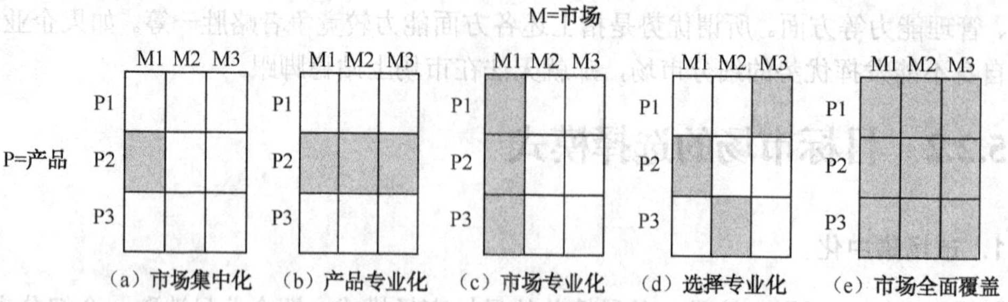

图 5-6　目标市场选择的五种模式

应用举例　　**企业运用的是什么市场选择模式**

某公司宣称为所有的男同胞提供各种各样的鞋子，这是市场专业化的选择模式；小花园鞋店专门为成年女性提供布鞋，而不提供其他的鞋类，这是市场集中化的选择模式；公司宣称为所有的人提供各种皮鞋，这是产品专业化的选择模式；某公司宣称："不管是谁，在本公司都能买到各种合适的鞋子。"这是市场全面覆盖的选择模式。

5.2.3　目标市场营销策略

企业在确定了自己的目标市场之后，可采用不同的市场营销策略。一般来说，有三种目标市场的营销策略可供企业选择。

1．无差异性市场营销策略

（1）概念。无差异性市场营销策略，又称大量营销，是指企业不考虑细分市场的差异性，把整体市场作为目标市场，只推出一种产品，只运用一种市场营销组合，为整个市场提供服务的营销策略，如图 5-7 所示。

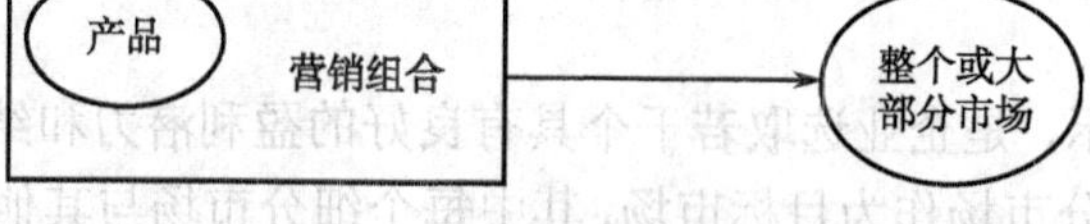

图 5-7　无差异性市场营销策略

（2）特点。一是企业不进行市场细分，把整个市场视作一个大的、同质的目标市场，营销活动只注意市场需求共性，而忽略其差异性。二是实施该策略的企业，可以推出一种类型的标准化产品，使用统一的包装与商标，相同的促销手段，试图以此吸引尽可能多的购买者，为整个市场服务。三是这种目标市场策略基于两种不同的指导思想：一种指导思想是市场上的消费者认为某些产品是同质的产品；另一种主导思想是从产品观念出发，忽视需求的差异，强调需求的共性。

应用举例　**长春一汽的解放牌汽车**

1956年7月13日，第一批解放牌汽车在长春第一汽车制造厂试制成功，可是老型解放车一生产就是30年，并且基本上只生产单一车型、单一规格、单一价格的解放牌汽车，向全国销售。

（3）优点。实行该策略的主要优点是成本的经济性，容易保证质量。一是由于单一的产品、大批量的生产、储运和销售，必然降低单位产品的成本；二是无差异的广告宣传等促销活动可以减少促销费用；三是不进行市场细分也会相应地减少市场调研、产品开发、制订多种市场营销组合方案等方面的费用。

（4）缺点。即不能满足消费者多样性的需求。一是由于消费需求不断变化，许多过去的同质市场已经转变为异质市场或正在向异质市场转化，一种产品长期为所有消费者或用户接受的情况越来越少；二是当众多企业都采用这一策略时，市场竞争会异常激烈，而在一些小的细分市场上的需求却得不到满足，这对营销者和消费者都是不利的；三是易于受到采用差异性营销战略的竞争对手的攻击。

2．差异性市场营销策略

（1）概念。差异性市场营销策略是在市场细分的基础上，选择两个或两个以上细分市场作为目标市场，分别为之设计不同的市场营销组合，以满足各个细分市场的需求，如图5-8所示。

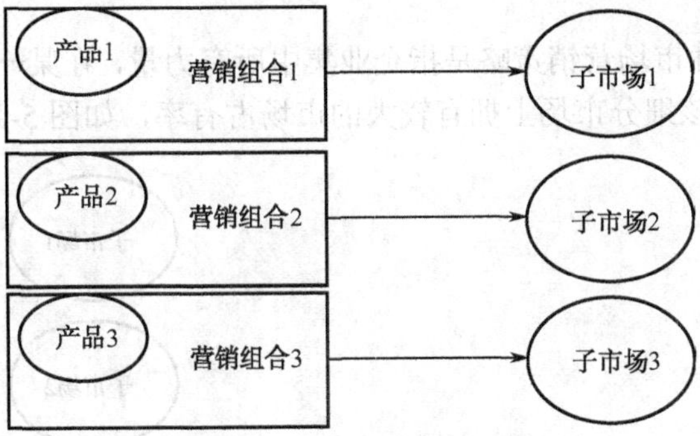

图5-8　差异性市场营销策略

应用举例　**通用汽车的产品类别与玉兰油的系列产品**

通用汽车：为合适的人生产制造合适的车（雪佛兰、奥兹莫比尔、庞蒂亚克、别克、凯迪拉克）；玉兰油：针对年轻女性及普通收入人群的“滋润美白系列”、针对中青年女性及中等收入人群的“多效修护系列”、针对中老年女性及高收入人群的“氨基酸肽复合系统·新生唤肤系列”。

（2）特点。一是该策略认为消费者的需求是有差异的，不可能使用完全相同的无差别的产品去满足各类消费者的需求；二是较为雄厚的财力、较强的技术力量和素质较高的管理人员，是实行差异市场营销战略的必要条件；三是采用该策略的企业一般是大企业，小企业往往无力采用。

应用举例　　美国爱迪生兄弟公司的营销策略

美国爱迪生兄弟公司经营了900家鞋店，分为4种不同的连锁店形式，每种形式都是针对一个不同的细分市场，有的专售高价鞋，有的专售中价鞋，有的专售廉价鞋，有的出售时髦鞋。在芝加哥斯泰特大街短短距离的3个街区内就有该公司的3家鞋店。尽管这些商店彼此很近，但并不影响相互的生意。因为它们是针对女鞋市场上的不同细分市场。该企业根据不同类妇女的不同偏好，有针对性地设计出不同风格的鞋，使产品对各类消费者都更具有吸引力。

（3）优点。一是企业可以采用小批量、多品种的生产方式，并在各个细分市场上采用不同的市场营销组合，以满足不同消费者的需求，实现企业销售量的扩大；二是企业具有较大的经营灵活性，不是依赖于一个市场一种产品，从而有利于降低经营风险。

（4）缺点。一是增加了生产成本、管理费用和销售费用，由于需要制订多种营销计划，使得生产组织和营销管理大大地复杂化了；二是要求企业必须拥有高素质的营销人员、雄厚的财力和技术力量。为了减少这些因素的影响，企业在实施差异性策略时，一是要注意不可将市场划得过细；二是不宜卷入过多的细分市场。

3．集中性市场营销策略

（1）概念。集中性市场营销策略是指企业集中所有力量，在某一细分市场上实行专业生产和销售，力图在该细分市场上拥有较大的市场占有率，如图5-9所示。

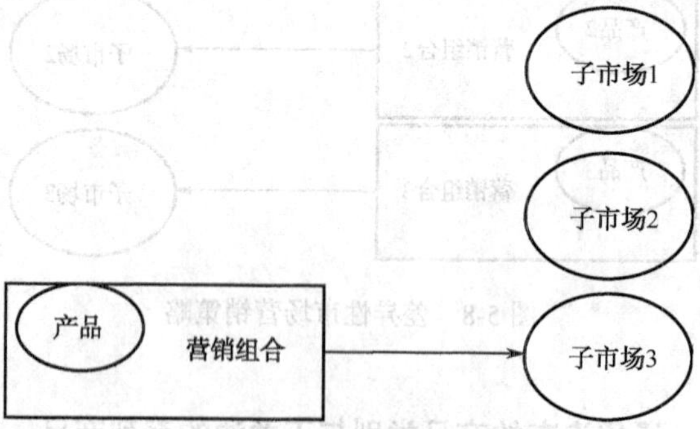

图5-9　集中性市场营销策略

应用举例　　皮鞋公司的目标市场营销策略

有一家小规模的制鞋公司，在皮鞋市场上的竞争力较弱。通过市场调查和细分后，了解到皮鞋市场上存在各种由皮革制成的皮鞋，款式约有150种。但有很多消费者喜欢在家穿轻便舒适的皮便鞋，于是该公司决定以此消费者群体作为目标市场，集中企业的一切资源，专门生产这种皮便鞋，从而使公司在竞争激烈的皮革制品市场上站住了脚，获得了很大的经济效益。

（2）特点。实行该策略的企业，既不是面向整体市场，也不是把营销分散在若干个细分市场，而是把力量集中在一个细分市场上，实行有针对性的专业化生产和销售。采用这种营销策略的企业对目标市场必须有较深的了解，适合大部分中小企业采用。

应用举例　“任天堂”的目标市场营销策略

100多年前，日本京都成立了一家生产纸牌的小店，以汉语“尽人事，听天命”的寓意取名为“任天堂”。任天堂始终抱着“玩具”这一细分市场，从扑克牌、塑料扑克牌、魔术扑克牌、电子游戏机到电动玩具，坚持不懈，其产品畅销全球。“任天堂”抱着一棵“树”不放，拼命开发创新，使其成为“摇钱树”。

应用举例　山西路百货大楼的春节促销

南京市山西路百货大楼在2000年的春节前，面对激烈的市场竞争，一不打折，二不送礼，却推出一项“购家电，送到县”的促销举措，即凡春节前在山西路百货大楼购买大件家电的省内顾客，商店负责把货免费送到县城。此举措出台后，山西路百货大楼家电生意格外红火，购家电的大多是外县进城打工者。南京市山西路百货大楼之所以能成功地组织这次促销活动，关键是没有泛泛地面对所有购买家电的消费者，而是只抓其中的很小一部分——打工族。

（3）优点。一是有利于提高市场占有率。由于市场目标明确，精力集中，企业可以集中优势，生产出适应消费者需要的产品，并通过有效的营销策略打开销路，建立稳固的市场地位，提高在目标市场上的占有率。二是有利于提高盈利水平。在目标市场上，企业在组织生产、选择销售渠道、确定产品价格和运用促销策略上得以专门化，因而生产成本低，销售费用少，经营效率高，提高了盈利水平。三是有利于创造出名牌。企业在目标市场上针对顾客的需求，采用强有力的营销手段，提供优质的服务，可以大大提高企业产品在顾客心目中的地位，树立起良好的企业形象，从而有利于创造出名牌产品。

（4）缺点。一是经营风险较大，因为这一策略将企业的一切都置于某一较小的目标市场上，一旦目标市场发生变化，如消费者的需求偏好突然发生改变，或出现了实力更强大的竞争对手，或产品价格猛跌等，企业就会因没有回旋余地而陷入困境，甚至导致亏损或破产；二是企业发展受到限制。由于企业市场区域相对较小，其发展就有一定的局限性。

5.2.4　选择目标市场营销策略应考虑的因素

上述目标市场营销策略的三种类型各有其优缺点，因而也各有其适用的范围和条件。一个企业究竟采用哪种策略，应根据企业资源、产品特点、市场特点、产品所处的生命周期以及竞争对手的目标市场营销策略等具体情况来决定，如表5-6所示。

表 5-6 影响目标市场营销策略的因素

抉 择 因 素	因 素 细 项	企业采用的目标市场营销策略
企业资源	资源雄厚	差异性或无差异性市场营销策略
	资源短缺	集中性市场营销策略
产品特点	同质产品	无差异性市场营销策略
	异质产品	差异性或集中性市场营销策略
市场特点	同质市场	无差异性市场营销策略
	异质市场	差异性或集中性市场营销策略
产品生命周期	介绍期和成长期	无差异性市场营销策略
	成熟期	差异性市场营销策略
竞争对手的策略	无差异市场营销	差异性或集中性市场营销策略
	差异市场营销	差异性市场营销策略

1. 企业资源

企业实力雄厚，管理水平较高，可考虑采用差异或无差异性市场营销策略；资源有限，无力顾及整体市场或几个细分市场的企业，则宜于选择集中性市场营销策略。

2. 产品特点

对于同质产品或需求上共性较大的产品，如钢铁、石油、大米、食盐等初级产品，差异性较小，竞争主要集中在价格上，比较适合采用无差异性市场营销策略；反之，对于异质产品，如各种家电、手表、服装、食品等，则应实行差异性或集中性市场营销策略。

3. 市场特点

如果市场上所有顾客在同一时期偏好相同，购买的数量相同，并且对市场营销刺激的反应相同，则可视为同质市场，宜实行无差异性市场营销策略；反之，则为异质市场，宜采用差异或集中性市场营销策略。

4. 产品生命周期

处在介绍期和成长期的新产品，市场营销重点是启发和巩固消费者的偏好，最好实行无差异性市场营销策略或针对某一特定子市场实行集中性市场营销策略，以探测市场需求和潜在顾客；当产品进入成熟期时，市场竞争剧烈，消费者需求日益多样化，可改用差异性市场营销策略以开拓新市场，满足新需求，延长产品生命周期。

5. 竞争对手的策略

一般说来，企业的目标市场营销策略应与竞争者有所区别。如果强大的竞争对手实行的是无差异性市场营销策略，企业则应实行集中性市场营销策略或更深一层的差异性市场营销策略；如果企业面临的是较弱的竞争者，必要时可采取与之相同的策略，凭借实力击败竞争对手。

案例5-5　林昌横的“量力而营”术

林昌横是一位华侨企业家。1958 年到巴黎继承父业，经过 20 多年的苦心经营，把一个当时只有 6 名工人的小厂发展成为当时法国第二大皮件厂，产品不仅畅销法国，还远销德国、瑞士、以色列、非洲等地。林昌横生财有道，其制定产品销售价格的秘诀是，先算算顾客能从口袋里拿出多少钱，然后决定采取何种产品定价策略。其认为，中低档商品定价过高，顾客不敢问津，高中档产品定价过低，顾客反而认为质次也不愿意买。例如，他生产的皮带，是根据法国人的高、中、低收入定价的。低档货适合低收入者的需要，定价 50 法郎上下，用料是普通牛、羊皮，这部分人较多，就多生产些。高档货适合高收入者的需要，定价 600～800 法郎，用料贵重，有鳄皮、蟒皮，但是，这部分人较少，就少生产些。有些独家经营的贵重商品，定价就不封顶，因为有钱的人，只要他喜欢，价格再高他也会购买。中等货定价在 200～300 法郎。这样做，既扩大了市场，又能得到较多的盈利。

案例评析：

林昌横经营取得成功的原因大致有两点：一是进行了市场细分。根据社会经济标准中“收入”情况细分市场；二是采用了差异性市场营销策略。把皮件分为三个分市场后，用不同质地的原料，生产出该市场所需的皮件，并灵活定价，以占领各个细分市场。

子任务三　市场定位

企业在经过市场细分，并选定目标市场后，还面临着如何对待当前与未来众多竞争者的问题。在激烈的竞争中，企业如何脱颖而出，以鲜明的特色吸引目标顾客，占据一席之地或保持长期的领先地位，科学的市场定位是关键。

5.3.1　市场定位概述

1. 市场定位的概念

企业进行市场细分和选择目标市场后，一个重要的问题就是必须回答：如何进入目标市场？以怎样的姿态和形象占领目标市场？这就是市场定位。

市场定位即对企业的产品进行设计，使其能在目标顾客心目中占有一个独特的、有价值位置的行动。市场定位的实质是使本企业与其他企业严格区分开来，并使顾客明显感觉到这种差别，从而在顾客心目中留下特殊的印象。市场定位的目的是影响顾客心理，增强企业及其产品的竞争力，扩大产品销售，增加企业的经济效益。

企业市场定位的核心内容是设计和塑造产品的特色或形象。这种特色或形象可以是实物方面的，也可以是心理方面的，或两者兼而有之。有的可以从产品实体上表现出来，如形状、规格、成分、色彩、性能和构造等；有的可以从价格水平上表现出来，如高价、低价、满意价、折扣价和地区价等；有的可以依据消费者的心理表现出来，如显示产品的时尚、朴素、清淡、典雅和热烈等；有的可以通过质量、档次、包装等来反映。显然，产品不同，产品特色或个性的表现形式也会有所不同。

应用举例　　**不同汽车的定位**

提到汽车，凯迪拉克豪华舒适、宝马功能卓越、丰田经济可靠、沃尔沃安全，不同的车都以不同的特色而著称。随着市场上商品越来越丰富，与竞争者雷同、毫无个性的产品无法吸引消费者的注意力，也就无法在市场立足。

2. 市场定位的意义

（1）有利于企业及产品在市场中建立自己的特色，使企业在激烈的市场竞争中立于不败之地。现代社会早已进入买方市场时代，几乎每个市场都存在供过于求的现象，为了争夺有限的顾客，防止自己的产品被其他产品替代，保持或扩大企业的市场占有率，企业必须为其产品树立特定的形象，塑造与众不同的个性，从而在顾客中形成一种特殊的偏好。例如，青岛海尔公司经过不懈的努力，在竞争激烈的中国家电市场上建立了以质量和服务取胜的形象，取得了消费者的信任，同时也增加了公司的效益。

（2）企业的市场定位决策是制定市场营销组合策略的基础，在企业的营销工作中有着极为重要的战略意义。例如，企业决定生产质优价高的产品，企业的这种定位就决定了企业所生产的产品质量一定要好，价格则要定得高，相应广告宣传的侧重点应该是强调产品所具备的高质量，让消费者相信虽然产品价格高，但是物有所值；销售渠道应选择档次较高的百货公司，而不能是廉价品市场。可见，企业的市场定位决定了企业要设计与之相适应的营销组合策略。

5.3.2 市场定位的方式

1. 竞争定位

竞争定位即根据与竞争者有关的属性或利益进行定位。它主要突出企业的优势，如技术可靠性程度高，售后服务方便快捷，以及其他顾客欢迎的因素等，从而在竞争者中突出自己的形象。例如，百事可乐强调“新一代的选择”，而可口可乐则推崇“齐欢乐”。

2. 属性定位

产品本身的属性能使消费者体会到它的定位。产品属性包括制造技术、设备、生产流程、产品功能，也包括产品的原料、产地、历史等因素。如果企业的一种或几种属性是竞争者所没有或有所欠缺的，同时又是顾客认可和接受的，这时采用按产品属性定位的策略，往往能收到良好效果。

应用举例　属性定位

海南养生堂的定位体现了所使用的原料和悠久的历史；王守义十三香强调了其专门的调料配方；宜宾五粮液、北京烤鸭等产品则强调其产地定位。

3. 利益定位

利益定位即把产品定位在某一特定利益上。这里的“利益”包括顾客购买企业产品时追求的利益及购买企业产品时所能获得的附加利益。

应用举例　诗丽雅化妆品与新飞冰箱的市场定位

诗丽雅化妆品公司推出的一种去死皮的产品，使用后可去除皮肤表面坏死的表皮，增进皮肤对任意品牌护肤化妆品的吸收，产品依靠为消费者提供这一利益获得了巨大成功；新飞冰箱在同容积冰箱中耗电最省，给顾客提供“省电”的利益。

4. 产品的用途定位

这是工业产品最常用的市场定位方法。此外，为老产品找到一种新用途，是为该产品创造新市场定位的好方法。

应用举例　尼龙与网络的不同用途

杜邦尼龙最初在军事上用于制作降落伞，后来广泛应用于袜子、衬衫、地毯、汽车轮胎、椅套的原料等；网络的研究也开始于军事领域，随后广泛应用于通信、日常生活、汽车工业等。

5. 价格和质量定位

一件仿制的装饰性项链，无论其做工多么精美，都不可能与真正的钻石项链定位相同。所以对于那些消费者对价格和质量都很关心的产品，选择两者作为市场定位的因素是突出企业的好方法。

任务五

应用举例 戴尔、雕牌的市场定位

戴尔电脑采用直销模式，降低了成本，并将降低的成本让利给顾客，因而戴尔电脑总是强调“物超所值，实惠之选”；雕牌用“只选对的，不买贵的”暗示雕牌的实惠价格，这些都是既考虑了质量又考虑了价格的定位策略。

6. 使用者类型定位

企业以市场细分为前提针对某个子市场、某些特定消费者进行促销，使这些消费者认为企业的产品是特地为他们生产而且适合他们使用的，从而满足他们的心理需要，促使他们对企业产生信任感。

5.3.3 市场定位的策略

1. 避强定位

避强定位是指企业力图避免与实力最强的或较强的其他企业直接发生竞争，而将自己的产品定位于另一市场区域内，以使自己的产品在某些特征或属性方面与最强或较强的对手有比较显著的区别。这种定位方法的优点是能使企业较快地在市场上站稳脚跟，并能在消费者心目中树立良好形象，风险小；缺点是避强策略往往意味着企业必须放弃某个最佳的市场位置，很可能使企业处于最差的市场位置。

案例5-6 伊利雪糕的市场定位

曾经，伊利有三大竞争对手：“和路雪”“雀巢”“新大陆”。在伊利的经营者们看来，这些竞争对手已经从以前的国内同行转变为国外的著名冰激凌品牌，与它们相比，伊利在企业实力、产品知名度方面还有相当大的差距。当时，大多数经销商说“和路雪”“雀巢”的定位与普通人的收入水平有相当大的距离，6～8 元的产品很少有人问津。相比之下，两年前还名不见经传的“伊利”冰激凌却以“低质优价”这一市场定位赢得了众多消费者的青睐。对于大多数工薪消费者来说，它们在选择冰激凌时除了需要好吃外，价格是更主要的决定因素。伊利正是在这一点上迎合了大多数人的需要。

案例评析：

伊利之所以能迅速打开销路，正是得益于“低廉的价格、较高的品质”这一避强定位策略。虽然“低价优质”的市场位置不是很好，但伊利有能源、人员工资、奶源产地等优势，可以有低成本、高品质的产品。因此，伊利赢得了目标市场！

2. 迎头定位

迎头定位是指企业根据自身的实力，为占据较佳的市场位置，不惜与市场上占支配地位的、实力最强或较强的竞争对手发生正面竞争，使自己的产品进入与对手相同的市场位置。该定位策略的优点是竞争过程中往往相当引人注目，甚至产生轰动效应，企业及其产品可以较快地为消费者或用户所了解，易于达到树立市场形象的目的；缺点是具有较大的风险性。例如，百事可乐与可口可乐，雀巢咖啡与麦斯威尔咖啡，统一与康师傅等采取的定位策略都是迎头定位。

案例5-7　麦当劳的市场定位

在中国的快餐行业中，麦当劳与肯德基从一开始就是一对“欢喜冤家”，刚进入中国市场时就展开竞争，随着产品结构日趋同质，行销手段日益雷同。麦当劳在肯德基之后进入中国，其之间的价格战、广告战和促销战在很多城市蔓延开来，甚至在有些地方打得如火如荼。可能这也算一种互相促进吧！不然怎么会形成如此激烈的竞争呢，正所谓“既生瑜何生亮”，都有一种不甘被比下去的精神，值得可歌可泣。

案例评析：

麦当劳采取的是“迎头定位”策略，原因是麦当劳集团实力雄厚，产品质量有保证；其次是西式快餐市场容量极大，足够吸纳这两家公司的产品。因此，麦当劳可以与肯德基抗衡，占据同样有利的市场位置。

3．创新定位

创新定位是指寻找新的尚未被占领但有潜在市场需求的位置，填补市场上的空缺，生产市场上没有的、具备某种特色的产品。采用这种定位方式时，公司应明确创新定位所需的产品在技术上、经济上是否可行，有无足够的市场容量，能否为公司带来合理而持续的盈利。

应用举例　索尼公司的随身听

日本索尼公司的索尼随身听等一批新产品正是填补了市场上迷你电子产品的空缺，并进行不断的创新，使得索尼公司即使在“二战”时期也能迅速地发展，一跃成为世界级的跨国公司。

4．重新定位

重新定位是指公司在选定了市场定位目标后，如定位不准确或虽然开始定位得当，但市场情况发生变化时，如遇到竞争者定位与本公司接近，侵占了本公司部分市场，或由于某种原因消费者或用户的偏好发生变化，转移到竞争者方面时，就应考虑重新定位。重新定位是以退为进的策略，目的是实施更有效的定位。

应用举例　宜家的市场定位

最初，宜家以高档时尚的形象进入中国市场。随着中国家居市场的逐渐开放和发展，消费者在悄悄地发生着变化，那些既想要高格调又付不起高价格的年轻人也经常光顾宜家。这时，宜家没有坚持原有的高端定位，而是锁定那些家庭月平均收入在3350元以上的工薪阶层，重新定位自己的目标顾客，并针对其消费能力对在中国销售的1000种商品进行降价销售，最大降幅达到65%。宜家希望借此回到其在欧美取得极大成功的“家居便利店”定位，扭转其在中国市场销售量逐年递减的趋势。

5.3.4 市场定位的步骤

1．确认企业的竞争优势

企业的竞争优势主要表现在两个方面：低成本和产品差别化优势。产品差别化优势是指向市场提供的产品在质量、功能、品种、规格、外观等方面比竞争对手的更好。确认优势，需要进行SWOT分析，客观地分析消费者、竞争对手及自身情况，客观地认清自己。

2．明确企业的核心竞争力

核心竞争力是企业长期内形成的，蕴含于企业内质中的，企业独具的，支撑企业过去、现在和未来竞争优势，并使企业长时间内在竞争环境中能取得主动的核心能力。

应用举例　　本田与本田发动机

本田的核心竞争力是它的发动机产品。有了发动机，本田从摩托车市场进入汽车市场，从汽车市场进入割草机市场，不断地在新的领域灵活“变型”。

3．制定发挥核心竞争力的战略

企业的核心竞争力与竞争优势不会自动地在市场上得到充分的表现，必须制定能够发挥核心竞争力的战略。企业要决定推出多少建立在核心竞争力基础上的差异，推出哪些差异以及如何传播这些差异。企业要通过一系列的宣传促销活动，将其独特的市场竞争优势准确地传播给目标顾客，并在其心目中留下深刻印象。

案例5-8　　江崎公司如何成功挤进泡泡糖市场

日本泡泡糖市场大部分为劳特所垄断，可谓江山唯劳特独坐。但江崎糖业公司对此并不畏惧，努力寻找市场的缝隙。他们经过周密的调查和分析，终于发现劳特的四点不足：第一，以成年人为对象的目标市场正在扩大，而劳特却仍旧把重点放在儿童泡泡糖市场上；第二，劳特产品主要是果味型泡泡糖，而现在消费者的需求正在多样化；第三，劳特多年来一直生产单调的条板状泡泡糖，缺乏新型式样；第四，劳特产品价格为110日元，顾客购买时需多掏10日元的硬币，往往感到不便。

通过分析，江崎糖业公司决定以成人泡泡糖市场为目标市场，并制定了相应的市场策略，不久便推出功能性泡泡糖四大产品。该公司还精心设计了产品的包装和造型，价格定为50日元和100日元两种，避免了找零钱的麻烦。这种功能性泡泡糖问世后，像飓风一样席卷了全日本。江崎公司不仅挤进了由劳特独霸的泡泡糖市场，而且当年就占领了25%的市场份额。

案例评析：

1. 江崎的成功是因为通过市场调查发现了劳特的不足，并对泡泡糖市场进行了市场细分。

2. 江崎运用的是集中性市场营销策略，集中力量进入成人泡泡糖市场；其运用的市场定位策略是避强定位策略，即把自己的市场位置定在竞争者没有注意和占领的市场空白或空隙上；采取的市场定位方法是根据产品利益和功能定位。

实训一

任务：学生针对某一市场进行细分。

【实训目的】

促进学生熟悉市场细分的相关知识；掌握市场细分的标准；促使学生能够对某一市场进行市场细分。

【实训内容】

以大连职业技术学院手机市场为例，根据所学知识进行市场细分。

【实训方法】

1. 实训过程。

第一步：学生针对大连职业技术学院的手机市场进行分析，寻找到顾客对手机需求的差异性。

第二步：根据已经分析清楚的细分标准和选择出的细分方法进行市场细分。

第三步：估计每个细分市场的顾客数量、购买频率、平均每次的购买数量等，并对细分市场上产品竞争状况及发展趋势做出分析。

第四步：选出5名学生，分享其成果。

第五步：实训指导教师进行分享和指导。

2. 时间：30分钟。

3. 地点：教室。

【总结】

1. 在对市场进行细分的过程中，要按照市场细分的程序进行，在选定某市场后找出市场细分的标准、确定市场细分的方法进行市场细分，最后描述细分市场的特征及估计每个细分市场的规模。

2. 在本次实训中，学生应注意是对学生手机市场的细分，有些标准不能作为细分的标准（如职业、收入等），在确定市场的方法时应着重考虑系列细分方法。

实训二

任务：学生针对某一市场进行分析。

【实训目的】

促进学生熟悉目标市场营销策略和市场定位的相关知识；掌握目标市场营销策略的特点和市场定位的核心；促进学生更能够针对某一市场进行市场分析。

【实训内容】

以某一企业为例，根据所学的知识对其进行分析，总结出该企业实行的是哪种目标市场营销策略？其市场定位是什么？

【实训方法】

1．实训过程。

第一步：根据班级学生人数来确定小组划分，每个小组以 5～8 人为宜，小组成员要合理分工。

第二步：学生先收集背景企业营销的相关资料。

第三步：对背景企业进行目标市场营销策略和市场定位的分析。

第四步：选出 3 组学生，分享其成果。

第五步：实训指导教师进行分享和总结。

2．时间：30 分钟。

3．地点：课外+教室。

【总结】

1．目标市场营销策略一共有三种，每种策略都有其不同的特点，根据其特点分析该企业实行的营销策略。

2．市场定位的核心是设计产品的特点，那么市场定位的关键就是寻找到产品的与众不同，这种不同是值得消费者记忆和回味的地方。寻找到该企业产品的特点，就是其市场定位。

任务六

产品策略

知识目标

1. 掌握产品整体和生命周期的内涵；
2. 熟练掌握产品在生命周期不同阶段的营销策略；
3. 了解几种常用的新产品开发策略；
4. 掌握基本的产品组合策略和包装策略。

能力目标

1. 能够对产品所处的生命周期阶段做出分析；
2. 能够根据产品不同生命周期阶段的特点，进行营销策略方案设计；
3. 能够运用包装策略知识对产品的包装方案提出规划性建议；
4. 能够为企业撰写简单的产品营销策略方案。

引入案例　“发烧”的小米手机

2011 年 8 月 16 日，小米手机正式发布，国内媒体第一次接触到这款号称为“中国手机发烧友打造”的智能手机。双核 1.5GHz、1GB RAM、4GB ROM、1930mAh 锂电池、Android 2.3.5 最新系统以及工程纪念版 1699 元、零售版 1999 元，这些参数一次次刷新现有智能手机硬件标准，也将当时的发布会一次次推向高潮。

1. 竞争优势

最快的双核智能手机。

（1）强劲的配置。在硬件配置方面，雷军（小米科技董事长兼 CEO）将这款手机总结为双核、大屏幕、大电池、信号好四个特点。据介绍，小米手机采用了高通 1.5GHz 双核 CPU、Adreno 220 图形芯片，并配置了 1GB 的 RAM 内存、4GB 机身存储，支持 32GB

MicroSD。如此强劲的配置使得小米手机无论是日常应用还是打游戏都可以流畅运行。同时，还配备了 1930mAh 的大容量电池，令小米手机拥有不弱于国际知名品牌手机的续航能力。

（2）MIUI/Android 双系统。为手机发烧友而生的 MIUI 是小米公司旗下深度定制的 Android 手机操作系统，也是小米手机自身的手机操作系统。MIUI 自 2010 年 6 月 1 日正式成立以来，针对原生的 Android 系统的改进早已超过 100 项，用户覆盖 23 个国家，每周更新，极受手机发烧友的追捧，并在国内外获得了 50 万发烧友用户，这些发烧友也是小米手机最大的购买群体。小米手机采用 Android 和深度定制的 MIUI 系统使得小米手机融入这个生态系统之中，从而拥有强大的生命力。

（3）外观设计。“没有设计就是最好的设计。”这是雷军在小米手机发布会上介绍小米手机外观时的总结。小米手机的确没有任何多余的设计，它的外观崇尚简约，这也就使得它刚被拿到手时会让人觉得没有惊艳之感，同时也没有失望之情，但这样的设计却让它更为耐看。小米手机虽然外观中规中矩，但是在一些细节方面还是做得很到位，例如背面采用了磨砂材质，使其不容易留下指纹，握持手感出色。此外，机身正面取消了国人不太常用的搜索按键，大大提升了整机的实用性。

2. 价格优势

雷军表示，小米手机售价 1999 元，将仅在小米网进行网上销售，凡客诚品支持小米手机的仓储与配送。因为其互联网的营销模式，小米手机省掉了后面的市场和渠道成本，据雷军说高端智能手机市场成本和渠道成本能占到手机售价一半以上，每部智能手机在店里面卖出去，促销成本差不多要 900 元人民币。

案例评析：

1. 面对竞争激烈的手机市场，小米手机产品策略运用成功之处在于它根据市场需要和自身优势，培育出了一个拳头产品。这样，它就在竞争中形成了强大的进攻优势，从而占领市场，使企业迅速发展。

2. 在产品策略运用上从三方面进行突破：一是挖掘产品的卖点；二是争创名牌；三是增加顾客附加利益和提高竞争优势。

子任务一 整体产品

现代企业的营销活动以满足消费者的需求为中心，企业实现这个目标的有效途径就是提供顾客满意的产品或服务。因此，产品策略是整个营销组合策略的基石，产品是产品策略的主体与支柱。

6.1.1 产品整体概念

1. 产品概念

通常人们所说的产品，是指人们在生产过程中创造的、具有某种特定的物质形态和具体用途的劳动产物。这是传统观念上的狭义概念，其本质是站在生产者角度对产品做出的一种解释。

产品的广义概念是按照现代市场营销观念，站在消费者的角度，对产品进行定义的：企业提供给市场，能够满足消费者某种需要或欲望的任何有形实物或无形服务。有形实物主要包括产品实体及其品质、特色、式样、品牌和包装等；无形服务包括可以给消费者带来附加利益和心理上的满足感及信任感的售前、售中、售后服务及产品形象、企业声誉等。此外，思想、主意（如广告创意等）、计谋、地点、组织、律师等人员提供的服务等，由于同样能够满足某种需要或欲望，因此也是产品。

小资料 **产品与创新**

里吉斯·麦肯纳，被誉为“技术梦想家”。他于 1970 年在硅谷创立了自己的高科技营销公司——里吉斯·麦肯纳营销顾问公司。他认为，市场营销和创新形影相随。一个人必须敢于尝试，勇担风险，并富于创造，因为没有现成的模式或案例可以效仿。例如，新技术创造了新市场，也创造了一种新的市场语言，市场具有依赖于产品的本质特征，往往需要新一代的用户来采用新的产品。随着 Internet 的发展，旧的市场营销传播模式已经被网络所替代。技术的出现和客户采用发生得太快了，所以对营销进行新的界定很重要——市场营销是动态、实时、稳定地保持联系、回复和采纳的过程。对于那些在市场营销界摸爬滚打、追求卓越的人，他的忠告是不断地提问；不要停止去寻找更好、更有创造性、更有效的方式来帮助企业或发展客户关系。

2. 产品的层次结构

由于消费者需求的多样性、市场竞争的激烈性、营销环境的变化性，在现代市场营销学中，产品概念的内涵和外延也不断扩大。近年来，菲利普·科特勒等学者进一步认为，产品整体概念可以概括为五个层次，如图 6-1 所示。

（1）核心产品。核心产品是最基本的产品层次，是指向消费者提供的产品的基本效用或利益，是消费者购买的核心所在。消费者购买某种产品并不仅仅是为了获得产品本身，而是为了获得能满足自身某种需要的效用和利益。营销者通过研究产品的核心产品，可以更加明确消费者购买某一产品的目的所在。

（2）形式产品。形式产品是指核心产品借以实现的外在形式，包括产品的式样、品质、包装、商标、特色等。核心产品是一个比较抽象的概念，这种抽象的产品核心效用和利益必须转化为产品的基本形式，即形式产品，才能顺利地进行交易。营销者之所以要对形式产品进行研究，主要原因在于产品是以某种外观出现于市场，消费者通过产品外观识别产品、受到吸引并展开评价。

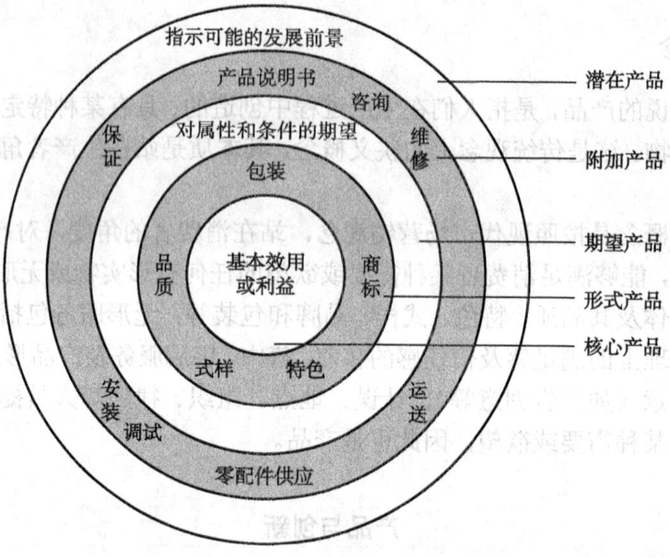

图 6-1　产品整体概念五层次内容图示

（3）期望产品。期望产品是指消费者在购买产品时期望得到的与产品密切相关的一整套属性和条件。营销者通过研究期望产品，可以更深入地了解消费者想要得到的产品及其相关属性和条件，为企业更好地做到“以顾客为中心”奠定基础。

（4）附加产品。附加产品又称延伸产品，是指消费者购买产品时随同产品所获得的全部附加利益和总和，包括产品说明书、零配件供应、咨询、保证、运送、安装、调试、维修等。如果说，核心产品和形式产品是企业开展竞争的硬件，那么附加产品就是企业间竞争的软件。因此，营销者通过研究附加产品可以了解企业售后服务是否到位，进而可有效地增加企业的竞争优势。

小资料　　**附加产品**

附加利益会增加经营成本。因此，需要清楚消费者是否愿意为享有附加利益而额外支付附加费用。

附加利益也许马上会变成期望利益。例如，消费者若将电视机、水果、迅速入住、配送早餐和出色的客房服务等附加产品视为期望产品的话，宾馆则必须提供进一步的附加价值才可能赢得下一步的竞争。

当企业为其附加产品提高价格时，其他竞争者可能会反其道而行之，用很低的价格为消费者提供期望产品。如在旅游城市的星级宾馆周围，一般会有许多小旅馆，吸引只需要基本产品的消费者入住。

（5）潜在产品。潜在产品是指现有产品，包括所有附加产品在内的、最终可能增加和改变的部分。潜在产品要求营销者用动态发展的眼光看问题，注意对现有产品进行不断的更新和改进，从而符合社会发展的要求和消费者需求的不断变化，使企业永远能够有效地开展创新型竞争。

应用举例 **电视产品的“五层次”**

人们购买电视机不是为了获得这样一台机器，而是为了能够通过电视机收看电视节目，满足获取外界信息或是休闲娱乐的需要。这种满足消费者获取外界信息或是休闲娱乐需要的效用和利益就是电视机这种产品的核心产品。

人们购买电视机时，通过考虑品牌、式样、功能、质量后最终买到并摆放在家里的电视机，就是电视机这种产品的形式产品。

人们在购买电视机时，期望该机器能图像清晰、音质纯净、外形美观、安全可靠，消费者的这些期望就是电视机这种产品的期望产品。

人们在购买电视机时，厂家提供给消费者的产品说明书、售前产品介绍和咨询、免费送货并负责安装调试、承诺售后3年免费维修等就是电视机这种产品的附加产品。

未来在电视机上安装某些配件就可以接入计算机主机，从而使电视机成为计算机终端显示屏，那么计算机终端显示屏就是电视机这种产品的潜在产品。

3. 产品的分类

企业在进行营销决策时，可以按照产品的各种特征，根据购买主体和购买目的的不同将产品分成不同的类型，每种类型都有与之相适应的市场营销组合策略。市场营销学认为，与营销策略有关的产品分类方法主要有以下三种。

（1）按照耐用性和有形性，可将产品分为有形产品（非耐用品、耐用品）和无形产品（服务）。

① 非耐用品（nondurable goods）是指使用时间较短，甚至一次性消费的产品。这类产品单位价值较低、消耗快，消费者往往经常购买、反复购买、大量使用，所以顾客希望能在最方便的地方买到。如果企业生产的是非耐用品，那么除了在产品质量上下工夫以外，还应在销售网点上多下工夫，才能经营成功，如啤酒、食品、汽车润滑油等。

② 耐用品（durable goods）是指在正常情况下能使用，无须经常购买的有形物品。消费者在购买这类产品时，决策比较慎重。生产这类产品的企业要注重技术创新和提高产品质量，同时要做好售后服务以满足消费者的购后需求。这些产品包括家用电器、家居及办公室装饰、草地及花园设备、电子用品、玩具、小型工具、运动用品、摄影器材、珠宝、住房及汽车等。

③ 服务（service）是指所有产出为非有形产品的经营活动，可以是经营者提供的行业咨询、教育培训等活动，也可以是提供给顾客的满足感。服务具有无形、不可分割、可变、不持久等特点。服务通常在生产时被消费，并以便捷、愉悦、省时、舒适、健康的形式提供附加价值。

（2）按照销售关系，可将产品分为独立品、互补品和替代品三大类。

① 独立品（independent goods）是指一种产品的销售不受其他产品销售变化的影响，

如烟灰缸与日光灯互为独立品。

② 互补品（complementary goods）是指两种产品的销售互为补充，即一种产品销售量的增加，必然引起另外一种产品销售量的增加，反之亦然，如汽车与汽车轮胎、打印机与墨盒、照相机与胶卷均互为互补品。

③ 替代品（substitutes）是指两种产品存在相互竞争的销售关系，即一种产品销售量的增加会减少另外一种产品的潜在销售量，反之亦然，如牛肉与猪肉、机械表与石英表、白炽灯与日光灯均互为替代品。

（3）按照用途，可将产品分为消费品和产业用品两大类。

① 消费品分类。消费品（consumer goods）是指直接用于最终消费的物品。根据消费者的购买习惯，可将产品分为便利品、选购品、特殊品和非渴求品。

便利品（convenience goods）。便利品是指顾客经常需要，不会花费较多的时间和精力购买的产品。这些便利品可进一步划分为日用品、冲动品和应急品。日用品是与日常生活有关、经常购买的产品，如牙膏、香皂、方便面等。经营这类产品的企业通常确定较低的价格，最大限度地进行市场覆盖，采取低成本的分销渠道进行大众推销；冲动品是消费者没有经过计划或寻找而迅速购买的产品，如报纸、杂志、棒棒糖等。经营者应注意将这类产品在适当的时机、适当的地点进行产品展示，从而进行广泛分销；应急品是消费者在需求十分紧迫时购买的产品，如在下暴雨时购买的雨具，在身体不适时购买的药品等。这类产品的地点效用很重要，一旦消费者需要这些产品时，对产品的价格不会太敏感，企业应抓住此销售良机。另外，经营者应注意在有产品需求的地方进行广泛分销。

选购品（shopping goods）。选购品是指消费者在购买过程中，对产品的适用性、质量、价格和样式等基本方面进行有针对性的比较后才购买的产品。这些选购品可以进一步分为同质品和异质品。同质品的购买者认为产品基本属性相同，但价格却存在差异。所以，在选购的过程中必然会与销售者议价，从而寻求最低价格的产品。因此，对经营者来说，可以利用价格作为有效的促销工具；异质品购买者认为产品特色比价格更重要。因此，会通过选择比较来购买自己最喜欢的产品。经营者必须备有大量的品种花色，运用良好的推销人员来传递产品信息，侧重强调产品的某种差异化优势。

特殊品（specialty goods）。特殊品是指具有独特特征或品牌标记，没有替代品，是消费者愿意付出一定的努力去寻找的产品。例如，古董字画、小汽车、名牌产品等。消费者对这类产品的价格不敏感。

非渴求品（unsought goods）。非渴求品是指消费者没听说过或即将听说过也不想购买的产品，如保险产品、丧葬产品等。对于非渴求品经营者要付出大量的广告和人员推销等营销努力。

② 产业用品分类。产业用品（industrial goods）是企业购买后用于生产其他产品的物品，通常称为工业品。可以将产业用品分为三组：材料和部件、资本项目、供应品与业务服务。

第一组，材料和部件（materials and parts）是指完全要转化为制造商所生产成品的那类产品。它们又可分为原材料、半成品和部件。

第二组，资本项目（capital items）是指间接进入成品的物品，包括装备和设备。

第三组，供应品（supplies）与业务服务（business services）是指寿命短的产品和服务项目，它们促进了最终产品的开发和管理。

6.1.2　产品组合与评价

1. 产品组合及其相关概念

产品组合又称产品品种搭配，是指一个企业提供给市场的全部产品的组合或结构，即企业的业务经营范围。它包括所有的产品线和产品项目。

（1）产品线。产品线又称产品大类，是指具有相似或相同的使用功能、用户、分销渠道、价格等的一组密切相关的产品。

（2）产品项目。产品项目是衡量产品组合中各种变量的一个基本单位，是指产品线内不同的品种以及同一品种不同的品牌。企业产品目录中列出的每个具体的品种就是一个产品项目。

2. 产品组合的衡量维度

为了使企业的产品组合更加合理、资源配置更加有效，企业首先需要了解现有的产品组合，即对现有产品组合进行衡量测定。通常可以通过四个维度对产品组合进行衡量，即产品组合的宽度、长度、深度和关联度。其中，前三个维度是定量化指标，后一个维度是定性化指标。

（1）产品组合的宽度。宽度是指企业产品组合中所拥有的产品线数目。

（2）产品组合的长度。长度是指企业所有产品线中所有产品项目的总数。用产品项目的总数除以产品线数量，就可以得到产品线的平均长度。

（3）产品组合的深度。深度是指产品项目中每个品牌所含不同花色、规格、质量的产品数目。

（4）产品组合的关联度。关联度又称产品组合的密度或黏度，是指各产品线在最终用途、生产条件、分销渠道和其他方面相互关联的程度。

产品组合示意图如图 6-2 所示。

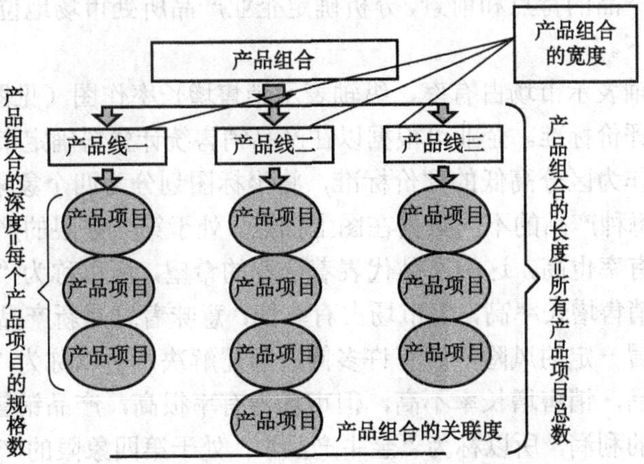

图 6-2　产品组合示意图

应用举例 联合利华在中国的产品组合（见表 6-1）

表 6-1　联合利华在中国的产品组合（部分）

个人护理品	饮　料	洗 涤 用 品	调　味　品
力士	立顿红茶	奥妙	家乐调味品
夏士莲	京华	金纺	老蔡调味品
多芬	和路雪	芳草	四季宝拌酱
旁氏		阳光	好乐门拌酱
凡士林			
中华牙膏			
杰诺牙膏			

表 6-1 显示，联合利华公司的部分产品组合中有四大类产品，所以该企业的产品组合宽度为 4。其中，个人护理品中有 7 个品种，即个人护理品生产线的深度为 7。个人护理品产品线中有 7 个产品项目，饮料产品线中有 3 个产品项目，洗涤用品产品线中有 4 个产品项目，调味品产品线中有 4 个产品项目，所以该企业的产品组合长度为 7+3+4+4=18，整个产品组合的平均长度为 18 ÷ 4=4.5。

3．产品组合的评价

由于市场需求和竞争形势的不断变化，企业无论采用何种类型的产品组合策略，都不可能是一成不变的。企业需要经常分析各个产品系列的利润率、销售增长率和市场占有率，判断各种产品的需求发展趋势，以便采取恰当的营销策略。因此，产品组合的优化评价方法，实质上是一个如何有效分配企业现有资源和合理确定营销方向、调整产品结构、确定企业营销重点的方法问题。下面介绍产品组合的优化方法之一，即四象限评价法。

四象限评价法又称波士顿矩阵法，是指根据产品的市场占有率与销售增长率的对比关系来描绘企业各种产品的特点和前景，分析确定企业产品所处市场地位的一种形象评价方法。其具体步骤如下。

第一步，以横轴表示市场占有率、纵轴表示销售增长率作图（见图 6-3）。

第二步，确定评价标准。企业可根据以往产品销售统计资料确定市场占有率和销售增长率的一个百分比作为区分高低的评价标准，将坐标图划分为四个象限。

第三步，根据每种产品的不同数据在图上描点。处于第一象限的产品，不仅销售增长率高，而且市场占有率也高，这类产品代表着企业的希望，所以称为“明星产品”；处于第二象限的产品，销售增长率高，但市场占有率低，意味着这是新产品，企业在扩大市场的过程中，必然要冒一定的风险，还有许多问题急需解决，所以称为“问题儿童产品”；处于第三象限的产品，销售增长率不高，但市场占有率很高，产品销售快，资金周转快，给企业带来了丰厚的利润，所以称为“金牛产品”；处于第四象限的产品，销售增长率不高，市场占有率也很低，这类产品往往是进入衰退期的亏本或仅能保本的产品，所以称为

"瘦狗产品"。

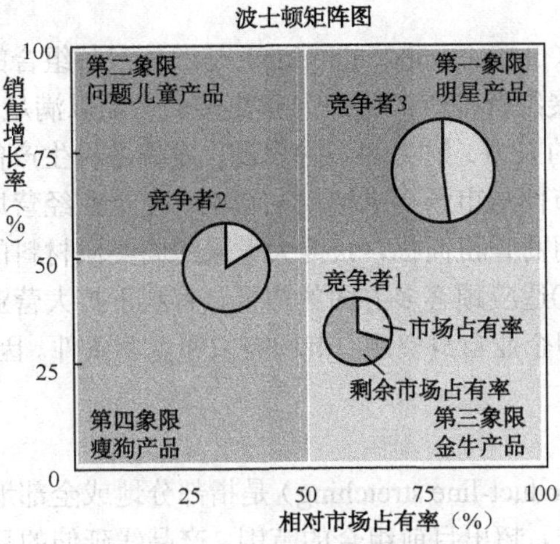

图 6-3　波士顿矩阵

第四步，观察分析。分析各象限内产品的走向，确定企业资金来源和投向。

第一，各象限中的产品位置并不是固定不变的，会因各种原因不断地向其他象限转移。例如，问题儿童产品就有两种转移可能：一是通过大力扶持转为明星产品；二是条件太差或经扶持但成效不显著转变为瘦狗产品。就明星产品而言，也有两种转移可能：一是转为金牛产品；二是由于某种特殊原因（如技术改进不及时、营销决策失误等）而转为瘦狗产品。对于金牛产品，一般力求维持现状。

第二，分析资金来源与投向。金牛产品是企业的支柱，可为企业提供大量资金，而问题儿童产品则需要大力扶持，才有可能变为明星产品。如果企业的全部产品都分布在第一、二、四象限内，表明没有资金来源，长此下去，企业可能陷入破产的境地。如果企业的全部产品都分布在第一、三、四象限内，表面看盈利很高，资金充足，但由于缺少后继产品，企业的长期生存将受到威胁。如果企业的全部产品都分布在第二、三、四象限内，很明显缺少明星产品，说明企业在市场上的地位和名誉不佳，长期利益堪忧。上述三种产品组合，都存在第四象限产品，这是仅能保本或亏本的产品。合理的产品组合是不能有第四象限的产品，也就是说，企业的全部产品必须都分布在第一、二、三象限内才最为合理。

第五步，决策。企业应采取以下决策：①确定需要大力支持的问题儿童产品；②金牛产品销售提供的资金，主要应流向问题儿童产品中极有前途且需要大力扶持的产品；③对已衰退的金牛产品和没有前途的问题儿童产品采取收缩措施；④对瘦狗产品一般采取淘汰策略。

6.1.3　产品组合策略

企业根据市场情况和经营实力对产品组合的宽度、深度和关联性实行不同的有机组合，称为产品组合策略。产品组合策略主要规划产品线及个别产品的决策方向，是市场营销策略的重要组成部分。常见的产品组合策略有以下四种。

1. 扩大产品组合策略

扩大产品组合策略（product-mix enlarging）是增加产品组合的宽度或深度，即增加产品系列或产品项目，扩展经营范围，生产经营更多的产品以满足市场需要。其优点包括：①有利于充分利用企业的人力、财力等各种资源，发挥各种生产能量，降低成本，增强企业竞争能力；②减少季节性与市场需求波动的影响，使企业经营风险分散，增强企业经营的稳定性；③可充分利用商誉和商标，获得大量采购同类原材料的折价优惠，有利于提高企业的市场营销效率；④适应顾客多方面的需要，有利于扩大营业规模。但该策略受到企业以下三方面的限制，即企业自身资源、市场需求和竞争条件。因此，并不适合所有企业。

2. 产品线延伸策略

产品线延伸策略（product-line stretching）是指部分地或全部地改变企业原有产品线的市场地位，把产品线延长，超出目前组合的范围。产品线延伸的目的是适应顾客需求的变化和充分利用剩余的生产能力，开辟市场。产品线延伸可通过三种方式来实现：向上延伸、向下延伸和双向延伸，如表 6-2 所示。

表 6-2 产品线延伸实现的方式

实现方式	含义	适用状况
向上延伸	原来只定位于低档产品市场的企业，渐次增加中、高档产品项目	高档品市场具有较高的销售增长率和较大的利润率； 企业在技术设备、营销能力等方面已经具备进入高档品市场的条件； 企业希望拥有高、中、低档齐备的完整产品线
向下延伸	原来只定位于高档产品市场的企业，增加一些较低档的产品项目	企业发现高档产品市场增长缓慢，不得不去开拓较低档的产品市场； 企业利用生产高档产品的声誉，吸收购买力较低的顾客慕名购买此产品线中较低档的产品； 企业最初进入高档市场，是为了树立本企业信誉
双向延伸	生产中档产品的企业，逐渐向高、低档产品两个方向延伸	需补充企业的产品线空白； 企业规模发展到一定阶段，具备加入各档产品市场的条件； 企业需要扩大市场份额，加强企业的市场地位

应用举例　玉兰油的产品线延伸策略

随着消费水平的提高，中国最近几年化妆品消费逐渐中高端化，原本定位于中低端市场的玉兰油，为了顺应消费形势的变化，不断将产品线和品牌形象上移，在中低端、中高端两线作战，使得玉兰油市场份额明显上升，并创造出单一品牌长线定位的成功特例。2010年，玉兰油将其多效修护系列升级乐章再度推向高潮。之后，又相继推出了一系列新产品，全部是销售价格在 100～200 元的中高端产品，并和以前几十元的中低端产品共同组成了一个覆盖中低端、中高端市场的产品线。

3. 缩小产品组合策略

缩小产品组合策略（product-mix pruning）是指淘汰一部分产品线和产品项目。也就是说，减少产品品种，集中力量生产经营一个系列的产品或少数产品项目，实行高度专业化，采用标准化大生产的模式。缩小产品组合策略的优点：①企业可以集中资源、专注于少数产品，提高产品质量，降低消耗；②减少资金占用，加快资金周转；③扩大少数产品的生产规模，以便从事大批量生产，产生规模效益；④减少产品脱销断档现象，加强对消费者的销售服务；⑤使广告宣传、分配渠道等目标集中，提高效率。

4. 产品线填充策略

产品延伸是产品档次的扩展，经营范围的伸长，因此是一种战略性决策。产品线填充是针对产品项目而言的，是在原有档次的范围内增加的产品项目，它是一种战术性决策。目标：①通过扩大经营，增加利润；②满足消费者差异化的需求；③防止竞争对手乘虚而入；④利用过剩的生产能力等。

企业在采用该策略时必须根据实际存在的差异化需求来增加产品项目，以动态的观点来认识产品线填充；必须使新的产品项目有足够的销量。

案例6-1　小苏打的产品功能延伸

小苏打最初的基本功能是作为烘烤食品中的发酵剂。市场对小苏打这种功能的需求，是从社会上对碳水化合物的消费需求中衍生出来的。但是，随着社会向工业化方向的不断发展，人们的生活越来越富裕，对以蛋白质为基础的热量的消耗越来越多，而对碳水化合物的消费则越来越少。因此，市场对小苏打的需求不断萎缩。

然而幸运的是，阿尔姆-哈默公司发现小苏打除了具有发酵功能以外，还有大受人们欢迎的其他使用功能，这些新的功能来自小苏打所具有的三个基本性能：①它可以除恶臭，做除臭剂；②它具有柔和的腐蚀作用，可以做清洗剂；③它对人的皮肤和肠胃系统均无害，可以洁肤或食用。

阿尔姆-哈默公司充分利用了小苏打这些被消费者认识到的基本特性，把小苏打作为一个自然的清洗剂和除臭剂投放到市场上，并在电视广告中建议：小苏打可以除去电冰箱及冷冻箱中的臭味（必须用两盒小苏打），以便有效地保留食品原有的味道；小苏打还可以清洗和除去地毯上的恶臭；把在电冰箱与冷冻箱中用过的小苏打倾倒在下水道里——由于小苏打是一种可自然分解的产品，因此它不仅不会损害管道，而且仍具有足够的清洗和除臭效力，等等。广告所要表达的含义就是，小苏打这个产品在消费者家里的许多地方都可以使用。

产品的新应用要求公司对产品本身、产品包装和产品售价作相应的调整。用传统包装箱包装的纯小苏打，1982 年在美国中西部小镇杂货店中的售价约为每盎司 3.3 美分，而作为地毯除臭剂的纯小苏打的售价则为每盎司 5.5 美分。阿尔姆-哈默公司的烤箱清洗剂是 8.5 美分一盎司；公司生产的香皂则是 2.2 美分一盎司。所有这些数据都说明，产品的售价只有依据其不同的用途而做相应的调整，才能在市场价格方面具有竞争性。虽然我们现在可以在产品包装箱上看到所列举的20多种小苏打的非发酵方面的用途，但实质上，小苏打还是小苏打，本身并没有发生任何变化。

案例评析：

产品是企业一切活动的基础和支柱，也是消费者需求得以满足的实质。为了使企业能够在市场中不断创新、永远立于不败之地，企业必须重视产品的开发及其相关策略的调整与运用。

案例6-2　“天壤之别”的咖啡

有人曾对咖啡做过销售试验，发现如下有趣现象：当咖啡被当作普通的产品出卖时，一杯可卖5元；当咖啡被包装成精美商品时，一杯就可以卖到一二十元；当其加入了服务，在咖啡店中出售时，一杯最少要几十元至上百元；但如果能让咖啡成为一种香醇与美好的体验，则一杯就可卖到上百元甚至好几百元。

案例评析：

1. 此案例说明加强对产品整体概念的研究与应用具有十分重大的经济价值；咖啡—包装的咖啡—增加了服务的包装咖啡—美好体验服务。

2. 咖啡+包装+服务+体验=整体产品咖啡。

子任务二　产品生命周期

每个产品的“生命”是有限的，产品销售的不同阶段会面临不同的挑战，销售收入与利润有高有低，营销环境大不相同，所以就要求市场营销者关注产品生命周期的完整过程，制定相应的市场营销组合策略，以应对挑战。

6.2.1　产品生命周期概述

1. 产品生命周期的含义

由于企业处于一个不断发展变化的营销环境中，随着社会的发展、居民生活水平的提高、消费需求的多样化，使得大部分产品不可能在市场上永远保持旺盛的生命力，就像人要经历诞生、成长、成熟、衰老、死亡的过程一样，产品在市场上也要经历一个从研制成功并进入市场，从开始销售到最终被淘汰出市场为止的一个时间过程，这就是产品的生命周期。

产品生命周期与产品寿命周期是有区别的。前者指的是产品的市场寿命及产品在市场上存在的时间，其长短受到顾客需求变化、产品更新换代速度等因素的影响；后者指的是产品从投入使用开始到被使用完毕或损坏消失为止所经历的时间，与产品的自然属性和使用强度有关。

2．产品生命周期的阶段划分

（1）典型的产品生命周期划分。典型的产品生命周期划分为四个阶段，即导入期、成长期、成熟期和衰退期，如图 6-4 所示。

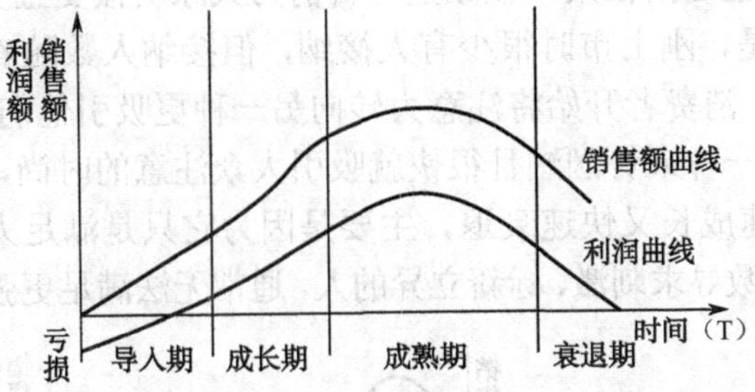

图 6-4　产品生命周期曲线图

在图 6-4 中有两条曲线：销售额曲线和利润曲线。这两条曲线都从不同侧面反映了典型的产品生命周期。但需要注意，销售额曲线起始于原点，而利润曲线起始于时间轴的下方，因此销售额曲线位于利润曲线上方。主要原因在于：只要产品开始投放市场，企业付出了一定的营销努力，就会有一定的产品销量。因此，销售额曲线的起始点不会在时间轴下方，而只有产品进入市场后才会产生销量，没有进入市场谈不上产品的销售，更不会产生销量，所以销售额曲线的起始点也不会在时间轴的上方，而只能从原点开始。但是产品在刚刚进入市场时，企业投入了大量的成本，可是消费者对于产品的认知和认同需要经过一个过程，在没有大量的消费者认同产品之前，企业是处于亏损状态的。因此，利润曲线起始于时间轴的下方。消费者认知和认同产品是导入期的主要任务，一般在安全地度过导入期后企业才开始盈利，从导入期结束后，利润曲线才进入时间轴的上方。

（2）产品生命周期的其他形态。并不是每种产品都能完整、顺利地走过生命周期的四个阶段，产品在实际运作过程中，受到外部环境和内部条件的影响，常常不能按照一般的演变程序规划进行，而出现了一些特殊的形态。以下是五种常见的形态。

① 循环—再循环型。受产品本身的创新、营销努力或环境变化影响，如石油（见图 6-5）。

② 扇型。这种产品生命周期是指产品进入成熟期，尚未转入衰退期以前，就进入再次增长高潮，而且从一个高潮走向另一个高潮。一般来说，出现这种情况是发现了产品的新特性和新用途，或者是重新开拓了新市场。如尼龙，其新的用途不断被发现，可用于降落伞、袜子、衬衫和地毯等（见图 6-6）。

③ 风格型。风格是一种在人类生活中既基本又特点突出的表现方式。风格一旦产生，可能会延续数代，根据人们对它的兴趣而呈现出一种循环—再循环的模式，时而流行，时而又可能不流行（见图 6-7）。

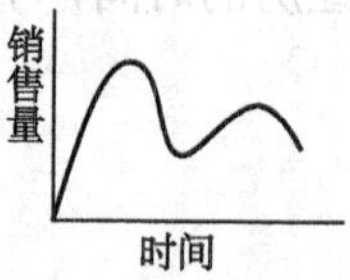

图 6-5　循环—再循环型

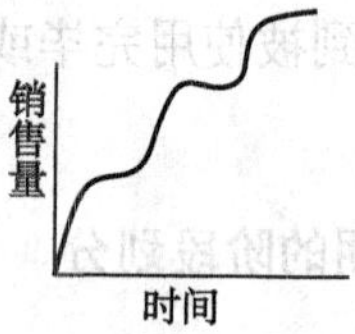

图 6-6　扇型

④ 流行型。流行型是指在某一领域里，目前为大家所接受且受欢迎的风格。流行型的产品生命周期特点是，刚上市时很少有人接纳，但接纳人数随着时间的慢慢增长将会增多，最后缓慢衰退，消费者开始将注意力转向另一种更吸引他们的时尚（见图 6-8）。

⑤ 时潮型。这是一种来势汹汹且很快就吸引大众注意的时尚，俗称时髦。时潮型产品的生命周期往往快速成长又快速衰退，主要是因为它只是满足人类一时的好奇心或需求，所吸引的只限于少数寻求刺激、标新立异的人，通常无法满足更强烈的需求（见图 6-9）。

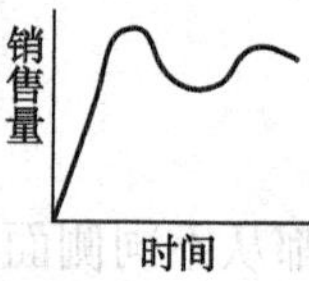

图 6-7　风格型

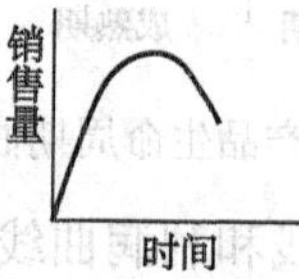

图 6-8　流行型

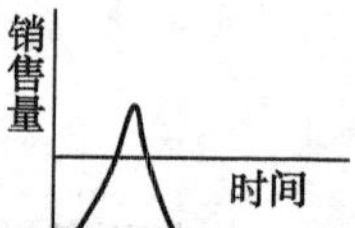

图 6-9　时潮型

6.2.2　产品生命周期各阶段的特点与营销策略

1. 导入期特点与营销策略

导入期产品销量低、成本高、利润很少甚至是亏损，同时竞争对手也少。导入期企业的主要任务是消费者认知并逐步认同企业产品。针对这些情况，企业可以通过促销成本与价格水平这两个方面来制定四种营销策略，如图 6-10 所示。

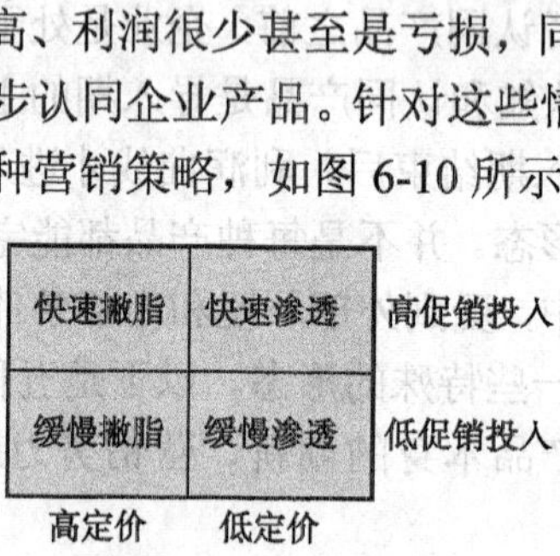

图 6-10　产品导入期营销策略

（1）快速撇脂策略。此策略是指以高价格、高促销方式推出新产品。其目标和适用的企业见任务七价格策略。

（2）缓慢撇脂策略。此策略是指以高价格、低促销方式推出新产品。其目标和适用的企业见任务七价格策略。

（3）快速渗透策略。此策略是指以低价格、高促销方式推出新产品。其目标和适用的企业见任务七价格策略。

（4）缓慢渗透策略。此策略是指以低价格、低促销方式推出新产品。其目标和适用的企业见任务七价格策略。

2. 成长期特点与营销策略

产品在成长期的主要标志是销量迅速增加。在这一阶段越来越多的顾客开始喜欢这种产品，新的竞争者开始进入，企业要在这一阶段抢占市场份额，加快产品推广的速度，使企业获得较大利润。企业的主要策略有以下五种。

（1）努力完善产品。企业要对产品的质量、性能、样式、包装等方面进行改善，提高产品的竞争力，吸引更多的顾客。

（2）寻找新的细分市场。在产品成长期，顾客的需求开始出现差异，通过市场细分，找到新的尚未满足的细分市场，根据其需要组织生产，迅速进入这一新的市场。

（3）开拓新的分销渠道。随着市场的扩大，企业应不断开发新的销售渠道，扩大产品的销售范围。

（4）改变广告宣传的重点。随着产品市场的开拓，同类产品的各种品牌也开始走俏。因此，企业应该把广告宣传的重点从介绍产品转到建立产品形象上来，维系老顾客，吸引新顾客，树立产品品牌。

（5）适时调整产品价格。在适当的时机，可以采取降价策略，以激发那些对价格比较敏感的消费者采取购买行动。

应用举例　被取而代之的洗碗机

某日本电器公司得知它的竞争对手已成功地开发出自动洗碗机后，便将竞争对手的洗碗机带进实验室，从产品的功率、零件数目、种类及成本结构等方面进行综合评估。该公司将机器整个打开，对每个零件加以研究，以找出可供改良之处，并研究竞争对手的技术，对其生产设备、配料渠道等也进行了深入的研究。结果这家公司很快就开发出性能更好、价格更低的自动洗碗机，而且分销体系较竞争对手更为有效。那家莫名其妙地当了老师的公司却被逐出了洗碗机市场。产品只有在成长期从质量、技术、营销等方面不断创新和改进，才可能成为企业的获利产品。

3. 成熟期特点与营销策略

进入成熟期的产品，被大多数消费者接受，这一阶段的产品产量大、销售量大，但销售增长率却在缓慢下降，市场竞争日益激烈。此时，企业应采取积极的策略，使产品的成熟期延长，或使产品的生命周期出现再循环。在这一时期可采用的主要策略如下。

（1）市场改进策略。企业在不改变产品的情况下开拓新的市场，挖掘产品的新用途、寻求新的用户或改变推销方式等，以使产品销售量得以扩大。

（2）产品改进策略。企业通过改进产品来适当提高产品性能，扩大产品用途，增加产品的款式、规格，改进服务等使顾客对产品产生更浓厚的兴趣，从而带动产品的销量。

（3）营销组合改进策略。企业通过改变营销组合中的一个或几个要素，来延长产品的成熟期，如改进产品的包装，采用更加灵活的价格策略，优化销售渠道，不断更新促销方式等。

4．衰退期特点与营销策略

产品进入衰退期，销售量急剧下降，企业利润持续下降甚至亏损，竞争者纷纷退出市场，市场竞争减弱。在这一时期可采用的主要策略如下。

（1）继续策略。如果产品在衰退期依然有适度的利润，企业可以采用原来的营销策略，按照原来的细分市场，使用相同的销售渠道、定价及促销方式，直到该产品完全退出市场为止。有时候企业由于行业的退出障碍或是经营者的情感原因也采用这一策略。

（2）集中策略。由于产品在一些目标市场的营销效率下降，企业要放弃那些没有盈利机会的市场，在一定时期内集中力量经营少数效益较好的目标市场，赢得尽可能多的利润。

（3）收缩策略。企业大幅度降低促销力度，尽可能减少成本，把企业的资源集中使用在最有利的细分市场、最有效的销售渠道和最易销售的品种上，争取在局部市场获得尽可能多的利润。

（4）放弃策略。对于企业现有的无潜在市场机会、衰退比较迅速的产品，应该当机立断，放弃经营。可以采用完全放弃的方式，立即停止生产；也可以采用逐步放弃的方式，使资源逐步转向其他产品。

通过以上的分析，将产品生命周期各阶段的特点及相应的策略总结一下，如表6-3所示。

表6-3　产品生命周期各阶段特点及相应策略

阶段 特点	导入期	成长期	成熟期	衰退期
销售额	很低	迅速增长	最高	迅速下降
销售增长速度	缓慢	最快	减缓至零	负
成本	高	降低	最低	有所增加
利润	低或亏损	迅速增加	最高	低或亏损
竞争者数目	很少或无	逐渐增多	相对稳定、开始减少	减少
顾客类型	领先采用者	早期采用者	多数采用者	滞后采用者
战略重点	快	争	保	转
营销目标	建立知名度 加快推广速度 缩短导入期 推出品牌	形成美誉度 提高增长速度 圈占市场份额 创出名牌	巩固市场地位 维持市场份额 开发新产品 延长成熟期 保护名牌	当机立断 妥善处理 更新换代 品牌延伸

应用举例　从企业本身看产品生命周期

行业的发展演变及业内的市场竞争，是企业本身不可控的，这两者影响了企业的产品生命周期，非一般企业所能改变。在某些时候，产品生命周期发展又取决于企业本身。

1. 企业本身竞争力的高低

如果企业本身综合实力强大，产品市场份额高，是市场领导者，那么企业行为足以影响整个行业，产品生命周期与行业生命周期同步，企业决策者应重点研究行业生命周期的演变动因。如果企业竞争力并不强，市场份额较低，是市场一般跟随者，那么决策者的注意力应放在研究市场领导者及挑战者的市场行为对行业发展造成的影响上，从而做出适时跟进或果断退出的产品决策。

2. 企业资源投向的变化

企业产品生命周期，一方面取决于行业生命周期，另一方面更取决于产品的市场份额。市场份额与企业人财物等各项资源的投入呈正相关关系，当企业重点资源投向转移时，也几乎意味着原产品暗淡的发展前景。例如，康师傅纯净水，曾作为顶新集团拳头产品推出，一度销量持续上升，但随着娃哈哈、乐百氏两大品牌正面交锋不断升级，顶新集团没有盲目加入竞争，显然转移了资源投向。当整个纯净水行业处在快速成长期时，康师傅纯净水却走向衰退，这并非顶新集团的营销失误，而是由于该集团审时度势及时改变了战略发展方向。类似例子还有娃哈哈果冻、平安感冒液、加信氏婴儿护理系列，等等。

3. 企业本身的产品创新、管理创新和营销创新能力

创新的目的在于让企业获得竞争优势。企业通过这些优势进一步扩展市场份额，从而令产品再次走向成长之路。

产品生命周期无法摆脱行业生命周期的大范畴，但企业仍可通过资源重点投入，建立竞争优势，获取市场份额，从而自己掌握产品的发展历程。

实务中，相对而言，判断产品处于导入、成长、成熟和衰退期较为容易，不易研判的，并对市场决策起至关重要作用的，是产品生命周期中的三个拐点，即导入期与成长期之间、成长期与成熟期之间、成熟期与衰退期之间三点。若能提前判定产品生命周期三个拐点所处的时间段，市场决策的正确性、有效性必然大大提高。另外，分析产品生命周期不应仅局限于常态即从导入到衰退四个阶段。实际上，许多行业产品生命周期形态各异，例如，跳过成熟期，从成长期直入衰退期的VCD行业；跳过导入期，直接进入成长期的纯净水行业。再如，经历导入、成长、成熟、衰退又重新进入成长期的昂立一号口服液等。

子任务二 产品品牌

品牌是产品管理中重要的方面，品牌既提供了顾客识别产品的手段与方法，也是企业赢得竞争的重要营销工具。因此，品牌已成为资本和经济中的“原子核”，品牌决策成为企业发展决策中重要的组成部分。

6.3.1 品牌

1. 品牌的概念

品牌是企业整体产品的一个重要组成部分，它是制造商或经销商给自己产品规定的商业名称。美国营销协会对品牌是这样定义的："品牌是一种名称、术语、标记、符号或设计，或是它们的组合运用，其目的是借以辨认某个销售者或某群销售者的产品或服务，并使之同竞争对手的产品和服务区别开来。"品牌是一个集合概念，它由品牌名称、品牌标志两部分组成。品牌名称是指品牌中可以用言语称呼的部分，如海尔、三星、索尼等；品牌标志是指品牌中可以被识别，但不能用言语称呼的部分，它是一种独特的标记、符号、图案和颜色，如耐克的"对钩"标志，如图 6-11 所示。

图 6-11 各类产品品牌标识

2. 品牌资产的内涵与价值

（1）品牌资产的内涵。通过品牌，人们可以获得很多关于产品和公司的信息，但是品牌作为一种企业资产往往有着更为复杂的内涵，它主要反映了以下六个方面的内容。

① 属性。它是指该品牌产品区别于其他品牌产品的最本质特征，如沃尔沃汽车代表了安全。

② 利益。它是指该品牌产品的属性能转换为顾客需要的功能和利益，如属性"耐用"表明"可以使用很长时间"。

③ 价值。它是指产品为顾客提供的价值，如沃尔沃汽车体现了公司对人的生命的尊重与呵护。

④ 文化。它是指品牌所具有的文化内涵。

⑤ 个性。它是指品牌所具有的人格特性。

⑥ 使用者。品牌还体现了该品牌的目标消费者，也就是购买和使用这类产品的是哪种类型的消费者。

（2）品牌资产的价值。品牌资产是一系列与品牌、品牌名称、标志物相联系的资产和负债，它能增加或减少提供给公司或其顾客的产品或服务的价值。包括以下内容。

① 品牌忠诚度。消费者对品牌的满意会使其对促销和价格不敏感。

② 品牌知名度。知名品牌有更多的销售机会。

③ 品牌认知度。这是消费者对产品或品牌的总体质量感受或印象，良好的品牌形象不仅有利于提高企业的宣传效果，而且有利于降低产品需求的价格弹性。

④ 品牌联想度。品牌在消费者中激起的与产品特点、使用场合等相联系的情况、事物或象征，个性鲜明的品牌联想能够将品牌与竞争品牌明确区分。

⑤ 专属性品牌资产。包括专利、专有技术、商标、分销系统等附着于品牌之上的专有财产。

（3）品牌可以提供价值。品牌的价值体现在以下五个方面：一是提高消费者的品牌忠诚度；二是品牌资产允许溢价定价并降低对促销的依赖；三是通过品牌扩展为品牌成长提供基础；四是品牌能增强企业在分销渠道内的谈判能力，并减少消费者购买的风险；五是品牌资产可以提供竞争优势。

小知识 **品牌与商标的联系与区别**

品牌与商标是在使用过程中容易被混淆的两个概念。这两个概念所指示的对象是相同的，但实质和所涉及的范畴是不同的。品牌是一个市场概念，其实质是品牌使用者对顾客的承诺；商标则是一个法律概念，其实质是已获得专用权并受到法律保护的品牌或品牌的一部分。

不使用的品牌是没有价值的，而商标不管其使用与否，只要采用成本法对其进行评估，就必然有商标价值。在我国，商标有“注册商标”与“非注册商标”之分，只有注册商标才受到法律保护，只有商标所有者才享有专用权。

案例6-3 **星巴克的“沟通”**

星巴克公司努力使自己的咖啡店成为“第三场所”——家庭和工作以外的一个舒适的社交聚会场所，成为顾客另一个“起居室”，既可以会客，也可以独自放松身心。因此，星巴克在产品、服务、体验和环境等方面采取了以下做法。

（1）产品。星巴克所使用的咖啡豆都是来自世界主要的咖啡豆产地的极品，并在西雅图烘焙。星巴克将咖啡豆分为“活泼型”、“浓郁型”、“粗犷型”等，供顾客选择。

（2）服务。星巴克要求员工不仅要掌握咖啡知识，还要向顾客详细介绍。

（3）体验。来过星巴克的人都会产生一些独特的体验，星巴克鼓励顾客提问，鼓励顾客与员工之间、员工与员工之间进行交流，增强员工的归属感，吸引一批又一批“回头客”。

（4）环境。星巴克努力塑造优雅的人文环境：木质桌椅，清雅的音乐，考究的器具，原汁原味的美式风情，并且千方百计地营造浪漫的氛围。

案例评析：

星巴克的成功表明，要让消费者刻骨铭心地记住品牌内涵并发自内心地认同，一方面要发挥品牌的“全能特征”，另一方面要强化品牌的独自特征——深度沟通。

6.3.2 品牌的作用与设计

1．品牌的作用

品牌的设计、使用、维护会给品牌使用者带来一定的成本，消费者要购买有品牌的产品或是名牌产品，往往会付出较多的价钱，可是仍然有很多企业愿意使用品牌，只要有一定的购买能力，大部分消费者都会选择名牌产品。这说明，品牌对企业及消费者都会产生一定的效果，品牌的作用有如下两个方面。

（1）品牌对企业的作用。品牌有助于树立企业形象、促进产品销售；有利于保护品牌所有者的合法权益；有助于扩大产品组合；有利于约束企业的不良行为。

（2）品牌对消费者的作用。品牌便于消费者识别产品、选购产品；有利于保护消费者利益；有利于满足消费者的多种需求。

2．品牌设计

美国营销大师艾尔·里斯曾说：“从长远的观点来看，对于一个品牌来说，最重要的就是名称。”一个好名字能时时唤起人们美好的联想，使其拥有者得到鞭策和鼓励。品牌命名时要遵循以下六个原则。

（1）易读易记。品牌名称只有易读易记才能高效地发挥它的识别功能和传播功能。越单纯、明快的名称，顾客越容易记住。

应用举例　“好名”与“坏名”

“旺旺”每年仅凭名字就赚个盆满钵满。

IBM 的全称是“国际商用机器公司”（International Business Machines），这样的名称不但难记，而且不易读写，在传播上首先就自己给自己制造了障碍，于是，国际商用机器公司设计出了简单的 IBM 的字体造型，对外传播，终于造就了其高科技领域的领导者形象。

（2）有亲和力。品牌命名是否有亲和力是至关重要的，品牌的名称最好能让顾客从名字中就能体验到亲切的感觉。

应用举例 亲和感的“舒肤佳”

舒肤佳这一品牌名称通过强调“舒”和“佳”两大焦点，给人以使用后会全身舒爽的联想，因此其亲和力很强。

（3）无歧义。品牌的名称可以让顾客产生很多美好的联想，但不能让顾客产生负面联想。

应用举例 “金利来”的由来

金利来这一品牌，起初取名为“金狮”，如果用粤语发音的话，就是“尽输”，香港人非常讲究吉利，面对如此忌讳的名字自然无人光顾。后来，公司将Goldlion分成两部分，前部分Gold译为金，后部分lion音译为利来，取名“金利来”之后，情形大为改观，吉祥如意的名字立即为金利来带来了好运。

（4）可以隐含产品属性。在进行品牌命名时，可以从产品的特点、功能、形态等方面来命名，使顾客从品牌名称中得到信息。

应用举例 “劲量”与“飘柔”

“劲量”牌电池，这一品牌名称恰当地表达了产品拥有持久能量的特点。

飘柔洗发水，表达了使用者可以拥有飘逸柔顺的秀发。

（5）具有延伸性。品牌命名时要考虑品牌的延伸性。如果品牌名称和某类产品联系紧密，就不利于品牌未来扩展到其他产品类型。一般而言，一个无具体意义而又不带任何负面效应的品牌名称，比较适合于未来的品牌延伸。

（6）合法。合法是指能够在法律上得到保护。品牌经营者应注意，名称一定要能注册，否则无法受到法律的保护。

应用举例 缺乏品牌保护的“南极人”

在2008年的保暖内衣大战中，“南极人”品牌就是由于缺乏法律保护，而被数十个厂家共用，厂家所投放的广告费为其他厂家做了贡献。

6.3.3 品牌策略

品牌策略是产品策略的一个重要组成部分，做活、做大、做强一个品牌可以为企业带来丰厚的利润。但是，企业的品牌决策不是一项简单的活动，而是一个完整的品牌运营过程。

1. 品牌使用策略

品牌使用策略所解决的就是企业是否使用品牌问题。企业使用品牌会享受到品牌带给企业的各项有利影响，并且可能会促进产品的销售，为企业带来超额利润，但也会增加成本，若使用不当反而会有不良影响。因此，企业需要根据所生产经营产品的特点、行业特点、环境特点等来决定是否使用一个品牌。

2．品牌归属策略

品牌归属策略涉及的是产品品牌归谁所有的问题。实力雄厚、生产技术和经营管理水平俱佳的企业一般都使用自己的品牌。在现实生活中，产品品牌既可以是生产者的品牌，如“惠普”、“奔驰”、“娃哈哈”等，也可以是中间商品牌，如“华联”、“沃尔玛”等，还可以是部分产品使用自己的品牌，部分产品使用中间商品牌，即混合品牌。

3．品牌统分策略

品牌统分策略解决的是为企业生产的所有产品如何命名的问题。企业可以采取个别品牌制，即企业不同的产品分别使用不同的品牌；同一品牌制，即企业所有的产品使用同一个品牌；分类品牌制，即企业同一产品线的产品使用同一个品牌，不同产品线的产品使用不同的品牌；主副品牌制，即企业每种产品都有两个品牌，主品牌为企业名称，副品牌为反映不同产品特点的产品名称。

4．品牌延伸策略

品牌延伸策略是指企业利用已成功的品牌来推出改良产品或新产品。那些著名的品牌可以使新产品容易被识别，得到消费者的认同，企业则可以节省有关的新产品促销费用。如娃哈哈集团从儿童营养液扩展到果奶、纯净水、营养八宝粥、AD 钙奶等，如图 6-12 所示。但这种策略也有一定的风险，容易因新产品的失败而损害原有品牌在消费者心目中的形象。因此，这一策略多适用于推出同一性质的产品。

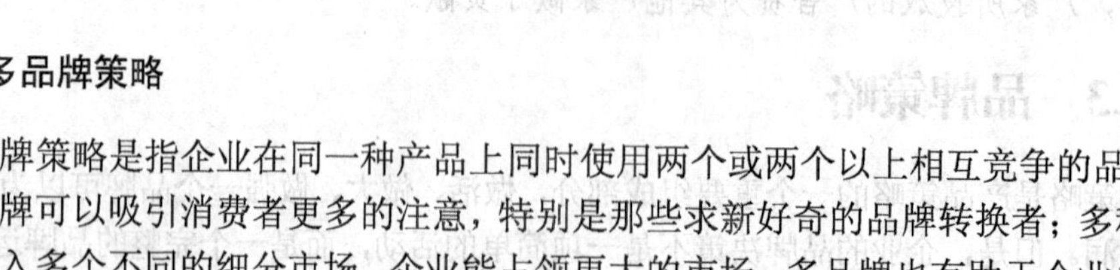

图 6-12　娃哈哈品牌延伸策略

5．多品牌策略

多品牌策略是指企业在同一种产品上同时使用两个或两个以上相互竞争的品牌。多种不同的品牌可以吸引消费者更多的注意，特别是那些求新好奇的品牌转换者；多种品牌可使产品深入多个不同的细分市场，企业能占领更大的市场；多品牌也有助于企业内部多个产品部门之间的竞争，提高效率，增加总销售额。采用多品牌策略的主要风险是每种品牌的产品只有较小的市场份额，不能集中到少数几个获利水平较高的品牌上，使企业资源分散消耗于众多的品牌上。当然，企业可以剔除疲软的品牌，使得多个品牌的总销量超过单一品牌的市场销量，以增强企业在这一市场领域的竞争力。首创这种策略的是美国宝洁公司，该公司与我国企业合资生产的洗发液就有“海飞丝”、“飘柔”、“潘婷”、“沙宣”等几个品牌，如图 6-13 所示。

图 6-13　宝洁公司多品牌策略

案例6-4　“鸡蛋”的品牌时代

国家工商总局最近公布的驰名商标消息中有一个热点中的热点——大连韩伟集团用于鸡蛋等产品的“咯咯哒”商标被认定为驰名商标：在难以计数的产品中，很少有产品像鸡蛋一样对老百姓的生活起着如此重要的作用，但是鸡蛋的商标被认定为驰名商标还是破天荒的第一次。这标志着，在中国，鸡蛋等初加工的农产品已经进入了品牌时代。

消费者认牌购买是市场经济发展到一定程度的必然现象。在我国，假冒伪劣产品的猖獗和食品安全问题的存在，更使认牌购买有了特殊的意义。

“咯咯哒”为消费者和专家认可，并不是靠铺天盖地的广告，而是靠让消费者放心的产品和服务，靠的是真正的绿色食品和先进的科学技术与管理。经过 20 多年的奋斗，韩伟集团已经发展为年产鲜蛋 5800 万千克的全国最大鸡蛋生产企业，并成为世界蛋品协会国家级成员。

韩伟集团最为人称道的，还是其真正无药物和激素、抗生素、重金属残留的绿色鸡蛋，为保证鸡群外部环境的绝对安全，防止鸡生病，韩伟集团投资 1000 多万元，买断了鸡场所在的五个山头，对鸡场实行严密的封闭。进出鸡场的车辆及轮胎都要进行严格消毒，运输鸡粪的车辆都是封闭式的。韩伟集团请国内外著名的专家定期对鸡进行诊断，但是绝不给鸡用药，生病的鸡也绝不治疗，而是坚决进行火化处理，这就从根本上保证了鸡蛋不会有药物和抗生素残留。

绿色食品产业的发展对于消费者、企业乃至国家都是大好事，但是消费者和商家之间的信任却成了绿色食品产业发展的瓶颈。而商标则是构建这种信任的重要渠道。中国鸡蛋进入品牌时代是市场经济发展带来的必然现象，让消费者很容易地认牌购买对于我国绿色食品产业的发展具有不容忽视的积极意义，已经有不少企业认识到了这一点，我们将会在市场上看到越来越多的带有品牌的鸡蛋，“咯咯哒”就是一个好的开端。

案例评析：

鸡蛋这种过去在消费者心目中的同质产品如今也进入了品牌时代，说明市场竞争中，除了产品的整体内涵，品牌这一企业竞争取胜的“软实力”也非常重要。企业应为其品牌赋予充分的内涵，从而使消费者给予足够的信任。

子任务四 市场包装

产品只有经过包装才能进入流通领域，包装是产品的一个重要组成部分，在营销实践中已成为赢得竞争优势的一种重要手段。

6.4.1 包装

1. 包装的概念

包装具有两层含义，既指产品的外部包扎物，也指对产品设计、制作包扎物的活动过程。产品包装是一项技术性与艺术性都很强的工作，通过对产品的包装要达到以下效果：显示产品的特色和风格，与产品价值和质量水平相配合，包装形状、结构、大小应为运输、携带、保管和使用提供方便，包装设计应适合消费者心理，尊重消费者的宗教信仰和风俗习惯，符合法律规定等。

2. 包装的种类

产品的包装按其在流通过程中作用的不同，可分为运输包装和销售包装。

（1）运输包装又称外包装或大包，是指产品最外面的包装，如图 6-14 所示。

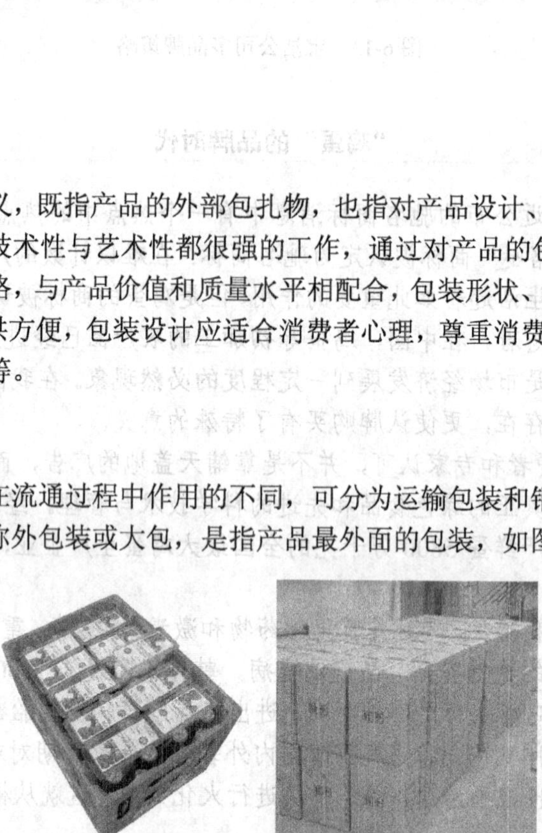

图 6-14　运输包装

（2）销售包装又称内包装或小包装，是指随产品进入销售环节并与消费者直接接触的内层包装，如图 6-15 所示。

3. 包装的作用

（1）保护商品。包装既可以保护商品本身，使其免受外界侵害，也可以保护环境。

（2）便于储运。有些产品外形不稳定，借助良好的包装可以便于储存和运输。以罐装啤酒为例，它比瓶装啤酒更好地发挥了包装的作用。

图 6-15　销售包装

（3）促进销售。精美的包装能够有效地吸引顾客，激发顾客的购买欲望，促进产品销售。

（4）提高价值。良好的包装能满足消费者的某种心理要求，使消费者愿以较高的价格来购买，即能够增加产品的价值，提高企业的利润。如出口的苏州檀香扇通过盒子包装，价格由原来的 5 美元提高到 50 多美元，为企业增加了利润。

应用举例　**“买椟还珠”**

成语“买椟还珠”是说：楚国有人到郑国卖珠宝，用上好的木料做了一个盒子，还给盒子熏上桂椒的芳香，缀上珠玉、翡翠，画上鲜艳的玫瑰。结果有人出高价买了盒子，而将盒子里的珍珠还给了卖珠宝的人，充分说明了产品包装在促销中的重要作用。

6.4.2　包装策略

一个能有效促进销售的好包装，不仅要有独特创新的设计，还要使用正确的策略方法。常用的包装策略主要有以下七种。

1．类似包装策略

类似包装策略是指企业对其各种产品在包装上采用相近的图案、近似的色彩和共同的特征，使消费者看到同样的包装就会联想到同一家企业，也可以降低包装成本。类似包装适用于质量水平相近的产品。系列产品如化妆品、饮料等常采用此种包装策略，如图 6-16 所示。

图 6-16　类似包装

2. 等级包装策略

等级包装策略是指根据产品质量等级不同采取不同的包装。高档产品采用精美包装，低档产品采用简单包装。如图 6-17 所示为汾酒二十年陈酿与三十年陈酿包装。

图 6-17　等级包装

3. 分类包装策略

分类包装策略是指根据消费者购买目的或习惯使用量的不同，对同一产品采用不同的包装。如同样质量的产品分为简装和礼品装，如图 6-18 所示。

图 6-18　分类包装

4. 配套包装策略

配套包装策略是指将不同类型和规格但又相互联系的产品置于同一包装中。如图 6-19 所示为雀巢咖啡在同一包装中置有咖啡、咖啡伴侣、咖啡杯等，便是典型的配套包装。

图 6-19　配套包装

5. 再使用包装策略

再使用包装策略是指包装物在产品消费使用完后还能转作他用。这种包装策略增加了包装的用途，可以有效地刺激消费者的购买欲望，有利于产品的销售，同时将企业标志或产品的商标印在包装物上，还可起到宣传的作用，如图 6-20 所示。

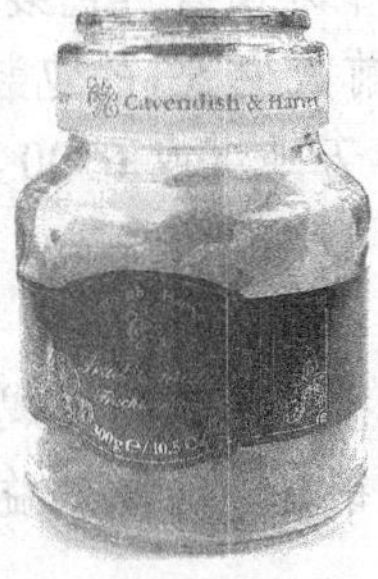

图 6-20　再使用包装

6. 附赠品包装策略

附赠品包装策略是指为吸引消费者购买在包装中附赠的物品，如在酒水的包装里放入笔、扑克牌、打火机等赠品，可吸引消费者重复购买，如图 6-21 所示。

图 6-21　附赠品包装

7. 改变包装策略

改变包装策略是指随着消费者需求的变化而改变产品原来的包装。采用这一策略的原因是原来的包装过于陈旧，通过更换包装来改变产品在消费者心目中的地位，扩大销售。

应用举例　**包装——产品的“沉默推销员”**

西方国家对消费者购买行为的研究显示，有 60%的人在购买产品时，是受到包装装潢的吸引才决定购买的。英国市场调查公司报道，一般上超级市场购物的妇女，由于受精美包装品牌的吸引，其所购物品通常超过出门时打算购买数量的 45%。资料表明，美国超级市场的顾客，平均每人在陈列 63000 种产品的店里逗留 27 分钟。也就是说，每个人浏览每种产品的平均时间为 0.25 秒。

案例6-5 **沃尔玛的"包装瘦身"计划**

报载，2007 年年初，全球零售巨头沃尔玛启动"包装瘦身"计划。该计划出台了具体的"7R 指标"，即从去掉多余包装、减少空间、重新使用、材料可回收、使用再生资源、节支包装、节约相关阅读材料七个方面改进包装。公司总裁兼首席执行官表示，沃尔玛将与供应商携手努力，在 2013 年前减少 5%的包装。这项努力相当于每年减少 21.3 万辆卡车在公路上行驶，每年节约 32.4 万吨煤或 6700 万加仑柴油。有消息称，这个计划还将帮助沃尔玛节约 34 亿美元的开支。

案例评析：

沃尔玛的"包装瘦身"计划，直接目的是降低成本；体现注重环保的社会责任意识；提高企业知名度和美誉度，借以促进销售、提高效益。

子任务五 新产品开发

随着科学技术和社会经济的迅速发展，产品更新换代越来越快，企业要想长久地占领市场，只靠现有的产品是绝对不行的。为了适应不断变化的市场需求，开发新产品越来越成为企业生存与发展的重要途径。

6.5.1 新产品

1. 新产品的概念

关于什么是新产品，从不同的角度去理解，可以得出不同的概念。对于企业而言，第一次生产销售的产品称为新产品；对于市场而言，第一次出现的产品称为新产品。市场营销理论从"产品整体概念"角度出发认为，新产品就是产品整体概念中的一部分或全部的变革、创新，能给消费者带来某种新的感受、满足和利益的产品。

营销意义上的新产品应具备以下条件：在产品的结构、功能、形态、材料等某方面或几个方面有改进、提高或发明新产品；具有先进性、实用性，以及推广价值，能为企业带来收益。

2. 新产品的类型

按照新产品的变革程度、新颖度，可将新产品分为以下四类。

（1）全新产品（又称新发明产品）。其是指应用新原理、新技术、新材料，具有新结构、新功能的前所未有的产品。如飞机、电话、电视机等在最初上市时都是从前没有的新产品。这类产品对于企业或市场都是新的，它往往代表科学技术发展史上的一个新突破，甚至将改变人们的生活习惯和生活方式。一个全新产品的出现从理论到应用，从实验到批量生产，不仅要经历很长的时间，而且要耗费很多人力、物力、财力，所以全新产品的开发难度大，但全新产品是企业竞争的有力武器。

（2）换代型新产品。其是指在原有产品的基础上，采用或部分采用新技术、新材料、新工艺研制出来的新产品。如电视机经历了黑白电视机—彩色电视机—等离子电视机等发展历程。换代型新产品与原有产品相比，在结构、性能、功能等方面都有显著的改善，产品质量也有了相应的提高。

（3）改进型新产品。其是指对原有老产品的规格、样式、功能、品质、花色、包装等进行改进，改进后成为新产品，如电视机从卧式改为立式等。一般而言，改进后的新产品结构更加合理，功能更加齐全，品质更加优质。它是企业依靠自身力量最容易开发的新产品，在企业中新产品的开发多数属于此种类型。

（4）仿制型新产品。其是指对国际或国内市场上已经出现的产品进行引进或模仿研制生产出来的产品。如一款新式时装上市后，如果销路好，很多生产厂商就会立刻利用自己的品牌进行仿制。仿制型新产品的开发不需要太多的资金；能在一定程度上满足顾客尚未满足的需求；有利于企业技术水平的提高，特别是对发达国家已经推出的但中国还没有的产品进行模仿研制，对于加速工业化发展有深远的意义。中国有很多新产品都属于仿制型新产品。

应用举例　**在市场缝隙中创造市场的“海尔”**

每到夏季，衣服的洗涤就成了不少人的难题，因为夏季衣服要经常换，甚至一天换两次，数量既少又小，用一般的洗衣机洗既费水、费电又费时，而用惯了洗衣机的人又不愿意用手洗。海尔人正是看到了消费者的这个难题，开发出中国第一台“即时洗”洗衣机——“小小神童”。它以内衣、外衣分开洗，夏天衣服即时洗的独特优点，开创了人们即时洗衣的新时尚，创造了新生活。这种微型洗衣机外形尺寸不到普通全自动洗衣机的 1/3，洗涤 1.5 千克衣物水电用量相当于全自动洗衣机的 1/3。由于其省水、省电、省时，有的还带有消毒功能，夏天用得放心，特别适宜夏季洗衣，从而风靡市场，颇受消费者欢迎。

海尔自推出第一款小小神童洗衣机以来，已对其进行了多次技术升级，已出口到欧、亚、美、非等多个国家和地区，受到了世界范围内消费者的欢迎。

6.5.2 新产品开发程序

为了提高新产品开发的成功率，必须建立科学的新产品开发管理程序。完整的新产品开发程序一般包括以下八个阶段。

1. 新产品构思

新产品的构思就是开发新产品的设想或创意。在这一阶段，企业应当通过寻找、激励、提高等手段收集尽可能多的新产品创意，而不必过分考虑创意的现实性。企业可以充分调动和挖掘外部的消费者、中间商、竞争对手、咨询公司、调研公司和内部的销售人员、科研人员、高层管理者以及其他部门人员拓展信息收集渠道。

小资料　　来自于竞争对手的创意

福特公司在设计其高度成功的捷豹牌汽车时，拆看了50多种竞争品牌的汽车，一层一层地寻找可以复制或改善的地方。捷豹采用了奥迪的加速器踏板“触角”、丰田Supra车型的油耗表、宝马528e轮胎和千斤顶储存系统，以及其他400种类似优点。福特公司在重新设计美洲虎汽车时采用了同样的方法。

2．构思筛选

企业在广泛征集新产品构思的基础上，可以采用适当的评价系统及科学的评价方法对各种构思进行分析比较，研究它们的可行性，挑出可行性较强的构思，除去亏损最大和必定亏损的构思。筛选时要充分考虑每个构思是否具有潜在的市场需求，是否与企业目标相适应，以及企业是否有足够的资源能力实现等问题。

3．新产品概念的形成与测试

新产品概念是指企业将产品构思具体化，用文字、图像与模式等描述出产品的性能、具体用途、形状、优点、外形、价格、名称和提供给消费者的利益等，使之成为消费者能够理解和接受的产品形象。例如，企业计划生产某种美容眼贴膜，可将这一产品构思转换为“供25～35岁的女性保护眼部皮肤，可以有效防止黑眼圈、眼疲劳、眼袋与鱼尾纹”这一新产品概念。

新产品概念的测试是指将转化的新产品概念交给目标顾客，请他们做出评价，以了解顾客反应，为选优产品提供依据。

应用举例　　新产品概念的形成

某企业打算生产一种有特殊口味、使用简单方便、即冲即饮的营养奶制品。为了将其转化为产品概念，提出了以下一些问题：目标顾客是儿童、成人、病人还是老人？使用者从产品中得到的主要益处是营养、方便、美味、提神还是健身？适合在早餐、午餐、晚餐还是夜宵饮用？

根据上述资料，可以形成多种新产品概念。诸如，新产品概念一：“课间餐饮料”，为中小学生在课间快速获取丰富的营养而制作；新产品概念二：“健康补品”，供老年人夜间就餐前饮用；新产品概念三：“可口快餐饮料”，供成年人午餐时饮用。

4．制定营销战略计划

新产品概念经过测试后，就可以根据顾客的反应及企业预测为其拟订一份营销战略计划。通过描述目标市场的规模、结构、消费者行为、产品定位、价格策略、分销策略、促销策略及其将达到的营销目标等，使企业高层对该新产品的市场营销活动有所了解，以期获得支持。

5. 商业分析

对新产品概念进行经济效益分析，预测销售额、推算成本与利润和估算投资报酬率，考察新产品是否满足企业目标。

6. 产品实体开发

由研究开发部门和技术工艺部门将产品概念转变为产品实体。这一阶段解决的主要问题是产品概念能否变为技术上和商业上可行的产品，是最具挑战性的一个阶段。在这一阶段，必须研制出新产品的样品，这一样品要具备产品概念中阐述的主要特点，还要进行安全测试。例如，汽车要进行试车，新药要经过长达几年的动物实验和人体实验，获得批准后才能投放市场。

7. 市场试销

运用已设计的营销战略与策略、包装、品牌，将产品实体在具有代表性的小范围市场上进行销售，考察新产品在现实市场上的表现及存在的问题，以便于及早发现问题，提高产品正式销售的成功率。这是新产品正式上市前所做的最后一次测试。要注意把握是否有试销的必要性、对试销市场的选择和对试销技术的选择等问题。

在试销过程中，主要应收集和掌握以下数据，然后得出结论，如表 6-4 所示。

表 6-4　市场试销结果

试销结果		分析	结论
试用率	再购率		
高	高	试销成功	成功产品，抓紧时机上市
高	低	用后不满意	或者改进设计，或者放弃
低	高	产品是好的	需加强宣传，开发新顾客
低	低	无前途	失败产品，停止发展

由表 6-4 可见，试销对于大多数产品来说都是很有必要的，它可以以少量的投入避免大量的损失，同时可以检验市场营销组合的优劣，为进一步推广提供经验。

8. 商业性投放

新产品试销成功后，就可以进入商业化阶段，正式大批量生产，全面推向市场。经营者要做好以下四个方面的工作：确定何时推出新产品；确定在何地推出新产品；确定新产品的目标顾客是谁；确定如何推出新产品。

6.5.3 新产品开发原则与方式

新产品的开发具有较大的风险，为了提高新产品开发的成功率，尽量减少可能的风险，应遵循一定的原则，采用恰当的开发方式。

1. 新产品开发原则

（1）以市场需求为导向。企业开发新产品的目的是满足顾客尚未得到满足的需求，所以新产品是否能满足顾客需求成为新产品开发成功与否的标准。为此，企业要进行深入的市场调查、市场预测，及时把握顾客需求的变化情况，开发出满足顾客需求的新产品。

（2）考虑企业自身能力。有的产品虽然很有市场，但如果企业缺乏相应的开发能力，新产品的开发也不能取得成功。所以，企业要根据自身能力来确定开发新产品的方向，只有那些符合企业生产、技术、资金、销售等能力的项目，才是新产品开发的方向。

（3）合理的经济效益。为了保证新产品能够给企业创造利润，企业在开发新产品前，进行可行性研究是很有必要的。如果新产品的收益能够弥补开发新产品时产生的费用并获得预期利润，开发新产品是必要的；如果开发出的新产品不能为企业创造利润，开发新产品是没有意义的。

2. 新产品开发影响因素

这些因素包括政府作用与法律规范、市场研究与营销、生产制造及效率、产品技术优势、市场竞争、资金因素六个方面。

3. 新产品开发方式

企业要开发新产品，并不意味着企业要独立承担新产品的开发到生产的全过程。企业可以选择不同的新产品开发方式。

（1）独立开发方式。其是指企业根据市场需求状况，依靠自身的科研、技术力量，从根本上探讨新产品的原理、技术、结构，并进行自行设计、自行研制新产品的活动。这种开发方式往往需要投入大量的人力、物力、财力，风险比较大，但是如果企业开发成功，也会为企业带来巨大的发展前景。

（2）合作开发方式。其是指企业之间、企业与科研机构、高等院校之间合作，进行新产品开发。这种方式充分利用了外界科研的力量，使科研成果转换为产品，弥补了企业科研力量不足的缺点。

（3）技术引进开发方式。其是指企业通过技术合作、技术转移、购买技术专利等引进国内外先进成熟的应用技术和制造技术，并以此来实现新产品开发的技术开发方式。这种方式有利于企业缩短新产品开发的时间，节省科研费用，风险也比较小。在企业科研、技术能力有限的情况下，技术引进开发是一种有效的开发方式。但是在引进技术前，一定要对引进的技术进行详细的考察，以免造成不必要的损失。

（4）独立开发与技术引进相结合。其是指企业在引进先进技术的基础上，结合自身的专长开发新产品。优点：这种方式既可以加快消化吸收别人的先进技术，又能不断创新；不仅时间省、投资少、风险小，而且可使产品更具特色和吸引力，有利于促进企业技术水平和经济效益的提高。

6.5.4 新产品的市场扩散

新产品上市后，消费者对新产品的接受和采用有一个过程，根据顾客对新产品的反应差异及新产品的市场扩散中表现出的阶段性特征，了解新产品的采用与扩散过程，有利于企业据此在不同阶段采取相应的营销策略，保证新产品安全地经过导入期，接受市场考验，并最终为企业创造利润。

1. 新产品的接受过程

美国市场营销学者里吉斯调查了数百人接受新产品的实例，总结归纳出人们接受新产品要经历以下五个阶段。

（1）认知。个人获得新产品信息的初始阶段。

（2）兴趣。消费者不仅认识了新产品，并且对新产品产生了兴趣，开始主动收集信息。

（3）评价。对新产品进行比较评估，权衡新产品的边际价值。

（4）试用。开始小规模试用，并根据试用来评价自己的认识及购买决策的正确性。

（5）采用。通过试用收到了良好的效果，完全接受新产品，开始正式购买和重复购买。

2. 新产品市场扩散

在新产品的市场扩散过程中，由于社会地位、消费心理、产品价值观、个人性格等多种因素的影响制约，消费者对新产品的反应具有较大的差异，可以将新产品的采用者分为五种类型。

（1）创新采用者（又称“消费先驱”）。通常富有个性，勇于革新冒险，性格活跃，消费行为中很少听取他人意见，经济宽裕，社会地位较高，较易受广告等促销手段的影响，是企业投放新产品时的极好目标。

（2）早期采用者。一般接受过较高层次的教育，年轻富于探索，对新事物比较敏感，并且有较强的适应性，经济状况良好，对早期采用新产品具有自豪感。这类消费者对广告及其他渠道传播的新产品信息很少有成见，促销媒体对他们有较大的影响力，但与创新者比较，他们一般持有较为谨慎的态度。

（3）早期大众。接受过一定的教育，有较好的工作环境和固定的收入；对社会中有影响的人物，特别是自己所崇拜的“舆论领袖”的消费行为具有较强的模仿心理；不甘落后于潮流，但由于特定的经济地位所限，在购买高档产品时，一般持非常谨慎的态度。他们经常是在征询了早期采用者的意见之后才采纳新产品。

（4）晚期大众。较晚跟上消费潮流的人，其工作岗位、受教育水平及收入状况往往比早期大众略差；对新事物、新环境多持怀疑态度，对周围的一切变化抱观望态度。他们的购买行为往往发生在产品成熟阶段。

早期大众和晚期大众构成了产品的大部分市场。因此，研究他们的心理状态和消费习惯，对提高产品的市场份额具有很大的意义。

（5）落后购买者。这些人受传统思想束缚很深，思想比较保守，怀疑任何变化，对新事物、新变化多持反对态度，固守传统消费行为方式。因此，他们在产品进入成熟期后期以至衰退期才能接受。

案例6-6　失败的“可口可乐”新配方

1985 年 4 月，可口可乐公司面对百事可乐的有力竞争，在怀疑“永远的配方能否维持永远的可口可乐”的情况下，决定放弃他的传统配方，推出更甜、口感更柔的新配方饮料，并起名为新可乐。尽管口味测试表明了可乐饮用者偏爱带甜味的新可乐配方，但市场调研者没有估计到消费者对可口可乐的感情。新可乐的诞生引来无数愤怒的来信、正式抗议甚至法律威胁，都要求保留“真正的东西”。最终，新可乐在传统可乐偏好的压力下垮台了。由于数百万可乐爱好者的强烈抗议和大规模“叛逃”，77 天后，可口可乐公司不得不恢复原配方。

案例评析：

可口可乐公司推出新可乐配方的依据是消费者需求新变化和产品创新竞争的需求，表面看并无不妥，深入研究，另有玄机。

实训一

任务：分析不同产品所处的生命周期阶段。

【实训目的】

促使学生熟悉产品的生命周期划分标准，并能准确识别现实生活中不同产品所处的生命周期阶段。

【实训内容】

下列产品分别处于产品生命周期的哪一阶段？为什么？运用产品生命周期的理论进行回答：家用汽车、汽车电话、家用计算机、微波炉、电视机、VCD（CD）、教育培训。

【实训方法】

1．实训过程。

第一步：将学生分成两大组，进行对抗比赛。

第二步：一组提出回答的产品，另一组派代表回答。

第三步：提出问题的组对回答问题的组提出疑义，并由回答组进行解释。

第四步：实训教师做出点评，并给予计分。

2．时间：30 分钟。

3．地点：教室。

【总结】

1．产品生命周期的四个阶段，即导入期、成长期、成熟期和衰退期，这四个阶段的划分标准要清晰、明确。

2. 能够分析出生命周期每个阶段的特点以及所对应的营销策略。

实训二

任务：熟悉品牌的内涵并能进行品牌设计与推广。

【实训目的】

引导学生学会进行自我品牌设计与推广，拓展学生的创新性思维能力，为今后的就业面试奠定基础。

【实训内容】

将自己视为人才市场上的一种产品，结合自己的特点为自己设计一个个人品牌并提出推广方案。

【实训方法】

1. 实训过程。

第一步：每三个人分为一组，组成一个团队。

第二步：选取团队中的一个成员进行品牌创意和品牌设计。

第三步：制订个人品牌推广方案。

第四步：品牌推广展示。

第五步：实训指导教师进行点评和指导。

2. 时间：40 分钟。

3. 地点：教室。

【总结】

1. 在对品牌内涵设计的过程中，要从属性、利益、价值、文化、个性及使用者六个方面分别进行阐述。

2. 一个好名字能时时唤起人们美好的联想，使其拥有者得到鞭策和鼓励。一个好的名字，是一个企业、一种产品拥有的一笔永久性的精神财富。品牌设计时要遵循易读易记、有亲和力、无歧义、具有延伸性的原则。

3. 品牌推广方案要有鲜明的品牌策略，并要注意团队组织的配合性。

任务七

价格策略

知识目标

1．了解影响定价的主要因素；
2．掌握定价的基本方法；
3．熟练掌握具体的价格策略；
4．了解企业价格变动的原因及应对策略。

能力目标

1．能够根据影响企业产品定价的因素，对产品价格进行分析；
2．能够运用定价方法相关知识，根据企业情况对产品进行定价；
3．能够运用产品价格策略，为企业产品撰写定价方案；
4．能够适时地对市场价格做出分析判断和调整方案的制订。

引入案例　“京东”和“苏宁”的家电价格战

在2013年秋季家电市场上，第一波价格战的硝烟是由京东挑起的。作为中国电商第一城的京东商城，首先由其董事长陈强东先生在微博上向苏宁约战，叫板国内两大实体电器连锁经销商苏宁和国美，声称如果消费者在京东商城上购买的任何小家电，只要比苏宁和国美的同样产品价格高，京东将无条件退还差额部分，苏宁和国美也随之跟进，由此小家电市场陡然生变。消费者被京东承诺所惑，纷纷等待小家电降价的美好时刻。可是当京东开放网络销售平台时，消费者突然发现，那些降价产品，在网上商城中突然无货可供，或是商城中的某些产品，在比价时发现竟然是专供电子商务，其型号在实体店无踪可循。一时间对京东的质疑汹涌而至，其后更是有媒体称发现京东为应对价格战，更是存在虚抬进价，进而呈现所谓的降价假象，欺骗顾客。国家发改委也及时跟进，对京东的商业欺诈行为予以惩处。一场轰轰烈烈的商业促销行为，最后竟然这样滑稽结束。

京东的价格战已经过去，但留给我们的思考却是真实存在的。价格战，特别是低价竞争，到底有没有合理性？企业在实施价格战时要考虑的问题有哪些？价格战是不是真的赔钱赚吆喝？

案例评析：

1. 价格作为一个竞争的撒手锏，是把双刃剑。价格策略，特别是低价竞销策略，一直都是同业间最为简捷，也是最为有效的营销竞争行为。

2. 价格战对企业营销战略而言，只是一个工具，其营销竞争的本质是利诱顾客，让顾客获取更大的收益。更低的价格，其实质是企业将自己的一部分收益让渡给顾客，让顾客能在比价中感受到利益的传递，从而诱导顾客从其他的品牌购买转到从本企业购买，进而达到价格策略实施的目的：扩大市场，提高市场份额。

子任务一 价格影响因素分析

价格是营销组合中唯一与收益相关的因素，直接影响着企业销售收入和利润的高低。企业营销活动能否取得成功，在一定程度上取决于定价的合理性，企业的定价决策就是把产品定价与企业市场营销组合的其他因素巧妙地结合起来，制定出最有利的产品价格，既能让消费者乐于接受，又能为企业带来较多的收益，从而取得竞争优势。

7.1.1 定价目标

定价目标是指企业对其生产或经营的产品，通过制定价格，有意识地要求达到的营销目的和标准。企业应根据自身的性质和特点，权衡各种定价目标的利弊而加以取舍。

1. 以获取利润为定价目标

（1）以获取最大利润为定价目标。追求最大利润为定价目标并不意味着企业要制定最高价格。因为最大利润既有长期和短期之分，又有企业全部产品和单个产品之别。有远见的企业经营者，往往追求长期利润的最大化。当然这并不排除在某些特定情况下，通过高定价获取短期最大利润。如果选择以短期最大利润为企业的营销目标，必须具备两个前提条件：一是企业的产品质量和生产技术、生产能力处于领先地位；二是消费者对产品的边际需求评价较高或产品供不应求。如果选择以长期最大利润为企业的营销目标，也必须具备两个前提条件：一是产品的长期市场前景看好；二是企业有望迅速扩大生产能力和提高技术水平。为了实现长期利润最大化目的，企业在制定营销战略时，可能会牺牲一些短期利益，这是吃小亏而占大便宜的举措。还有一些经营多种产品的企业，经常使用组合定价策略，即有些产品的价格定得比较低，有时甚至低于成本以招徕顾客，借以带动其他产品的销售，从而使企业利润最大化。

（2）以获取合理利润为定价目标。这是指企业为避免不必要的价格竞争，以适中、稳定的价格获得适当利润的一种定价目标。采用这种定价目标的企业，往往是为了降低风险，保护自己，或限于力量不足，只能在补偿正常情况平均成本的基础上，加上适度利润作为产品价格。

（3）以获取投资收益为定价目标。任何企业对营销过程中投放的资金，都希望获得一定的预期报酬。所谓投资收益定价目标，就是指企业在一定时期内能够收回投资并获取预期投资回报的一种定价目标。采用这种定价目标的企业，一般是根据投资额规定的收益率，计算出单位产品的利润额，加上产品成本作为销售价格。此时必须注意两个问题：第一，要确定适度的投资收益率。一般来说，投资收益率应该高于同期的银行存款和利息率，否则人们就不愿意投资；但也不能对投资收益率要求太高，否则消费者就难以接受；第二，产品要有竞争优势。与竞争对手相比，产品要有明显的优势，否则产品卖不出去，预期的投资收益也实现不了。

企业选择这种定价目标，应当是经过认真严格的调查研究，有足够的把握才能采用。适用的产品有新产品与非名牌产品。

① 新产品。一方面尚未被消费者所接受，需经过一段时间的认识，以低价渗透打开市场，与老产品竞争，比性能、价格；另一方面生产成本将随销售量的扩大而大幅下降。

② 非名牌产品。质量已达到或优于名牌产品，但尚未得到消费者信任。适用的企业条件是产品的市场生命周期较长，企业有足够的时间取得远期利益；价格需求弹性较大，企业以低价销售能赢得较多的用户；企业的经济实力较雄厚，有足够的前期资本投入，开拓精神强。

2. 以提高市场占有率为定价目标

市场占有率是指企业产品销售量在同类产品市场销售总量中所占的比重。它反映了一个企业的经营状况和产品在市场上的竞争能力，关系到企业的兴衰存亡。提高市场占有率，对企业来说往往比获取投资报酬更为重要。企业只有提高了市场占有率，才能增加生产批量，从而促使产品成本大幅下降，保证企业获得长期的最高利润。因此，企业往往通过制定尽可能低的价格来实现市场占有率的领先地位。然而，并不是在任何情况下制定较低价格都能提高市场份额。只有具备下列条件之一时，企业才可考虑通过低价来实现市场占有率的提高：市场对价格高度敏感，因此低价能刺激需求的迅速增长；生产与分销的单位成本会随着生产经验的积累而下降；低价能吓退现有和潜在的竞争者。如果盲目降价促销，非但不能增加总利润，还可能影响企业扩大再生产。

3. 以树立和维护企业形象为定价目标

良好的企业形象是企业的无形资产和宝贵财富。企业以树立和维护自身形象为定价目标，要注意三点：首先，要考虑价格水平能否被目标消费者所接受，是否有利于企业整体策略的有效实施；其次，产品价格要使人感到性价相称、货真价实，也就是说，定价从整体看产品应具有一定特色，或以价廉物美著称，或以价格稳定见长；最后，要遵守社会和职业道德规范，自觉遵守政策指导和法律约束，不能贪图一时的蝇头小利而损害消费者的利益，自损信誉，自毁形象。

4．以加速资金周转为定价目标

加快资金周转速度也是扩大利润量的一条途径，资金周转速度的加快，不仅相对减少了利息支出，还相应增加了再销售中的再生利润。主要适用企业：常善于通过薄利多销和各种折扣定价策略取得成效的企业。对于自有资金少，主要靠信贷进行周转的小型企业和新企业，这种定价目标具有较大的吸引力。

5．以应付市场竞争为定价目标

采取这一目标的企业，特别重视同类产品的价格变化和市场供求情况，通常要考虑竞争对手而实行对比定价的策略。如果企业的产品有较强的竞争能力，自然可以维持较高的价格；若竞争能力较弱，则可以把产品价格定得较低，但低价策略是人人都会采用的；若实力弱的企业无法长期维持低价，则可与竞争对手保持相同或相近的价格，以避免激烈的竞争。

6．以保持价格稳定为定价目标

大多数企业都希望能保持自己产品的价格稳定，如果价格过多地随供求的升降而波动，跌得太低，企业的投资无法及时收回，而上涨过高又容易受到消费者的抵制和国家干预，带入竞争对手，均不利于企业。

稳定价格的形成，通常是由大型企业或市场声誉较高的企业先制定出一个领袖价格，由于这些企业在同行业中处于主导地位，因此一般中小型企业愿意遵照这个领袖价格来制定自己产品的价格，同这个价格保持一定的比例，而不随意率先变动价格。

7．以维持营业为目的的机会目标

有时由于市场供求状况的变化，企业的主要盈利产品销量骤然下降，如果维持原有价格，则无法销售。企业为维持营业以便于争取时间，往往会寻找新的获利产品，实行超低价快销以求尽快将剩余产品推入剩余市场，尽快收回资金进行转产，从而使企业生存下去。商业企业的季节性折扣就属于这种定价目标。

7.1.2 产品成本

企业在定价时，首先要考虑的是产品成本，它是产品定价的基础。从长远看，任何产品的销售价格必须高于成本费用，只有这样，才能以销售收入来抵偿生产成本的经营费用。产品的成本主要由以下三个方面构成。

1．生产成本

生产成本是指在生产领域生产一定数量产品时所耗费掉的物质资料和劳动报酬的货币形态，是价值构成中的物化劳动价值和劳动者新创造用以补偿劳动力价值的转化形态。它是产品价值的重要组成部分，也是制定产品价格的重要依据。

构成生产成本的因素主要有原料和辅助材料、燃料和动力、包装和装潢、工资福利和劳务费、企业管理费、固定资产折旧或待摊费用等。

2．流通费用

流通费用是指产品从生产领域通过流通领域进入消费领域所耗用的物化劳动和活劳动的货币表现。主要由两部分组成：销售费用和商业流通费用（采购商业费用、批发商业费用和零售商业费用）。

3．税金

税金是生产者为社会创造和占有的价值表现形态，也是价格的构成因素。税率的高低直接影响产品的价格。

7.1.3 市场需求

任何企业都不能随心所欲地制定价格，产品的最低价格取决于产品的成本费用，最高价格取决于市场需求。在最高价格和最低价格的幅度内，企业能把产品价格定多高，则取决于竞争者同类产品的价格水平。由于需求受价格、收入变动的影响，在制定价格时要对这种产品的需求弹性有一个基本的估计，这样制定出来的价格在市场中才能有竞争力。

1．市场产品供求关系

产品价格是在一定的市场供求状况下形成的。在一定时间内，某种产品的供应状况反映其供给总量与需求总量之间的关系，这种关系不外乎三种情况，即供求平衡、供不应求和供过于求。

供求平衡是指某种产品的供给与需求在一定时期内大体相等。在供求平衡状态下，市场价格称为均衡价格。供不应求是指某种产品的供给低于需求，供过于求正相反。当某种产品供不应求时，产品畅销，价格上涨，随着价格的上涨，产品的利润增大，吸引了更多的企业生产这种产品，从而使该种产品的市场供给量剧增，这时，市场上就会出现供过于求的现象，促使产品价格降低，利润下降。因此，在产品走俏时，企业营销人员应当居安思危，警惕价格的上升；当某种产品的供给总量大于需求时，产品滞销，价格下跌，卖主就会激烈地争夺产品销路，企业应善于发现和创造新的需求，寻找和开发市场空白点。

2．需求的价格弹性

需求的价格弹性是指需求量对价格变化的反应敏感程度。其系数的计算公式为

价格弹性系数（Ep）= 需求变动的百分比/价格变动的百分比

其中：需求变动的百分比=产品需求变动量/原需求量；价格变动的百分比=价格变动量/原价格。

需求价格弹性存在五种情况。

（1）需求完全无弹性。即 $Ep=0$。需求曲线是一条与横轴垂直的线，表示无论价格如何变动，需求量都不改变。例如，一些特殊的药品像胰岛素，对于一些糖尿病人至关重要，无论价格如何上升或下降，他们都不会改变购买量。

（2）需求缺乏弹性。即 $Ep<1$。需求曲线是一条比较陡峭的线，表示需求量变化幅度小于价格变化幅度。缺乏弹性的产品价格与收益是同向关系。例如，米、面、食盐等生活必需品。

（3）需求单位弹性。即 $Ep=1$。需求曲线是一条正双曲线，表示需求量变化幅度等于价格变化幅度，如报纸等。

（4）需求富有弹性。即 $Ep>1$。需求曲线是一条比较平坦的线，表示需求量变化幅度大于价格变化幅度。需求富有弹性，产品价格与收益呈反向关系。例如，空调、汽车等高档生活用品，旅游和专业服务等。

（5）需求有无限弹性。即 $Ep\to\infty$。需求曲线是一条与横轴平行的线，表示价格一定时，需求量是无限的，或者说对于价格的微小变动，需求量出现了无限大的反应。例如，两台相邻饮料机中的同种同质软饮料，在价格相同的情况下，都会拥有一批消费者，而当一台机器中的软饮料价格上涨时，即使量很小，人们也不会购买，而是购买另一台机器中的饮料。

应用举例　　价格需求弹性计算

某商品原价为 5 元，需求量为 2600 件；现价为 6 元，需求量为 2200 件。求价格弹性系数并说明结果的经济含义。

解：价格弹性系数（Ep）= [（2200−2600）÷2600] ÷ [（6−5）÷5] =−0.77

取绝对值 $|Ep|=|-0.77|=0.77<1$

答：该商品需求的价格弹性系数为 0.77 小于 1，说明需求缺乏弹性，应将商品从 5 元提到 6 元进行销售有利。

7.1.4 市场竞争因素

在市场经济中，企业间的竞争日趋激烈，竞争方式多种多样，其中最原始、最残酷的就是价格竞争，即价格大战。当竞争在生产者之间进行时，说明产品供过于求，价格必然下跌；当竞争在消费者之间展开时，说明产品供不应求，价格必然上涨。面对激烈的价格竞争，企业必须采取适当方式，了解竞争对手的价格和产品质量，与竞争产品比质比价，尽可能制定出有利于企业竞争取胜的价格。

7.1.5 顾客心理

企业在制定价格时还必须考虑顾客的心理，尽可能制定出顾客乐意接受的价格。

1．预期心理

预期心理是指顾客对未来一段时间内市场产品供求及价格变化趋势做出预测判断的一种心理。根据供求规律，价格上涨一般会抑制需求，而价格下跌则会刺激需求。然而现实生活中往往出现相反的现象：价格越涨，购买者越多；价格越跌，购买者越少。这就是所谓的“买涨不买跌”的消费现象。当产品价格上涨时，顾客预期价格可能还会进一步上涨，于是争相购买；当产品价格下跌时，顾客预期价格可能还会继续下降，于是持币待购，期待价格再次降低后再购买。

2．认知价值

认知价值是指顾客在心理上对产品价值做出的估计和认同。顾客在购买产品时，往往将价格与自己内心形成的认知价值相比较，将一种产品的认知价值同另一种产品的认知价值相比较，如果认为价格合理、物有所值，就会购买。如果企业的产品价格高于顾客的认知价值，顾客就会认为定价太高；如果企业的产品价格低于顾客的认知价值，顾客又可能对产品的质量产生疑虑，也不愿意购买。所以，企业在制定价格时必须考虑顾客的心理因素，把握顾客的认知价值，制定出合适的价格，达到促进产品销售的目的。

应用举例　“随你给多少”

美国有个叫罗西的人，经营了一个家庭餐馆。餐馆菜单上的菜无标价，广告牌上有“随你给多少”五个字，他规定：“让顾客根据饭菜和服务的满意程度自定价格，给多给少，悉随尊便；若不满意，也可分文不付。”罗西这一绝招，使好奇的食客们闻风而至，罗西餐馆顿时顾客爆满，应接不暇，收入大增。许多食客心甘情愿地付出比实际价格高得多的价款。虽然难免有个别无赖之徒和饕餮之客，但对餐厅的整体经营却不伤筋骨，最终使他腰缠万贯。

7.1.6 政策法规

价格是事关国家、企业和个人三者之间物质利益的大事，牵涉各行各业和千家万户，与人们的物质生活息息相关。在当今市场经济舞台上，政府扮演着越来越重要的角色。作为国家与消费者利益的维护者和代表者，政府力量渗透到企业市场行为的每个角落。政府在遵循价值规律的基础上，往往要通过制定物价工作方针和各项政策、法规，对价格进行管理，或利用税收、金融、海关等手段间接地控制价格。因而，国家有关的政策、法规对产品价格的形成也有着重要的影响。

此外，企业定价时还必须考虑其他环境因素，如国内外的经济形势、货币流通状况、产品生命周期等。

案例7-1　同是牵引机，价格差别如此之大

背景与情境：一般牵引机的价格在20000美元左右，美国一家牵引机公司的报价却是24000美元。面对消费者的疑惑，他们是这样介绍的：

20000美元是与竞争者同一型号机器的价格；

3000美元是因产品更耐用而必须多付的价格；

2000美元是产品可靠性更好而多付的价格；

2000美元是本公司服务更佳而多付的价格；

1000美元是保修期更长多付的价格；

28000美元是上述应付价格的总和；实际支付24000美元，享受了4000美元的优惠。

经该公司营销人员这样一算账，消费者疑惑尽释，尽管其产品报价高出同类产品4000美元，可它的销路却很好。

案例评析：

1. 美国这家牵引机公司以获取最大利润和树立、维护企业形象为定价目标。这种目标的确定，既是建立在产品质量、生产技术和售后服务等处于领先地位基础之上，也是建立在正确运用营销策略和方法基础之上，其行为并没有违背职业道德和营销伦理。

2. 定价的优势：一方面是抓住了顾客心理。因为顾客非常明智，尽管他们希望花钱越少越好，但也不想买一堆“垃圾”，另一方面运用化整为零、逐项分析、对比计算的方法，让顾客感到不仅不贵，反而占了便宜。

3. 启示：面对顾客价格异议，如果不想降低价格，就必须向对方证明，你的产品价格是合理的，是产品价值的真实反映。可以向顾客说明：你的产品更耐用、可靠性更好、服务更佳、保修期更长；还可向顾客说明：你的产品使用了新技术，经过严格的质量管理，具有新颖的设计水平等；甚至还可以向其告知其他顾客的感受和反应等，以此证明你的产品价格合理。

子任务二　定价方法

企业定价是复杂的过程，在明确企业目标的前提下，仔细分析、评估消费者需求特征、成本状况以及竞争对手的产品和价格，从而选择适当的定价方法确定产品的最终价格。大体上，企业定价有三种导向，即成本导向、需求导向和竞争导向。

7.2.1 成本导向定价法

成本导向定价法是指以企业的生产或经营成本作为制定价格依据的定价方法。按照定价成本的性质不同，成本导向定价法又可分为以下四种。

1．成本加成法

这是一种最简单的定价方法，就是在单位产品成本的基础上，加上一定比例的预期利润作为产品的售价。由于利润的多少是按一定比例反映的，这种比例习惯上称为“几成”，所以这种方法称为成本加成定价法。

（1）计算公式。

单价产品价格=单位产品成本×（1+加成率）

式中，加成率——预期利润占产品成本的百分比。

应用举例　成本加成法计算

某企业生产一种皮包，单位销售成本为 100 元，企业规定的综合加成率为 25%，求该皮包的销售价格。

解：皮包的销售价格=100×（1+25%）= 125（元）

答：按成本加成定价法，该皮包的销售价格应确定为 125 元。

（2）关键点。采用这种定价方法，关键问题是确定一个合理的加成率。不同的产品应根据其不同的性质、特点、市场环境、行业情况等制定不同的加成率。一般来说，高档消费品和生产批量较小的产品，加成率应适当地高一些，而生活必需品和生产批量较大的产品，加成率应低一些。

（3）评价。优点：简便易行；采用这种方法可以保证各行业取得正常的利润，从而可以保障生产经营的正常进行；如果同行都采取此种方法定价，价格竞争就会大大削弱。缺点：没有考虑市场需求和竞争因素的影响；加成率是一个估计数，缺乏科学性；由此计算出来的价格，很难说一定能为顾客所接受，更谈不上在市场上具有竞争能力；过分强调了历史实际成本在定价中的作用。因此在应用这种方法时，应当根据市场需求、竞争情况等因素的变化做必要的调整。

2．目标收益定价法

目标收益定价法又称目标利润定价法，或投资收益率定价法。它是在成本的基础上，按照目标收益率的高低计算价格的方法。

（1）计算步骤。①确定目标收益率。目标收益率可以表现为以下几种形式：投资利润率、成本利润率、销售利润率和资金利润率等；②确定目标利润。根据目标收益率表现形式的不同，目标利润的计算也不同；③计算单价。

（2）计算公式。

目标收益率=1/投资回收期×100%

单位产品目标利润=总投资额×目标投资收益率/预期销售量

单价=单位总成本+单位产品目标利润

应用举例　　**目标收益法计算**

某服装厂总投资额为 80 万元，投资回收期为 5 年，固定成本为 40 万元，每件服装的变动成本为 80 元，当产品的销量为 2 万件时，问单价应为多少？

解：目标收益率=1/5×100% = 20%

单位产品目标利润=80×20%/2=8（元）

单价=40/2+80+8=108（元）

因此，该企业产品的定价应为 108 元。

（3）关键点。目标收益定价法，一般适用于需求的价格弹性较小，而且在市场中有一定影响力的企业，市场占有率较高或具有垄断性质的企业，对于大型的公用事业单位更为适用。

（4）评价。优点：可以保证企业既定目标利润的实现。缺点：这种方法只是从卖方的利益出发，没有考虑竞争因素和市场需求情况。

3．盈亏平衡定价法

盈亏平衡定价法是指根据盈亏平衡点分析法来制定产品价格。盈亏平衡点又称保本点，是指在一定价格水平下，企业的销售收入刚好与同期发生的费用额相等，收支相抵，不盈不亏的销售量，或一定销量前提下，计算收支平衡价格。这种定价方法关键是确定盈亏平衡点，这一平衡是盈利与亏损的转折点，高于此点，这一平衡是盈利，低于此点则亏损，如图 7-1 所示。

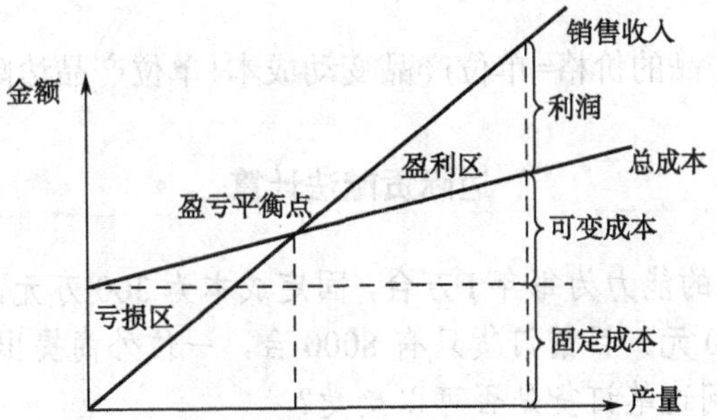

图 7-1　盈亏平衡分析

（1）计算公式。

$$\text{盈亏平衡时的产品价格 } P=\frac{FC}{Q}+VC$$

式中，Q——产品产量；

FC——总固定成本；

VC——单位产品变动成本。

应用举例　　**盈亏平衡法计算**

某企业经营的女式皮鞋应摊固定成本为4万元，每双女式皮鞋进价为200元，销售费用和税金为20元，即每双女式皮鞋变动成本为220元。若企业每年预期销量为1000双，每双女式皮鞋售价定为多少时企业才能保本？如果该企业采取与竞争者同样的价格300元出售，其收支相抵，不盈不亏的销售量是多少？

解：女式皮鞋保本价格=（40000÷1000）+220=260（元）

300元出售时的保本销售量=40000÷（300−220）=500（双）

答：按盈亏平衡定价法，每双女式皮鞋售价应定为260元时，企业才能保本。如果每双女式皮鞋售价300元，则必须出售500双才能保本。

（2）关键点。使用这种方法分析时，需要将产品的总成本划分为固定成本与变动成本，并假定生产的产品都能销售出去，即产品的产量与销量相等。

（3）评价。以盈亏平衡点确定的价格只能使企业的生产耗费得以补偿，而不能得到收益。因而这种定价方法，是在企业的产品销售遇到了困难，或市场竞争激烈，为避免更大的损失，将保本经营作为定价的目标时，才使用的方法。

4．边际贡献定价法

边际贡献是指产品销售收入与产品变动成本的差额，单位产品边际贡献是指产品单价与单位产品变动成本的差额。边际贡献定价法的原则是，产品单价高于单位变动成本时，就可以考虑接受。因为不管企业是否生产、生产多少，在一定时期内固定成本都是要发生的，而产品单价高于单位变动成本，这时产品销售收入弥补变动成本后的剩余可以弥补固定成本，以减少企业的亏损或增加企业的盈利。

（1）计算公式。

单位产品的价格=单位产品变动成本+单位产品边际贡献

应用举例　　**边际贡献法计算**

某企业生产电冰箱的能力为每年1万台，固定成本为300万元，单位变动成本为1300元，产品原售价为2000元。目前订货只有8000台，一位外商提出订购2000台，但其出价最高只有1500元。问这笔订货是否可以接受？

分析：从表面看，单位产品总成本为3000000÷10000+1300＝1600元，外商出价1500元，每台要亏损100元。但进一步分析会发现：每台变动成本为1300元，每多销售一台的边际贡献为1500−1300=200元。如果接受这笔订货，可获边际贡献200×2000= 40万元。固定成本300万元总是要支出的，而且分配到了已订货的8000台中。这个企业由于生产能力有闲置，因此，如果接受这笔订货，不仅不亏本，反而可以增加利润40万元，或者说可以增加40万元补偿固定成本。

答：由于该企业订货不足，存在剩余生产能力，按边际贡献原则分析，接受这笔订货是有利可图的。

（2）关键点。边际贡献定价方法的基本点是不求盈利，只求少亏。

（3）评价。这种方法适用于两种条件：一是市场竞争激烈，产品供过于求，库存积压，企业坚持以总成本为基础定价，市场难以接受，其结果不仅不能补偿固定成本，连变动成本也难以回收；二是订货不足、生产能力过剩、企业开工不足，与其闲置，不如利用低于总成本高于变动成本的价格，扩大销售维持生存，同时，尽量减少固定成本的亏损。

7.2.2 需求导向定价法

需求导向定价法是指以企业顾客需求和可能接受的价格作为定价依据的定价方法。其具体方法有四种。

1. 理解价值定价法

理解价值定价法是指企业根据消费者对产品的理解认识程度和需求程度来决定价格的定价方法。这种方法认为，一种产品的价格、质量、服务水平等，在消费者心目中都有一个特定的位置。当产品价格与消费者的认识理解水平大体一致时，消费者才会接受这种价格。因此，企业要在市场上推出一种新产品，应首先从产品的功能、款式、质量、服务以及广告宣传等方面为产品树立一个完整的形象，并估计出消费者对这种产品的认识程度和需求程度，即理解价值，以此定出产品的初始价格，然后估算这个初始价格水平下的销售量、成本和盈利，最后确定实际价格。可见，理解价值定价法的关键，是企业要对消费者理解的相对价值有一个正确的估计和判断。

应用举例 **"安静的小狗"牌便鞋**

美国一家生产猪皮便鞋的公司，在生产一种名叫"安静的小狗"牌便鞋时，其首先将100双这种便鞋送给100位顾客试穿。试穿8周后，公司通知顾客说："公司准备收回鞋子，不过你想留下也行，但每双须付5美元。"

该公司并不是真的要收回那5美元的鞋子。"醉翁之意不在酒"，其目的是弄清消费者对这种鞋子的理解认识程度和需求程度；企业制定价格，不能闭门造车，必须深入市场调查，对消费者理解的相对价值有一个正确的估计和判断。

2. 反向定价法

反向定价法又称可销价格倒推法，是指企业根据产品的市场需求状况，通过价格预测和试销、评估，先确定消费者可以接受和理解的零售价格，然后倒推批发价格和出厂价格的定价方法。这种定价方法的依据不是产品的成本，而是市场的需求定价，力求使价格为消费者所接受。分销渠道中的批发商和零售商多采取这种定价方法。

（1）计算公式。

出厂价格=市场可销零售价格×（1−批零差价率）×（1−销进差率）

（2）关键点。采用反向定价法的关键在于如何正确测定市场可销零售价格水平。测定的标准主要包括：①产品的市场供求情况及其变动趋势；②产品的需求函数和需求价格弹性；③消费者愿意接受的价格水平；④与同类产品的比价关系。

（3）测定的方法：①主观评估法。由企业内部有关人员参考市场上的同类产品，比质比价，结合考虑市场供求趋势，对产品的市场销售价格进行评估确定；②客观评估法。由企业外部的有关部门和消费者代表，对产品的性能、效用、寿命等方面进行评议、鉴定和估价；③实销评估法。以一种或几种不同价格在不同消费对象或区域进行实地销售，并采用上门征询、问卷调查、举行座谈会等形式，全面征求消费者的意见，然后判明试销价格的可行性。

（4）使用条件。采用这一定价法时，需要对产品的市场容量和产品的价格弹性有一个大体的估计，并且企业的目标利润是确定的。只有这样才能确保反向定价在实践上可以完成。

3. 需求差异定价法

需求差异定价法是指企业以销售对象、销售地点、销售时间等条件变化所产生的需求差异（尤其是需求强度差异）作为定价基本依据的定价方法。在实际生活中，不仅不同的消费者对同一产品的需求有差异，而且同一消费者在不同的时间、不同的地点对同一产品的需求强度也不相同，甚至有很大差异。因此，按需求差异定价法制定的价格，并不与产品成本和质量的差异程度成比例，而以消费者需求的差异为标准。

应用需求差异定价法，应具备以下条件。

（1）市场能够根据消费者需求强度的不同加以细分，而且需求差异较为明显。

（2）细分后的市场之间无法相互流通，即低价市场的消费者不可能向高价市场的消费者转手倒卖产品或劳务。

（3）在高价市场中用低价竞争的可能性不大，企业能够垄断所生产经营的产品和劳务。

（4）市场细分后所增加的管理费用应小于实行需求差异定价所得到的额外收入。

（5）不会因价格差异而引起消费者的反感。

4. 比较定价法

比较定价法是指企业以对产品需求弹性的研究和市场营销调研结果确定产品价格的定价方法。一般人认为产品价格高，获利就多；价格低，获利就少，其实未必。如果根据市场需求情况，实行薄利多销，在销量增加的情况下，仍然可以获得较多利润。

在实际营销活动中，究竟是采用厚利少销还是实行薄利多销，可通过对价格需求弹性的研究与市场营销调研来决定。需求弹性大的产品，可采用降价的办法；需求弹性小的产品，可采用提价的办法。通过比较其利润大小，判断出哪种价格更为合适。

7.2.3 竞争导向定价法

竞争导向定价法是指企业以市场上竞争对手的价格作为制定其同类产品价格主要依据的方法。这种方法适用于市场竞争激烈、供求变化不大的产品。它具有在价格上排斥对手、扩大市场占有率、迫使企业在竞争中努力推广新技术的优点。其具体方法有以下三种。

1. 随行就市定价法

企业依照行业的平均现行价格水平来定价。此法常用于下列情形：难以估算成本；企业打算与同行和平共处；如果另行定价，难以估计购买者和竞争者的反应。

采用这种方法既可以追随市场领先者定价，也可以采用市场的一般价格水平定价。这要根据企业产品特征，及其产品的市场差异性而定。

2. 密封投标定价法

这也是一种依据竞争情况来定价的方法，是招标人通过引导卖方竞争的方法来寻找最佳合作者的一种有效途径。买方在报刊上登广告或发出函件，说明采购的产品的品种、数量、规格等要求，邀请卖方在规定的期限内投标。买方在规定的时间开标，选择报价最低，最有利的卖方成交，签订采购合同。

这种方法主要适用于大宗产品、成套设备和建筑工程的定价。招标价格是企业能否中标的关键，但并非价格最低的企业就能中标，因为当价格低于边际成本时，企业将亏损，这对买卖双方都并非好事。

3. 拍卖定价法

这是指卖方委托拍卖行，以公开叫卖方式引导买方报价，利用买方竞争求购的心理，从中选择高价格成交的一种定价方法。这种方法历史悠久，常见于出售古董、珍品、高级艺术品或大宗产品的交易中。

子任务三 定价策略

7.3.1 新产品定价策略

新产品定价策略就是一种必不可少的营销策略。新产品的定价既要遵从产品定价的一般原则，又要考虑其特殊性。常用的新产品定价策略有以下三种。

1. 撇脂定价策略

撇脂定价策略是指企业在新产品刚投入市场时，把产品的价格定得很高，使其在短期内赚取最大利润的定价策略。“撇脂”的本意是指从牛奶中撇取奶油，在此比喻赚取利润，所以又称高价厚利策略。企业之所以能以高价将新产品打入市场，主要是利用了顾客的求新心理。

（1）评价。优点：①新产品初上市，竞争者还没有进入，利用顾客求新心理，以较高价格刺激消费，开拓早期市场；②由于价格较高，因而可以在短期内取得较大利润，使企业有足够的资金开拓市场；③定价较高，在竞争者大量进入市场时，便于主动降价，增强竞争能力，同时也符合顾客对待价格由高到低的心理。

缺点：在新产品尚未建立起声誉时，高价不利于打开市场，有时甚至会无人问津。如果高价投放市场销路旺盛，很容易引来竞争者，加速本行业竞争的白热化，容易导致价格下跌、经营不长就会转产的局面。

（2）适应条件。撇脂定价法一般适用于以下几种情况：①产品有特色，有吸引力，高价仍有较大的需求；②拥有专利或技术诀窍。研制这种新产品难度较大，用高价也不怕竞争者迅速进入市场；③对新产品未来的需求或成本无法估计。定价低则风险大，因此，先以高价投石问路；④高价可以使新产品一经投入市场就树立高级、质优的形象。

应用举例　雷诺公司的高价策略

第二次世界大战结束时，美国的雷诺公司趁当时世界上第一颗原子弹爆炸的新闻热潮，从阿根廷引进了美国人从未见过的圆珠笔生产技术，取了个时兴的名字——原子笔，并通过各种宣传为之披上了种种神秘外衣，作为圣诞礼物迅速投放市场。当时，生产圆珠笔的成本仅 50 美分，而卖给零售商的价格高达 10 美元，零售商卖给顾客的价格又高达 20 美元。尽管价格如此高昂，但由于圆珠笔的奇特、新颖和高贵而风靡美国，在市场上十分畅销。等到这种产品的神秘外衣被不断揭开，身价一落千丈时，雷诺公司的老板已带着快要撑破的钱包去经营更新的产品去了。

美国雷诺公司运用的是撇脂定价策略利用了消费者的好奇和求新心理。其优点一是可以提高产品身价，二是可以及时赚取利润，三是万一定价出现错误，调整价格比较容易。对于某些特殊产品，只要营销运作得当，厚利也能畅销。

2．渗透定价策略

渗透定价策略是指企业以微利、无利甚至亏损的低价全力推出新产品，借以在短时间内迅速打开销路，尽快占领市场，在获得对市场的一定控制之后，根据情况的变化，再逐步提高价格的定价策略。其目的在于使新产品迅速向市场渗透，通过牺牲短期利益来取得巨额销售量和市场占有率。

（1）评价。优点：一方面可以利用低价迅速打开产品销路，占领市场，从多销中增加利润；另一方面可以阻止竞争者进入，有利于控制市场。

缺点：投资的回收期较长，见效慢、风险大，一旦渗透失利，企业就会一败涂地。

（2）适应条件。①产品的规模效益显著，大量生产一定会降低成本，收益有上升可能；②企业新开发的产品，在市场上已有同类产品或替代品，或者新产品易被仿制，竞争者容易进入该市场。企业利用低价排斥竞争者，占领市场；③产品的需求价格弹性较大，消费者对价格比较敏感，低价可以吸引较多的顾客，可以扩大市场份额。

应用举例　太麦克斯韦公司崛起之谜

美国太麦克斯韦公司原是一家生产军用计时器的小公司，“二战”后军火生意越来越难做，1950 年开始涉足手表制造业。但是，当时的手表市场竞争十分激烈，像它们这种小公司，要想在竞争激烈的手表市场上抢到一杯羹，确非易事。它们运用的定价策略是不断以低价向市场推出自己的新产品。1963 年，该公司首次生产电子手表，以 30 美元推向市场，仅为当时同类产品价格的一半；20 世纪 70 年代初，世界主要手表制造商推出 1000 美元以上的豪华型石英手表，1972 年初日本、瑞士和其他手表厂的石英表也以 400 美元或更高价格推出。该公司 1972 年 4 月上市的石英表，售价才 125 美元，低廉的价格成为其迅速崛起的法宝。据说，美国市场上每出售 2 块手表，就有 1 块是该公司的手表。

太麦克斯韦公司运用的是渗透定价策略。其优点是可使销量增大，迅速占领市场，而且占领市场的时间相对延长。因此，对于大众化产品，要善于利用消费者注重实惠、实用、求廉的心理，可把产品价格适当定低一点。

3. 满意定价策略

满意定价策略是指企业为产品制定不高不低的价格，既能对消费者产生一定的吸引力，又能使企业弥补成本后还有盈利，使企业和消费者双方都感到满意的定价策略。优点：适中的价格被认为是合情合理的，能较快被市场接受，消费者也比较满意；可以避免不必要的竞争；价格在弥补成本后还有盈利，使生产经营者也能收回投资，为企业对产品进一步改进并稳步调价奠定了基础。缺点：将产品消极地推向市场，企业往往难以灵活适应瞬息万变的市场。

7.3.2 折扣定价策略

折扣定价策略是指企业出售产品时，在基本价格的基础上再给购买者一定价格优惠的定价策略。

1. 现金折扣定价策略

现金折扣定价策略是指购买者如果按约定日期付款或提前付款，企业可按产品基本价格给予一定数量折扣的定价策略。本策略旨在鼓励消费者及时交付全部货款，以加速企业资金的周转。例如，某企业规定，提前付款 10 天的顾客，可享受 2%的价格优惠，提前 20 天付款，享受 1%的价格优惠。使用现金折扣需要考虑三个因素：折扣的比率、折扣的时间期限和付清全部货款的期限。

2. 数量折扣定价策略

数量折扣定价策略是指企业对购买产品达到一定数量的消费者给予一定价格折扣的定价策略。其实质是把消费者大量购买时企业节约的一部分销售费用，以价格折扣的形式退还给消费者。数量折扣的形式有两种：一种是累计数量折扣，即在一定时期内，对消费者购买产品的数量进行累计，规定购买达到若干数量等级时，给予若干等级的折扣，一般是累计购买数量越大，折扣就越多。这种形式既能鼓励消费者大量购买，借以扩大产品销量，也有利于与顾客建立长期固定的合作关系，减少企业的经营风险；另一种是非累计数量折扣，根据一次购买数量的多少给予一定的价格折扣，一般是购买越多，折扣越大。

3．功能折扣定价策略

功能折扣定价策略是指企业根据各类中间商（批发商、零售商）在营销活动中所执行的功能不同，分别给予不同折扣的定价策略。本策略旨在调动中间商的推销积极性。例如，某生产企业报价为 200 元，按价目表给批发商和零售商分别为 10%和 15%的职能折扣，以鼓励他们经销自己的产品。

给中间商折扣的目的是和中间商建立长期、稳定、良好的合作关系，鼓励中间商大批量进货、扩大销路。折扣比例的确定，主要依据中间商的地位、承担的责任和风险、购买的批量以及在促销方面所起的作用。

4．季节折扣定价策略

季节折扣定价策略是指企业对那些购买过季产品的消费者给予价格优惠的定价策略。例如，冬季购买电风扇，夏季购买皮大衣，旅游淡季乘坐飞机等都可给予一定的价格折扣。采取这种策略，是为了减少企业的仓储费用，加速资金周转，实现企业均衡生产和经营。折扣比例的确定应考虑成本、储运费用、基价和资金利息的因素。

7.3.3 地理定价策略

一个产品不仅卖给当地顾客，而且同时卖给外地顾客，而卖给外地顾客时，把产品从产地运到顾客所在地需要支付一些装运费。这种策略，在对外贸易中更为普遍，根据产品的流通费用在买卖双方中分担的情况，表现为各种不同的价格。

1．产地定价策略

产地定价又称离岸价格（FOB），是指顾客在产地按厂价购买产品，卖主负责将产品运至顾客指定的运输工具上，交货前的有关费用由卖方负担，交货后的有关运费、保险费等由买方负担。我国企业的产品进口中，多选择这种方式。这种定价策略比较单一，适应性强。但对于企业也有不利之处，削弱了其在远方市场的竞争优势。远方顾客为了降低运费负担，可能就近选择卖方。

2．目的地定价策略

这种策略与前者相反，企业的产品不管卖向何方，也不管买方路途的远近，一律实行统一运送价格，即把产品运到买方指定的目的地。到达目的地前的一切运费、保险等费用均由卖方负担。

3．统一交货定价策略

统一交货定价策略是指企业不管买主距离远近均制定相同出售价格的定价策略。其优点是有利于巩固销售企业的市场地位，也较易获得顾客好感，还方便买者与对其他供应者的价格进行比较。

4．区域定价策略

区域定价策略是指企业把整个市场分为几个区域，每个区域实行一种销售价格的定价策略。实质上，区域定价是统一交货价格的一种新形式，能够较为合理地分摊运输费用。

5．运费补贴定价策略

运费补贴定价策略是指卖方对距离远的买方给予适当的价格补贴。采取运费补贴定价策略，可以使企业加深市场渗透，并且能在竞争日益激烈的市场上站稳脚跟。

7.3.4 心理定价策略

心理定价策略是指企业根据消费者的心理特点，迎合消费者的某些心理需要，以激发顾客的购买动机，引发顾客购买行为而采取的定价策略。常用的心理定价策略主要有以下五种。

1．尾数定价策略

尾数定价策略是指在产品定价时，利用消费者求廉的心理，取尾数，而不取整数的定价方法。因为尾数经常会给大家一个精确、向下的印象，从而让消费者产生便宜的感觉。例如，一支5.89元的牙刷比6元钱的受欢迎。这种策略通常适用于基本生活用品。

小资料　**奇数定价**

据美国一些商业心理学家的调查显示，零售价49美分的产品，其产品销量远比标价50美分的多，也比48美分的好。因此，许多商店对产品标价，宁取9.97元而不标价为10元，宁可定价4.99元而不定价为5元。

2．整数定价策略

整数定价策略是指企业在定价时有意将产品价格定为整数而不要零头的定价策略，如电视机1000元/台，汽车98000元/辆等。由于人们常有“一分钱，一分货”的心理，因此采用这种定价方式能使人们产生“产品档次高”的印象，提高产品身价，反而有利于产品销售。一般来说，耐用消费品、礼品、高档产品、消费者不太了解或对质量较为重视的产品，均可采用此种定价策略。

3．声望定价策略

声望定价策略是指企业对有较高声誉的名牌高档产品以及在名店销售的产品，有意把产品价格定得较高，以满足顾客崇尚名牌心理的定价策略。不少高级名牌产品和稀缺产品，如豪华轿车、高档手表、名牌时装、名人字画、珠宝古董等，在消费者心目中享有极高的声望。购买这些产品的人，往往不在乎产品价格，而关心产品能否显示其身份和地位、满足其炫耀心理，价格越高，心理满足的程度也就越大。因此，对于此类产品，把价格定得高些，反而有利于产品销售。当然，采取声望定价策略一是必须质价相符，不能随意欺骗消费者；二是价格不能高得离谱，以免失去消费者信任。

应用举例 **“巴厘克”服装**

“巴厘克”是印度尼西亚久负盛名的传统服装。某印度尼西亚服装厂设计师经过革新，在服装设计中使精美与典雅、娟秀与华丽并存，到日本展销，日本社会名流应邀光顾，却无人问津。调查发现，定价太低，贵妇们认为低价使脸上无光。其后，设计师改进了设计，第二年又争取到日本展销，质量并无大变化，价格比上次高出3倍，却被抢购一空。调查发现，日本妇女认为，价格昂贵，又久负盛名，一定价高货实，购买这种服装能显示自己的身份和地位，因而争相购买。

4. 习惯定价策略

许多日用消费品，由于经常使用，在长期的市场交换过程中已经形成了为消费者所熟知的价格，这就是习惯价格。企业对这类消费者已经熟知的价格，在确定产品价格时必须充分考虑消费者的习惯倾向，采用习惯定价策略。此类产品的价格不宜轻易变动，这是因为降低价格，可能会引起是否货真价实的怀疑；提高价格又可能引起“涨价”的社会反响，会使消费者产生不满情绪，导致购买的转移。企业不得不提价时，应向消费者加强宣传，讲清理由，避免负面影响，或采用某种变通手段（如改换包装或品牌等措施），达到减少抵触心理的目的。同时，企业还要想方设法地引导消费者逐步形成新的习惯价格。

5. 招徕定价策略

招徕定价策略是指企业利用消费者的求廉心理和投机心理，以较低的价格（特价）吸引消费者，以达到连带销售其他产品目的的定价策略。其目的是通过优惠极少数产品来推销绝大多数产品。招徕定价策略是一些大型商场、超市经常使用的一种策略。前提是低价的产品具有广泛的吸引力，待选的产品种类繁多。

采用这种策略，虽然几种低价产品不赚钱，甚至亏本，但从总的经济效益看，由于低价产品带动了其他产品的销售，企业还是有利可图的。节日期间的优惠酬宾、换季“大甩卖”等，就属于这类情况。企业实行这种定价方法时要注意是否具备以下条件：第一，“特价品”必须是大多数顾客都熟悉、日常生活必需、购买频率较高的产品；第二，“特价品”的数量必须适宜，不能太多，也不能太少，因为太多会伤企业元气，太少会使顾客失望，甚至会产生不信任感；第三，降价应有吸引力；第四，降价应有时间限制；第五，特价品要经常变换；第六，经营的规模要大，否则不能达到经营目的。

应用举例 **招徕定价**

日本“创意药房”曾将一瓶200元的补药以超低价80元出售，每天有大批顾客来抢购，按说如此下去应该赔本儿，但盈余却逐月增加，其原因就是人们来药店时并不只买一种药。人们看到补药便宜，就会联想到其他药也一定便宜，于是促成了其他购买行为。

7.3.5 组合定价策略

组合定价策略是指企业在各产品大类、选择品、补充品、分部、副产品、产品系列之间进行价格合理组合安排，借以实现经营目的的定价策略。

1. 产品大类定价策略

当企业生产的系列产品存在需求和成本的内在关联性时，为了充分发挥这种内在关联性的积极效应，就可以采用产品大类定价策略。按照这种策略定价时，要确定三种价格。首先，要确定某种产品的最低价格，以其作为产品大类的领袖价格，借以吸引消费者购买产品大类中的其他产品；其次，要确定产品大类中某种产品的最高价格，使其在产品大类中充当品牌质量和收回投资的角色；最后，产品大类中的其他产品也要分别依据其在产品大类中的角色不同而制定不同的价格。在这种策略中，营销者的任务就是认知产品大类中各种产品的质量差别，使其价格差别合理化。

2. 选择品定价策略

在本策略中，企业在提供主要产品的同时，还会附带提供一些可供选择的产品，如汽车用户可以订购电子开窗控制器、扫雾器和减光器等。

3. 补充品定价策略

在本策略中，制造商为主要产品制定较低的价格以吸引顾客，为附属产品制定较高的价格以获得利润，如剃须刀与剃须刀片，咖啡与咖啡伴侣。

4. 分部定价策略

在本策略中，企业经常收取一笔固定费用，再加上可变的使用费，如游乐园一般先收门票费，若超过规定的游乐内容须再交费。

5. 副产品定价策略

在生产加工肉类、石油产品和其他化工产品的过程中，经常有副产品。如果副产品价值很低，处理费用昂贵，就会影响到主产品的定价。企业确定的价格必须能够弥补副产品的处理费用。如果副产品对某一顾客群有价值，就应该按其价值定价。

6. 产品系列定价策略

在本策略中，企业经常以某一价格出售一组产品，这一组产品的价格低于单独购买其中每个产品的费用总和。

应用举例 **肯德基的定价策略**

肯德基的某个汉堡包20元钱一个，购买套餐时其价格只有18元，如果加上定期派发的优惠券，购买一个汉堡包实际付出的价格只有15元。“实惠看得见，心动到永远。”可是如果你单买汉堡包，20元就是20元，19元也不可以。这就是美国的快餐价格文化，也是肯德基带给中国的经营价格文化。

利用了消费者求廉的心理，达到了捆绑营销的目的；利用价格优惠推销套餐，利用价格歧视限制单买，借以造成整体业绩蒸蒸日上的良好局面，这种做法堪称产品系列定价的成功运用。

7.3.6 差别定价策略

这种策略又称区分需求定价策略，是指在给产品定价时可根据不同需求强度、不同购买力、不同购买地点和不同购买时间等因素，采取不同的价格。

1. 以顾客为基础的差别定价

企业对于不同的消费者，可以采用不同的价格。例如，对老顾客和新顾客，采用不同价格，对老顾客给一定的优惠；同一产品卖给批发商、零售商或消费者，采用不同的价格；民航的机票对本国籍乘客和外国籍乘客实行不同的价格，等等。

2. 以产品部位差别为基础的差别定价

企业对于处在不同位置的产品或服务分别制定不同的价格。例如，对于不同地区的购买者采用不同的价格；同一地区或城市的影剧院、运动场、球场或游乐场等因地点或位置的不同，定价也不同。

3. 以产品形式为基础的差别定价

企业对于不同型号、外观、花色、规格的产品，根据顾客对于产品的喜好程度的不同，分别制定不同的价格。例如，同样的椅子，具有同样的使用功能，但可能因为样式的时尚与否而价格差别很大。

4. 以时间为基础的差别定价

企业对于不同季节、不同日期，甚至在不同时点的产品或劳务可以制定不同的价格。例如，旅游宾馆、饭店在旅游旺季和淡季的收费标准不同；公用事业如电话、电报等在不同时间（白天、夜晚、节假日、平日等）的收费标准不同；出租小摊贩车在白天和夜晚的收费标准不同，等等。

7.3.7 网络定价策略

网络定价策略是指企业在网络营销过程中通过买卖双方共同确定产品成交价格的策略。

由于网上信息的公开性、方便性以及易搜索性等特点，网上购物已越来越受到顾客的青睐。企业为了有效地促进产品在网上销售，针对网上市场制定有效的价格变得越来越重要。

相比传统产品价格，网络价格具有全球性、动态性、透明性、低价性以及顾客主导性等特点。因此，网络定价策略相比传统定价策略具有许多新的特点和内涵。网络定价策略主要包括以下四种。

1．免费定价策略

免费定价策略是指企业为了实现某种特殊的目的，将产品和服务以零价格形式提供给顾客使用的价格手段。这种策略的目的之一是让用户免费使用形成习惯后再开始收费，另一个目的是想发掘后续商业价值推广产品。

免费定价策略的主要形式：①产品和服务完全免费，如雅虎公司通过免费建设门户站点，亏损经营 4 年后才通过广告收入等间接收益扭亏为盈；②产品和服务实行限制免费，如产品或服务有限次地被使用，超过一定期限或者次数后，取消免费服务；③产品和服务实行部分免费，如一些研究公司的网站公布部分研究成果，如需获取全部成果必须付款；④产品和服务实行捆绑式免费，即购买某产品或服务时赠送其他产品和服务。

2．低价定价策略

低价定价策略是指企业借助于互联网进行销售，将产品和服务以低于传统销售方式的价格提供给顾客的价格手段。由于互联网能帮助企业在渠道和促销等诸多方面降低产品成本，使得网上产品定价较传统定价低成为了可能。

低价定价策略的主要形式：①直接低价定价策略，一般是制造业企业采用成本加一定利润，在网上进行直销时采用的定价方式；②折扣策略，是指一些网上商店按照市面上流行的价格进行折扣的定价方式；③促销定价策略，是指企业利用网上消费者面广的特点而进行诸如折扣、有奖销售或附带赠品销售等活动，其目的在于打开网上销售局面或推广新产品的临时促销定价策略。

3．个性化定制定价策略

个性化定制定价策略是在企业能实行定制生产的基础上，利用网络技术和辅助设计软件，帮助消费者选择配置或者自行设计能满足自己需求的个性化产品，同时承担自己愿意付出的价格成本的定价方式。这种个性化定制定价策略针对的顾客有两类：一类是面对工业组织市场的定制生产，另一类是针对消费品的定制生产。

4．拍卖竞价策略

拍卖竞价策略是指由消费者通过互联网轮流公开竞价，在规定时间内价高者赢得产品。网上拍卖是目前发展较快、最市场化、最合理化的定价方式。由于目前购买群体主要是个体消费者，因此，比较适合网上拍卖竞价的是企业的积压产品，或是企业需要通过拍卖展示起到促销作用的新产品。网络拍卖竞价方式有以下三种。

（1）竞价拍卖。竞价拍卖是产权交易领域的一大创新与进步，它利用现代电子技术和网络资源进行竞价，采用限时、连续、竞争报价的方法进行操作。它是一种 C to C（顾客对顾客）的交易，即在顾客之间以拍卖方式出售二手货、收藏品或普通产品。

（2）竞价拍买。竞价拍买是传统拍卖活动中无法实现的买方行为，它为消费者搭建了较为主动的控制价格平台，是竞价拍卖的反向过程，即竞价拍买是指消费者提出一个价格范围，求购某一产品，由商家出价，出价可以是公开的，也可以是隐蔽的，消费者将与出价最低或最接近消费者提出的价格范围的商家成交。

（3）集体议价。集体议价是拍卖主以较低的价格向顾客拍卖，不同数量，给予不同的价格。在拍卖周期内，只要而且也只能在参加竞拍者数量达到拍卖主标定的拍卖数量时，拍卖即可结束。互联网出现后，这种方式已不只用于多个零售商结合起来，向批发商或生产商以数量换价格的方式，普通的消费者网上购物时也能使用。

7.3.8 服务定价策略

服务产品不同于有形产品，它具有无形性、人为性和不可储存性的特征。这些特点使得服务产品的定价比有形产品更困难。企业在为服务产品制定价格时，除了必须考虑成本、需求、竞争、服务产品的特征及企业的现实状况等客观因素外，还需更多地结合管理者的经验、领导者的直觉等一些主观因素。因此，服务定价策略可以采用主观定价法、客观定价法与一些具体的定价技巧相结合。

1. 主观定价法

主观定价法是指企业根据顾客对服务的感觉价值和接受程度，主观调整服务的标准价格。服务定价的主观因素包括：①服务效率的估价；②服务企业的经验和能力；③服务企业的知名度；④服务工作的类型和难度；⑤服务的便利性；⑥额外的特殊开销；⑦市场价格水平；⑧加班费等。对于一些趋近于艺术化的服务来说，服务对象和服务状况多种多样，根据具体情况灵活调整价格的主观定价法有其适用性。

2. 客观定价法

客观定价法是指不论顾客种类，先设定服务的单价，再乘以实际提供的服务单位数，以得出该项服务的价格。这种定价法适用于律师、管理咨询公司、心理医生、家庭教师等固定方式的、可以被分割的服务项目。收费标准可以根据经验或市场价格水平来确定。客观定价法的优点是易于计费，顾客心中有底；缺点是不能反映顾客对价格的感受，固定的价格对某些顾客过于昂贵，而对另一些顾客又会被当成档次过低的服务，从而降低竞争力。

3. 定价技巧

有形产品的定价技巧一般也可用于服务产品，服务业经常使用的定价技巧主要有以下四种。

（1）折扣定价。折扣定价是指企业对服务分销商和终端顾客进行现金折扣、数量折扣、交易折扣、季节折扣等优惠措施。服务企业通过折扣方式可以达到两个目的：一是促进服务的生产和消费；二是鼓励提早付款、大量购买和淡季消费。

（2）招徕定价。招徕定价是指企业将第一次订货或第一个合同的价格定得很低，希望借此能够获得更多的生意，而后来生意则要求较高的价格。此方法适合于当顾客不满意目前的服务提供者或不精通所提供的服务时采取。

（3）保证定价。保证定价是指企业保证顾客必有某种结果产生后再付款的定价方式。例如，职业介绍所的服务，必须等到当事人获得了适当的工作职位后，才能收取费用。这种方法很适用于服务业以下情况：特定的允诺可以肯定；高质量的服务无法削价；顾客寻求的是明确的保证结果。

（4）系列定价。系列定价是指该服务的价格本身维持不变，但服务质量、服务数量和服务水平则充分反映了成本的变动。特别适合如租赁公司这类有固定收费的系列标准服务，因为这类服务产品的质量、数量和水平的差异容易为顾客所了解。

案例7-2　苹果的“撇脂定价”策略

说起“苹果”，大家肯定都耳熟能详，而其中定然也有不少“苹果粉丝”、“苹果迷”。近段时间，网络上广为流传的一句网络评语：“三个苹果”改变世界。在全球电子产品行业中，“苹果”则更是以一个令人倾羡的巨人形象站在一个众人无法企及的高度，给人一种“可望而不可即”的强烈震撼。

苹果的成功，成为了商业界的一个典范，备受商业界人士的关注。苹果成功的背后有很多因素在支撑，包括苹果的独特创意、苹果迅猛的换代速度、饥饿式营销、乔布斯所带领的苹果团队，等等，其中，苹果的定价策略也是重要的一种因素。

苹果的“撇脂定价”：每代新产品在问世前，就已在广大消费者心理激起了无限的好奇与期待。尽管其价格相对较高，但并没有因此而降低其销售量，反而更加坚固了“苹果”在消费者心目中的高端形象，迅速在市场上畅销，同时也吸引了越来越多的“苹果粉丝”、“苹果迷”，给苹果带来了更多忠实的顾客。然而，就在其销路甚好、市场并未饱和的状态下，苹果又开始研发出最新一代的产品，之前的产品随之而迅速降价，让利于消费者，在最新产品尚未上市之前，当前的产品已成了市场的热销产品，市场覆盖率已达到了一个相当的高度，为新产品的问世更是开辟了一条更为宽广的销路。而在最新产品出来的时候，其产品的价格比上一代产品还要高，其销量仍然很好。从而，苹果在其产品中“撇到了更多的脂”。苹果的“撇脂定价”获得了很好的成效。

2004年，苹果公司将iPhone在推上市场不到两个月之后，价格就猛然降低了1/3，当时即使是最忠实的消费者也变得怨声载道，首席执行官史蒂夫·乔布斯不得不尴尬地道歉，承诺部分退还差价款。

案例评析：

1. 苹果定价的成功在于其产品的特点。
2. 连续的撇脂定价树立了良好的产品形象。
3. 一个定价策略的成功，需要不断迎合市场变动及顾客需求，灵活地进行调整。

子任务四 价格变动应对

产品在定价以后，由于市场环境发生了变化，经常需要对价格进行调整。调整价格的主要原因有两种：一是市场供求环境发生了变化，企业认为有必要对自己产品的价格进行调整；二是竞争者的价格发生了变动，企业不得不做出相应的反应，以适应市场竞争的需要。

7.4.1 企业降价与提价分析

1. 企业降价

企业降价的主要原因如下。

（1）竞争压力。企业在竞争对手降价或者新加入者增多的强大竞争压力下，企业的市场占有率下降，迫使企业以降价方式来维持和扩大市场份额。

（2）企业的生产能力过剩。企业需要扩大销售，而又不能通过产品改进和加强销售等措施来扩大销售，在这种情况下，企业就必须考虑降价。

（3）企业的成本比竞争者低。企业希望通过削价的方式来提高市场占有率，从而扩大生产和销售，控制市场。

（4）需求曲线的弹性大。在这种情况下，降价可以扩大销量，增加收入。

（5）经济萧条。在经济紧缩的形势下，由于币值上升，价格总水平下降。企业的产品价格也应降低。

企业降价的方式与技巧如下。

（1）增加额外费用支出。在价格不变的情况下，企业增加运费支出，实行送货上门，或免费安装、调试、维修以及为顾客保险等。这些费用本应该从价格中扣除，因而实际上降低了产品价格。

（2）改进产品的性能，提高产品的质量。增加产品功能，提高产品质量，在价格不变的情况下，实际上等于降低了产品的价格。

（3）增加或增大各种折扣比例。增加折扣，或者在原有的基础上，扩大各种折扣比例，在其他条件不变的情况下，实际上降低了产品的价格。

（4）馈赠礼品。在其他条件不变的情况下，给购买产品的顾客馈赠某种礼品，如玩具、工艺品等。赠送礼品的费用应从产品价格中补偿，这实际上也等于降低了产品的价格。

2. 企业提价

企业提价的主要原因如下。

（1）应付成本上涨。这是企业调高价格的最主要原因。如果企业的原材料、工资等费用上升，企业成本提高，产品继续维持原价，妨碍企业合理利润的获得，甚至会影响企业再生产的进行。这时企业不得不通过涨价来转嫁成本上涨的压力，维持正常的盈利水平。

（2）通货膨胀。由于通货膨胀、货币贬值，使得产品的市场价格低于其价值，迫使企业不得不通过涨价的形式来减少因货币贬值而造成的损失。

（3）产品供不应求，市场需求旺盛。企业通过调高价格，抑制部分需求。

（4）改进产品。企业通过技术革新，提高了产品质量，改进了产品性能，增加了产品功能。企业为了补偿改进产品过程中支付的费用和显示其产品的高品位，而提高产品价格。

（5）竞争策略的需要。以产品的高价格来显示产品的高品位，即将自己产品的价格提高到同类产品价格之上，使消费者感到其产品的品位要比同类产品高。

企业提价的方式与技巧如下。

（1）公开真实成本。企业通过公共关系、广告宣传等方式，在消费者认知的范围内，把产品的各项成本上涨的真实情况告诉消费者，以获得消费者的理解，使涨价在没有或较少抵触的情况下进行。有的企业趁成本上涨之机，过分夸大成本上涨幅度，从而过高地提高产品价格，这种做法容易引起消费者的反感。

（2）提高产品质量。为了减少顾客因涨价而受到的压力，企业在产品质量狠下功夫，如改进原产品、新设计同类产品，在产品性能、规格、式样等方面给顾客更多的选择机会，使消费者认识到，企业在提供更好的产品，索取高价是应该的。

（3）增加产品含量。即涨价的同时，增加产品供应分量，使顾客感到，产品分量增多了，价格自然要上涨。

（4）附送赠品或优待。涨价时，以不影响企业正常的收益为前提，随产品赠送一点小礼物，提供某些特殊优待。例如，买一赠一、有奖销售等。这种方式在零售商店最为常见。

7.4.2　消费者对企业价格变动的反应

企业不论提价或降价，必然会对购买者、竞争者、经销商和供应商产生影响，而且政府机构对企业价格变动也不能不关注。反过来，上述反应又必然会影响到企业的营销策略制定及价格调整。

顾客对提价的理解可能是厂家想多获利；产品质量好才提价；产品供不应求，不早买就买不到了，等等。

顾客对降价的理解可能是产品质量有问题，卖不出去了；产品式样过时了，需要有新产品代替了；还会再降价，不如再等一等；企业经营不善，恐怕维持不下去了，以后的售后服务没有着落，等等。

一般来说，顾客对价格变动的反应不同。对于那些价值高、经常购买的产品，价格变动较敏感，对于那些价值低、不经常购买的小产品，单位价格再高，顾客也不太在意。此外，顾客虽然关心产品价格变动，但是通常更关心取得、使用和维修产品的总费用。

7.4.3　竞争者对企业价格变动的反应

竞争者对价格变动的反应也是企业调整价格时需要认真考虑的重要因素。分析竞争者的反应，需要建立在企业长期对竞争市场及竞争对手的了解上。调价前，企业必须了解竞争者目前的财务状况，近年来的生产、销售、顾客的忠实程度和企业目标等情况。由于每个竞争者对企业调价的理解不同，所以问题比较复杂。例如，竞争者对企业降价行为就有可能认为：企业想夺走它的市场；企业想引起全行业降价，以刺激需求；企业经营不善，想改进销售状况；企业可能有替代产品上市。不同的认知导致竞争者采取不同的对应行为。

7.4.4 企业对竞争者价格变动的反应

1. 对竞争者的研究

面对竞争者价格的变动，企业必须认真调查研究如下问题。

（1）竞争者变动价格的目的是什么？是想扩大市场份额，还是因为成本变化？

（2）竞争者的价格变动是长期的，还是暂时的？

（3）其他竞争者对此会做出什么反应？

（4）本企业对竞争者的调价做出反应后，竞争者和其他企业又会采取什么措施？

2. 对本企业情况的研究

（1）本企业的竞争实力，包括产品质量、售后服务、市场份额、财力状况等。

（2）本企业产品的生命周期以及需求的价格弹性。

（3）竞争对手调价对本企业有何影响？

3. 企业所做出的反应

一般情况下，对提价的反应比较容易，方法主要有跟随提价和价格不变。对降价的反应就比较复杂，需要慎重对待。在这方面，企业做出的反应主要有以下三种方式。

（1）不予理睬。这是在竞争者降价幅度较小时采用的方法。因为企业认为，随之削价会减少利润，而保持价格不变，市场份额损失不大，必要时很容易夺回来。

（2）维持原价，运用非价格手段出击。这是在竞争者降价幅度稍大时采用的方法。例如，企业改进产品、服务和信息沟通等，一般来讲价格不动反而给顾客增加的利益比削价时更有竞争力。

（3）跟随降价，即跟随着竞争者降价，这是在竞争者的降价幅度较大时采用的。这种方法一般是企业认为市场对价格非常敏感，而且竞争对手的降价幅度又很大，如果企业不跟着降价，就会丢失太多的市场份额，影响企业以后的市场竞争和生产经营活动，损害企业长远的利益。至于是降低到与竞争者相同的幅度，还是较小幅度，或更大幅度，要根据具体情况进行具体分析。总的来说，企业降价的幅度或极限，要能使销量的增加足以维持企业原有的利润。

小资料 **逃离价格战**

在国际贸易中，我国的一些经销商发现近些年来外贸的利润空间越来越小，同行业竞争愈演愈烈。可能大部分同行的答案是，这是市场竞争的结果。

在一些常见的贸易谈判会场上，外商讨价还价的过程如下：首先外商拿着中国A供应商的产品价格，到中国B供应商处询价。然后他再拿着B供应商的价格到A供应商处再还价。之后他再次拿着A供应商的价格与B供应商讨价还价。最后直到他求得最低廉的价格后成交。经过这几个回合的讨价还价，外商已经在不知不觉中导演了一场中国供应商之间相互残杀的惨剧。与此同时，巨大的利润已进入外商的账户。面对大多数中国供应商总是如此相互残杀，直到自己面临的利润在一点点地流失，有人可能会提出质疑，但这些供应商会反问：如果我不接受，我们工厂的机器又怎能运转？我们企业那些生产线上的工人怎样生活？是的，我们不得不接受这种残酷的现实，这是劳动力密集型国家商人无奈的选择。

同样的例子可以证明价格战不仅伤害自己，而且最终伤害整个行业。我们都知道温州鞋业出口的经历。在前期的巨大利润面前，温州人自相残杀，纷纷以低价竞争，最终导致今天的温州鞋业已经几乎没有利润可言，温州鞋在外商的眼里就是便宜货。同样的行业惨况还有中国的陶瓷、服装等。

面对这种困境，你该怎么办？企业的工人怎样生活？企业的机器又如何运转？难道只能选择那个迫不得已的结局——企业关门倒闭？

如果一个企业仅仅以低廉的劳动力价格赢得在全球性竞争中的发展地位，那么这个企业的经济命脉就会始终受控于他人，就可能会随时夭折。因为，今天能够以低价赢得一时，但是绝对不能以低价赢得一世。总有一天，外商会发现有更为低廉的价格可寻。所以，价格战会导致恶性循环，绝不能再继续上演下去。我国企业必须跳出价格战的怪圈，实施差异化竞争策略，寻找自己的核心竞争力。

实训一

任务：熟悉产品的定价策略。

【实训目的】

引导学生学会产品或服务定价的方法与技巧，加深对各种价格策略的理解，培养学生制定产品或服务价格的能力。

【实训内容】

自主选择一个手机品牌，通过资料收集和市场调查了解，分析产品的定价策略以及在同类产品中该产品的价格优势与劣势。

【实训方法】

1. 实训过程。

第一步：两个人一组，到手机集中销售的市场，选择一个自己熟悉的手机品牌，进行产品价格的调查，分别从商家和顾客两个方面进行调查（课下完成）。

第二步：对调查回来的信息和数据进行统计和分析。

第三步：分析所选产品的定价策略以及在同类产品中的竞争情况。

第四步：完成所选产品的价格策略分析报告（以PPT形式）。

第五步：学生展示调研与分析结果。

第六步：实训指导教师进行分享和指导。

2．时间：60分钟（其中市场调查30分钟，展示与分享30分钟）。

3．地点：手机市场+教室。

【总结】

1．价格策略是营销组合最重要的策略之一，又是企业可控因素中最难以确定的因素。要熟练掌握企业常用的定价策略。

2．影响价格的因素很多，企业为了促进销售、获取利润，在制定价格时，既要考虑成本的补偿，又要考虑顾客对价格的接受能力，还要考虑竞争对手的威胁。

实训二

任务：熟悉以竞争为导向的拍卖定价法。

【实训目的】

引导学生学会利用买方竞争求购的心理，掌握竞争拍卖的流程、原则和技巧。

【实训内容】

模拟拍卖行现场竞拍的场景并进行分析点评。

【实训方法】

1．实训过程。

第一步：向全班同学征集拍卖物品，每人1件。

第二步：将全班同学分成若干组；各组选派代表成立估价委员会，对征集到的拍品进行评估并设定底价。

第三步：估价委员会按照底价总值相等的原则，将拍品分成若干组，各组选派代表抽签确定本组负责拍卖的物品，并分配给各组与拍卖物品底价总值相等（或上浮20%）的资金额度，用于竞买物品。

第四步：各组选派拍卖师面向全班同学拍卖本组物品。

第五步：拍卖结束后，计算各组盈亏额度，决定胜负。

第六步：实训指导教师进行点评和指导。

2．规则：

（1）各组盈亏额度=（拍卖前拍品底价总值+资金额度）-（拍卖后拍品底价总值+资金额度），或者，拍卖物品余额（成交价-底价）-竞买物品超额（成交价-底价）。

（2）竞买人一经应价，不得撤回，当其他竞买人有更高应价时，其应价即丧失约束力。

（3）竞买人的最高应价经拍卖师落锤或者以其他公开表示买定的方式确认后，拍卖成交。

（4）每次加价不得低于预先规定的加价幅度，否则叫价无效。

3．时间：40分钟。

4．地点：教室。

【总结】

1．拍卖又称竞买，是商业中的一种买卖方式，卖方把产品卖给出价最高的人。要掌握拍卖过程中的流程、原则和技巧。

2．拍卖品不都是处理品，例如很多"拆房子"、换季拍卖等，实质上是一种大甩卖、贱卖。我们所说的拍卖是一种高档次的行为，不是削价处理，价格是不固定的，必须要有两个以上的买主，要有竞争，价高者得，没有这三个条件的不能称为拍卖。

任务八

渠道策略

知识目标

1. 掌握分销渠道与市场营销渠道的内涵；
2. 掌握分销渠道的层次和宽度；
3. 了解分销渠道的影响因素，掌握分销渠道的设计与管理；
4. 了解窜货的概念，并懂得如何预防和控制其发生；
5. 了解批发与零售的主要形式。

能力目标

1. 能够根据所学内容对目前市场现有行业或企业的渠道类型进行判断；
2. 能够根据企业、产品和消费者市场的特点进行渠道设计；
3. 能够根据目前市场上产品的窜货现象提出整治的方法和途径。

引入案例　高露洁的“渠道为王”

高露洁公司是美国一家生产经营洗涤品、牙膏、化妆品的跨国公司，占据世界口腔护理品的市场份额较大。

高露洁公司的发迹，除了产品质量过硬以外，还与其有效的渠道策略有关。高露洁公司十分重视销路的选定，它确定销路时，首先分析各种因素，依据客观允许的条件及自己经营的产品性质等，选择最佳的销路。

高露洁—棕榄公司的伙伴型关系营销渠道的确立。高露洁把传统的金字塔式的分销渠道仅仅作为企业经营的一个环节，承担把产品从生产商转移到消费者的职能，渠道成员之间为简单的交易型业务客户关系，因而无法营造和维持企业竞争力。因此，高露洁对渠道进行重新设计，即从产品销售逐步向客户服务销售方向转变，从多层营销渠道向扁平营销渠道转变。以顾客为导向，把处理渠道成员之间的关系作为企业营销的核心，以协调、沟通、双赢为基点与他们建立长期的、彼此信任的、互利的战略伙伴。这种伙伴型的关系营销渠道的建立与高露洁本身的垂直分销渠道模式并无冲突，相反还能带来更多益处，实现了节约成本、优势互补等。

高露洁公司由于在决定市场需要的渠道、选择行销渠道的形式及管理各级渠道上，有战略化的思想和措施，所以其产品，特别是牙膏，畅销于美国乃至全球，迅速发展成为大型跨国企业。

案例评析：

1. 高露洁战略性地细分了其分销渠道，最大限度地占领了市场，达到了公司和分销商的双赢局面。最终取得了整个市场的胜利。

2. 商品渠道的选择和设计要从多方面的因素去考虑，包括产品的特点，消费结构、方式等方面的因素。

3. 渠道模式不是一成不变的，随着产品市场的扩大、更新换代以及科学技术的发展，渠道模式必然会随之发生变化，从而更好地实现企业的目标。

子任务一 认识渠道

渠道是市场营销组合策略中不可缺少的重要环节，是产品达到消费者手中，实现企业目标的必经之路。企业能否制定最佳的渠道策略，实现最高效的渠道设计，对企业营销活动的正常开展及实现企业运营目标有极大的影响。

8.1.1 渠道

1. 分销渠道与市场营销渠道

渠道分析中有两个术语：分销渠道和市场营销渠道。

分销渠道是指某种产品和服务从生产者向消费者转移过程中，取得这种产品和服务的所有权或帮助所有权转移的所有企业和个人。因此，分销渠道包括商人中间商（因为他们取得所有权）和代理中间商（因为他们帮助转移所有权），此外，还包括处于渠道起点和终点的生产者和最终消费者或用户。但是，不包括供应商和辅助商。

市场营销渠道是指配合或参与生产、分销和消费某一生产者的产品和服务的所有企业和个人。也就是说，营销渠道包括某种产品供产销过程中的所有有关企业和个人，如供应商、生产者、商人中间商、代理中间商、辅助商以及最终消费者或用户等。

2. 分销渠道和市场营销渠道的关系

分销渠道和市场营销渠道的关系如图 8-1 所示。

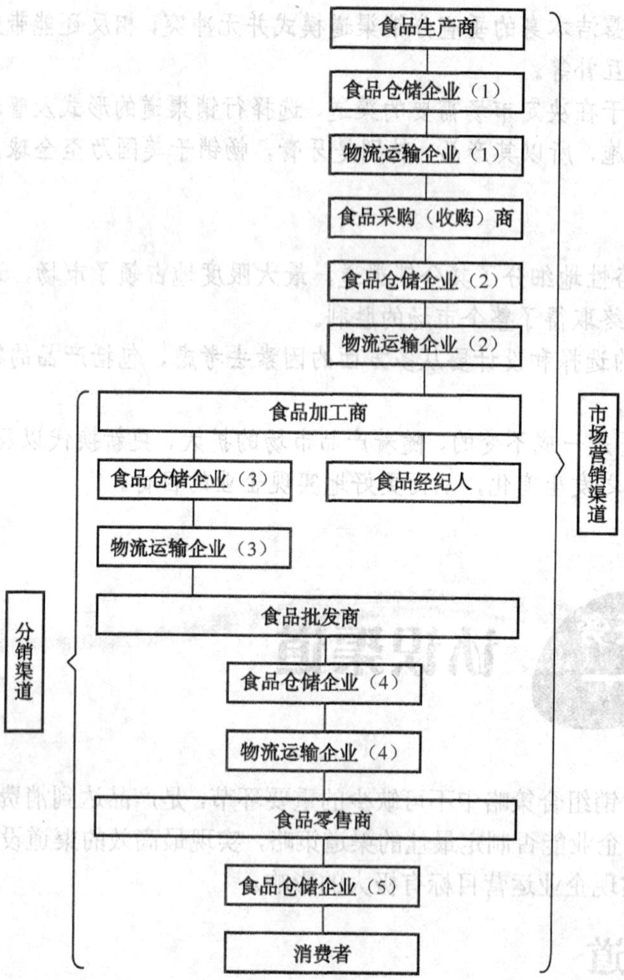

图 8-1 分销渠道与市场营销渠道的关系

3. 分销渠道的职能

从经济理论的观点来看，分销渠道的基本职能在于把自然界提供的不同原料根据人类的需要转换成有意义的产品组合。分销渠道对产品从生产者转移到消费者所必须完成的工作加以组织，其目的在于消除产品（或服务）与使用者之间的分离。分销渠道的主要职能包括以下八个方面。

（1）调研。此即收集制订计划和进行交换所必需的信息。

（2）促销。此即进行关于所供产品的说服性沟通。

（3）接洽。此即寻找潜在购买者并与其进行有效的沟通。

（4）配合。此即使所供产品符合购买者需要，包括制造、分等、装配、包装等活动。

（5）谈判。此即为了转移所供货物的所有权，而就其价格及有关条件达成最后协议。

（6）物流。此即从事产品的运输、储存、配送。

（7）融资。此即为补偿分销成本而取得并支付相关资金。

（8）风险承担。此即承担与渠道工作有关的全部风险。

案例8-1　**格力空调和小米手机的“10亿赌局”**

2013年12月12日，在央视财经频道主办的第十四届中国经济年度人物颁奖盛典上，小米公司董事长兼首席执行官雷军与格力集团董事长董明珠就发展模式再次展开激辩，并打下10亿元的天价赌局。雷军说：“5年之内，如果我们的营业额击败格力的话，董总输我一块钱就行了。”

而董明珠则是毫不客气地见招拆招：“要赌就不是一块（元）钱，我跟你赌10个亿（元）。”

两个人都表达了自身模式的优点。雷军说，小米最大的优势是跟用户群最贴近，强调用户体验和口碑。他强调，互联网已经成为一种趋势。

董明珠也认为，时代在发展，在大数据到来之时，格力这样的制造业企业坚守什么、发展什么很重要。格力电器靠的不是价格，而是技术，有科技创新研发能力和24年的基础，还有优秀的服务和几万家专卖店，如果能和阿里巴巴这样的电子商务企业合作，世界就将是属于格力的。

同时，二人也指出了对方的短板。董明珠说，对于一个企业的发展，可能三五年之内追求的是利润，但更重要的是能否持久。做企业要有共赢的思想，不能把所有的风险都转嫁给别人。

雷军说，传统企业的缺点：首先，是层层渠道距离用户太远；其次，渠道过长，库存全部在路上，有可能造成极大的风险；最后，做的事情太多，使企业不能真正专心地把自己最擅长的事情做好。

至此，10亿赌局不是重要的，传统的渠道运营模式如何与电子商务的模式结合起来，实现新的销售渠道的良好运营是两者共同认知的问题。

案例评析：

1. 渠道的发展不是一成不变的。

2. 只有顺应渠道的发展趋势，把握住渠道的发展才有可能在激烈的竞争中立于不败之地。

8.1.2　分销渠道的层次与宽度

1. 分销渠道的层次

在产品从生产者转移到消费者的过程中，任何一个对产品拥有所有权或负有销售责任的机构，都称为一个渠道层次。

零层渠道通常称为直接分销渠道，是指产品从生产者流向最终消费者的过程中不经过任何中间商转手的分销渠道。直接分销渠道主要用于分销产业用品。因为，一方面，许多产业用品要按照用户的特殊需要制造，有高度技术性，制造商要派遣专家去指导用户安装、操作、维护设备；另一方面，用户数目较少，某些行业工厂往往集中在某一地区，这些产业用品的单价高，用户购买批量大。但也有某些消费品有时也通过直接分销渠道分销。

应用举例 **身边的直销**

我们经常会在马路的旁边看到有农民在路边销售自己农场的水果、蔬菜、禽蛋等生鲜农产品。

一层渠道含有一个销售中介机构。在消费者市场，这个中介机构通常是零售商；在产业市场，则可能是销售代理商或佣金商。

应用举例 **沃尔玛的“蔬菜供应商”**

通常情况下，农副产品要进入大城市的超市要经历这样的环节，即农户—收购商—批发商—供应商—超市。但是沃尔玛超市集团通过与农民签订相关的种植协议，按照沃尔玛的标准种植蔬菜和水果，并且由沃尔玛直接收购合乎标准的产品，这样农副产品就可以只经过一个环节，就到达城市老百姓的菜篮子里了。这样的做法既保证了产品的新鲜和安全，同时也方便了农民和广大消费者，并且也大大降低了蔬菜在储存和运输上的损失，同时还能保证低廉的价格，一举多得。

二层渠道含有两个销售中介机构。在消费者市场，通常是批发商和零售商；在产业市场，则通常是销售代理商和批发商。

三层渠道含有三个销售中介机构。肉食类食品及包装类产品的制造商通常采用这种渠道分销其产品。在这类行业中，通常有一个专业批发商处于批发商和零售商之间，该专业批发商从批发商进货，再卖给无法从批发商进货的零售商。

更高层次的分销渠道较少见。从生产者观点来看，随着渠道层次的增多，控制渠道所需解决的问题也会增多。

2. 分销渠道的宽度

分销渠道的宽度是指渠道的每个层次使用同种类型中间商数目的多少。它与企业的分销策略密切相关。企业的分销策略通常可分为三种：密集分销、选择分销和独家分销。

（1）密集分销是指制造商尽可能地通过许多负责任的、适当的批发商、零售商推销其产品。消费品中的便利品和产业用品中的供应品，通常采取密集分销，使广大消费者和用户能随时随地买到这些日用品。

应用举例 **社区超市必备的商品**

像方便面、矿泉水、洗衣粉等生活常见的快速消费品是社区超市必须具备的商品，而这些产品大多采用密集分销这样的渠道方式。最为明显的一点是消费者在购买这些产品的时候最为重视的就是便利性。因此渠道越密集越容易实现产品的销售。

（2）选择分销是指制造商在某一地区仅仅通过少数几个精心挑选的、最合适的中间商推销其产品。选择分销适用于所有产品。但相对而言，消费品中的选购品和特殊品最宜于采用选择分销。

应用举例　一个不生产体育用品的体育用品公司

胜道体育用品有限公司负责销售大连市场上99%的阿迪达斯产品、90%的耐克产品、100%的匡威产品。胜道公司不生产任何产品，只负责这三种商品的渠道铺设管理和销售，是标准的渠道商。

（3）独家分销是指制造商在某一地区仅选择一家中间商推销其产品，通常双方协商签订独家经销合同，规定经销商不得经营竞争者的产品，以便控制经销商的业务经营，调动其经营积极性，占领市场。

应用举例　“4S店”

汽车4S店是独家分销的代表。大部分的汽车制造商会在某一城市选择唯一的一个汽车4S店作为自己的唯一销售商。

子任务二　分销渠道的设计

8.2.1　影响分销渠道设计的因素

1. 顾客因素

市场营销目标是满足顾客的需求，因此在进行渠道设计时，要首先考虑顾客的需求；同时，顾客在时间、空间、人数、购买频率等方面的差异，会在本质上对渠道的设计产生直接影响。

2. 产品因素

产品的特点会直接影响到渠道的选择。

应用举例　“非标准化”产品渠道

非标准化的定制产品，通常都是由企业推销员直接销售。这主要是因为对于中间商而言，很难完全掌握企业产品的相关知识，也很难保证目标市场客户的良好开发和维护。

3. 中间商因素

设计渠道时，还必须考虑执行不同任务的营销中间机构的优缺点。

应用举例 置业顾问的归属

随着世联地产、中原地产等专业楼盘代理商的出现，越来越多的房地产开发商不再使用自己的楼盘销售人员了，这对于房地产开发企业而言不但降低了工作强度，减少了工作任务，也降低了自己的销售人员的培训成本；同时由于楼盘代理企业的专业性较高，适应能力较强，因此能实现双赢。

4．竞争因素

生产者的渠道设计还受到竞争者所使用渠道的影响，因为某些行业的生产者希望在与竞争者相同或相近的经销处与竞争者的产品抗衡。

应用举例 “永不分开”的联合利华和宝洁

生活中我们会发现很多互为竞争者的企业总是喜欢和对手的产品走相同或相似的渠道，联合利华的洗发产品附近一定有宝洁公司的洗发产品。两者永远都会在同一个超市的相邻货架出现，这是因为彼此都深知对方是自己的竞争对手，对方的目标市场和自己完全重合。因此，两者的渠道几乎完全重合。

5．企业因素

（1）总体规模。企业的总体规模决定了其市场范围、较大客户的规模以及强制中间商合作的能力。

（2）财务能力。企业的财务能力决定了哪些营销职能可由自己执行，哪些应交给中间商执行。财务薄弱的企业，一般都采用“佣金制”的分销方法，并且尽力利用愿意并且能够承担部分物流配送、顾客融资等成本费用的中间商。

（3）产品组合。企业的产品组合也会影响其渠道类型。企业产品组合的广度越大，则与顾客直接交易的能力越大；产品组合的深度越大，则使用独家专售或选择性代理商就越有利；产品组合的关联性越强，则越应使用性质相同或相似的营销渠道。

（4）渠道经验。企业过去的渠道经验和现行的营销政策也会影响渠道的设计。以前曾通过某种特定类型的中间商销售产品的企业，会逐渐形成渠道偏好。

（5）营销政策。现行的市场营销政策也会影响渠道的设计。例如，对最后购买者提供快速交货服务的政策，会影响到生产者对中间商所执行的职能、最终经销商的数目与存货水平以及所采用的运输系统的要求。

6．环境因素

渠道设计还要受到环境因素的影响。例如，当经济萧条时，生产者都希望采用能使最后顾客以廉价购买的方式将其产品送到市场。这也意味着使用较短（扁平）的渠道，并免除那些会提高产品最终售价却并无必要的服务。

应用举例　**超便宜的"歪瓜裂枣"**

欧洲经济发达，除了对食品安全问题非常关注之外，连蔬菜的长度、形状、色泽也有一套标准，例如，黄瓜的弯曲度不能超过 10%，杏仁的表皮褐变度不得少于 15%等。形状怪异、色泽暗淡或表皮有斑点的水果蔬菜，即便口感和质量上乘，也会被丢弃或用于喂养牲口。为此，近年来欧洲各界倡导食品节俭的行为，而处在食品行业前线的各大零售商也响应这一号召，在超市里推销带有瑕疵的水果和蔬菜。这些略有瑕疵的蔬菜价格通常是标准蔬菜的 3 折。在政府和经销商的不懈努力之下这些"歪瓜裂枣"们越来越多地被欧洲主妇接受，浪费的行为也越来越少。

8.2.2　分销渠道的设计流程

1．顾客需求特性的研究

对顾客需求特性的研究主要集中在八个方面：数量要求、价格要求、时间要求、空间要求、服务要求、心理要求、安全要求和信息要求。

应用举例　**"小灯泡"的销售**

顾客对灯泡的购买特点：数量少、同时购买频率小；灯泡的制造者进行直销的成本过高；因此，五金店这样的销售渠道会是最好的选择。

2．确立渠道目标

渠道设计的时候要考虑设立渠道的目标是什么。一般来说，建立渠道目标要考虑两个因素：企业的营销总目标和渠道成本控制。生产者必须在顾客、产品、中间商、竞争者、企业政策和环境等所形成的限制条件下，确定其渠道目标。

3．研究限制因素

渠道设计的限制因素，即顾客、产品、中间商、竞争、企业自身和环境六个因素。

4．设计备选方案

（1）中间商的类型。明确可以完成其渠道工作的各种中间商的类型。

（2）中间商的数目。确定在每个渠道类型中的不同层次，所用中间商数目的多少；确定采用密集分销、选择分销还是独家分销的方式。

（3）根据企业的要求，确立渠道成员的条件与责任。主要包括以下四个方面的内容：一是价格政策，即生产企业要提出价格目录，并确定不同中间商及订购量的折扣标准；二是销售条件，即付款条件和生产者保证；三是区域权利，即生产企业对经销商销售区域的划分；四是相互服务与责任，即生产企业与中间商各自提供的条件和承担的责任。如生产者应提供销售指导、中间商应参与合作促销等。相互服务与责任条款应规定得尽量明确、具体，在独家销售的情况下尤其重要。

应用举例　宠物自动喂食机

某宠物产品制造商开发了一种能用于主人短期离家的宠物自动喂食机。如何以有效的方式将该产品送到用户市场是要面对的问题。有如下方案可供选择：直接邮寄和商业杂志；分派各个推销员去与特定的用户接洽；根据不同行业及不同地区的情况依靠代理商推销产品；通过批发商销售产品，要求其进行一定的促销活动并拥有一定水平的存货。

5．选择最佳方案

选择最佳方案的标准有以下三个方面。

（1）经济性标准。评估经济性标准主要有两个衡量指标：一是销售额指标。哪种方案销售额最大，哪种方案就最佳；二是销售费用指标。在相同的销售水平上，哪条渠道的成本费用最低，哪条渠道就最佳。

（2）可控性标准。该标准可衡量生产企业对渠道的控制程度。直销渠道的控制程度高，独立的中间商控制程度低。

（3）适应性标准。主要考察企业在每种渠道承担的义务与经营灵活性之间的关系。在不断发展的经济环境中，渠道也是在不断变化的。如果生产企业和渠道代理商签订的合同时间过长，那么即使有更适合的渠道经营方式出现，生产商也无法更换自己的渠道代理商。

小资料　直接销售员和代理商的市场推广效果

大多数营销人员都认为，使用企业推销人员所收到的成效较高。因为他们只专心于推销本企业产品，在销售本企业产品方面受过较专门的训练，比较积极肯干，他们的前途与企业发展紧密相连，也由于顾客比较喜欢与企业直接打交道，故使用本企业推销人员更容易取得交易成功。

事实上，制造商的代理商也可以达到与使用本企业推销员相同的销售效果。这主要是由于：①生产者派出10名推销员，然后利用30名代理商的推销员，单是人数上的差异就很有可能使代理商取得较高的销售额；②代理商的推销员也可能与企业推销员一样积极卖力，这要取决于本企业产品的推销和推销其他企业的产品在报酬上的差异；③顾客较喜欢与企业推销员打交道而不愿与代理商的推销员打交道确是事实，但这并不是绝对的、无条件的普遍现象，当产品及交易条件标准化时，顾客会觉得与谁打交道都无所谓，他们甚至更喜欢与经销多种产品的代理商打交道，而不愿与只卖一家企业产品的推销员打交道；④多年建立起来的八面玲珑的、广泛的交际关系，是代理商的一项重要资本，也正是优于企业推销员的地方，因为企业推销员需要从头开始逐步建立这种关系。

从上述几个方面来看，代理商通常也能为制造商创造较高的销售，至少在开始的几年是这样。因此，要估计企业的推销力量与代理商的销售潜量，还必须对具体情况做具体分析，并注意征求该行业中经验丰富的管理人员及专家的意见。

8.2.3 分销渠道的管理

企业在确定了最好的渠道后，就要选择和管理渠道成员，并评估他们的工作。

1. 选择渠道成员

一般来说，通过评估中间商经营的长短及其成长记录、清偿能力、合作态度、声望等确立其是否可成为其中间商。

同时也要考虑以下因素：服务对象一致、地理位置适应、经营能力较强和具有合作诚意。

2. 激励渠道成员

生产者不仅利用中间商销售商品，而且把商品销售给中间商，这就使得激励中间商这一工作不仅十分必要而且非常复杂。常见的对中间商的激励主要有三个方面：提供适销产品、合理分配利润和在资金、信息、广告宣传和经营管理等方面给予扶持。

3. 评估渠道成员

评估渠道成员一般包括以下七个指标。

（1）销售定额完成指标。包括两方面指标：一是销售增长率。本期的销售额与上期比较，看其销售增长率；二是定额完成率。各中间商的销售额与按该地区的销售潜量而确定的销售定额相比，形成完成率。

（2）平均存货水平。

（3）向顾客交货的时间。

（4）损坏和遗失货物的处理。

（5）对公司促销与培训计划的合作情况。

（6）货款返回的情况。

（7）中间商应对顾客提供服务的情况。

4. 调整渠道结构

调整包括结构性调整和功能性调整两大类。结构性调整是指原有渠道上某些中间商层次的增减；功能性调整是指渠道成员间某项或某几项任务的重新分派。

具体操作方法有三种。

（1）增减营销渠道中的个别中间商。即增加或削减中间商的数量。

（2）增减某一条营销渠道。如把宽渠道减为窄渠道；窄渠道增加新的营销渠道。

（3）调整整个营销渠道。这是对营销渠道的大调整，如由生产企业自销改为由商业部门经销，或从商业部门经销改为企业自销都属此类。

应用举例　**电子商务时代下的旅游业**

随着电子商务和网络科技的发展，越来越多的人在出行的时候选择 e 购票，绝大部分航空公司除了有自己的官方网店外，也会有其他的销售网站，如携程、去哪儿网等。这样既方便了消费者的出行，也增加了航空公司的销售量。

小资料　**分销渠道的动态性**

构成分销渠道不同环节的企业和个人称为渠道成员。按渠道成员结合的紧密程度，分销渠道还可以分为传统渠道系统和整合渠道系统两大类，如图 8-2 所示。

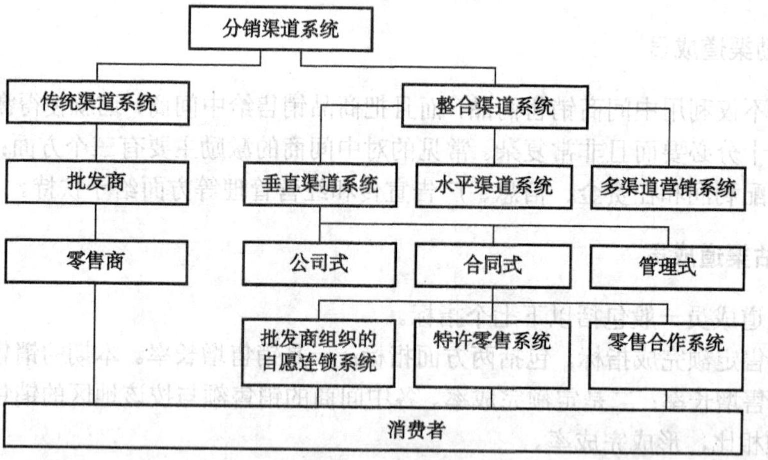

图 8-2　分销渠道系统示意图

（1）传统渠道系统。这是指由各自独立的生产商、批发商、零售商和消费者组成的分销渠道。传统渠道成员之间的系统结构是松散的。由于这种渠道的每个成员均是独立的，它们往往各自为政，各行其是，几乎没有一个成员能完全控制其他成员。传统渠道正在日渐被整合渠道取代。

（2）整合渠道系统。这是指渠道成员通过一体化整合形成的分销渠道系统。其主要包括以下三种。

① 垂直渠道系统。由生产者、批发商和零售商纵向整合而成，其成员或属于同一家公司，或为专卖特许权授予成员，或为有足够控制能力的企业左右。该系统有三种主要形式：其一，公司式。即由一家公司拥有和管理若干工厂、批发机构和零售机构，控制渠道的若干层次，甚至整个分销渠道，综合经营生产、批发和零售业务。公司式垂直渠道系统又分为两类：一类是由大工业公司拥有和管理的，采取一体化经营方式；一类是由大型零售公司拥有和管理的，采取商工一体化方式。其二，合同式。即不同层次的独立的制造商和中间商，以合同为基础建立的联合渠道系统。如批发商组织的自愿连锁系统、零售商合作系统、特许零售系统等。其三，管理式。即通过渠道中某个有实力的成员来协调整个产销通路的渠道系统。如名牌产品制造商以其品牌、规模和管理经验优势出面协调批发商、

零售商经营业务和政策，采取共同一致的行动。

② 水平渠道系统。即由两家或两家以上的公司横向联合，共同开拓新的营销机会的分销渠道系统。这些公司或因资本、人力、生产技术、营销资源不足，无力单独开发市场机会，或因惧怕承担风险，或因与其他公司联合可实现最佳协同效益而组成共生联合的渠道系统。

③ 多渠道营销系统。即对同一或不同的细分市场，采用多条渠道的分销体系。有两种形式：一种是制造商通过两条以上的竞争性分销渠道销售同一商标的产品；另一种是制造商通过多条分销渠道销售不同商标的差异性产品。此外，还有一些公司通过同一产品在销售过程中的服务内容与方式的差异，形成多条渠道以满足不同顾客的需求。多渠道系统为制造商提供了三方面利益：扩大产品的市场覆盖面，降低渠道成本和更好地适应顾客要求。但该系统也容易造成渠道之间的冲突，给渠道控制和管理工作带来更大难度。

分销渠道不是一成不变的，新型的批发机构和零售机构不断涌现，全新的渠道系统正在逐渐形成。

案例8-2　　耐克的“抓大放小”

耐克初进中国市场时，为了尽快抢夺市场，实行了多级代理制度，一级经销商下面设区域经销商。目前，除了百丽、宝胜两家全国性经销商外，上海瑞丽运动、广州滔博体育和成都劲浪体育等都在各自区域形成了一定的规模效应。

有经销商曾表示，在耐克的渠道理念中，希望每个地区都有几家有实力的经销商，以形成竞争但又可以保持品牌形象。但结果却造成市场过度竞争，耐克的品牌形象也受到不同程度的损害。

据了解，由于在进价和卖价方面，耐克都拥有强大的话语权，所以经销商的利润普遍很低。一般情况下，未超过60天的新品经销商不得打折，超过60天的商品经销商可自由打折，但不能低于7折。

在如此严格的合作条件下，经销商要寻求发展除了扩大规模外没有更好的办法。

小代理商资金实力弱，优惠能力也就差，市场拓展能力有限，在如今相对紧张的环境下，自然生存压力较大。

这种压力为经销商的整合提供了机会。2008 年由于奥运会的原因，经销商普遍提货较多，造成部分经销商库存严重。这其中，一些小经销商的资金链断裂，难以再进新货，经营出现问题。

北京跨世体育就是其中的典型案例。由于规模太小、库存多，经营最终陷入一个恶性循环。最后，在耐克的协调下被玛雅体育收购。

在整合渠道的同时，耐克也在更好地服务于渠道上下了功夫。

2009 年 2 月，耐克宣布投资近 1 亿美元在江苏太仓经济开发区投资建设耐克中国物流中心。之前，耐克是通过第三方物流，在上海及广州租赁仓储中心实施全国物流配送。

耐克物流部门一位内部人士曾对记者表示：“耐克在中国的销量越来越大，对物流的要求当然也越来越高。投资这样的物流中心当然也是水到渠成的事情。”

据了解，该座物流中心建成后，耐克将减少15%的交付时间。这些都将使耐克在中国市场与阿迪达斯等主要对手的竞争中占据主动。

案例评析：

1. 整合渠道是耐克在中国成功的一个根本原因。
2. 渠道的设计要符合企业本身和社会发展的特点。

8.2.4 窜货

1. 窜货概述

（1）窜货的概念。窜货是指经销商网络中的公司分支机构或中间商受利益驱动，使所经销的产品跨区域销售，造成市场倾轧、价格混乱，严重影响厂商声誉的恶性营销现象。

（2）窜货的类型。根据窜货后结果的好坏程度，分为恶性窜货、自然性窜货和良性窜货。①恶性窜货。经销商为了谋取非正常利润，蓄意向非辖区倾销货物；②自然性窜货。一般发生在辖区临界处或物流过程，非经销商恶意所为；③良性窜货。经销商流通性很强，货物经常流向非目标市场。

根据窜货的范围，分为同一市场内部的窜货、不同市场之间的窜货和交叉市场之间的窜货。①同一市场内部的窜货：甲乙互相倒货；②不同市场之间的窜货：两个同一级别的总经销之间相互倒货；③交叉市场之间的窜货：经销区域重叠。

（3）窜货的原因（以恶性窜货为例）。原因主要有七个：①经销商想多拿回扣，抢占市场；②供货商给予中间商的优惠政策不同；③供应商对中间商的销货情况把握不准；④辖区销货不畅，造成积压，厂家又不予退货，经销商不得不拿到畅销市场销售；⑤运输成本不同，自己提货，成本较低，有窜货空间；⑥厂家规定的销售任务过高，迫使经销商去窜货；⑦市场报复，目的是恶意破坏对方市场。

应用举例　窜货行为

某分公司为完成销售指标，取得业绩，往往把货销售给需求量大的其他销售地的兄弟分公司，造成分公司之间的窜货。也有个别中间商为了减少损失，大幅度降价倾销过期或者即将过期的商品。

（4）窜货的危害。一旦价格混乱，将使中间商利润受损，导致中间商对厂家不信任，对经销其产品失去信心，直至拒售。供应商对假货和窜货现象监控不力，地区差价悬殊，使消费者怕是假货、怕吃亏上当而不敢问津。窜货会损害品牌形象，使先期投入无法得到合理的回报。同时竞争品牌会乘虚而入，取而代之。

2. 窜货的管理

（1）预防窜货发生的途径。

第一，选择好经销商。在制定、调整和执行招商策略时要明确的原则就是避免窜货主体出现或增加。要求企业合理制定并详细考察经销商的资信和职业操守，除了从经销商的规模、销售体系、发展历史考察外，还要考察经销商的品德和财务状况，防止有窜货记录的经销商混入销售渠道。对于新经销商，企业不是太了解他们的情况，一定做到款到发货。宁可牺牲部分市场，也不能赊销产品，防止某些职业道德差的经销商挟持货款进行窜货。此外，企业一定不能让经销商给市场拓展人员发工资，企业应独立承担渠道拓展人员的部分工资。

第二，创造良好的销售环境。可以从两方面进行：①制订科学的销售计划。企业应建立一套市场调查预测系统，通过准确的市场调研，建立起市场信息数据库，通过合理的推算，估算出各个区域市场的未来进货量区间，制定出合理的任务量。一旦个别区域市场进货情况发生暴涨或暴跌，超出了企业的估算范围，就可初步判定该市场存在问题，企业就可马上对此做出反应。②合理划分销售区域。合理划分销售区域，保持每个经销区域经销商密度合理，防止整体竞争激烈，产品供过于求，引起窜货；保持经销区域布局合理，避免经销区域重合，部分区域竞争激烈而向其他区域窜货；保持经销区域均衡，按不同实力规模划分经销区域，下派销售任务。对于新经销商，要不断考察和调整，防止对其片面进行判断。

第三，制定完善的销售政策。完善销售政策可从完善价格政策、促销政策、专营权政策三个方面进行：①完善价格政策。完善价格政策要考虑出厂价、一批出手价、二批出手价及终端出手价。每个级别的利润设置要合理。过高容易引发降价竞争，造成倒货；过低调动不了经销商的积极性。完善价格政策还要考虑未来的价格调整，如果一次就将价格定死了，没有调整的空间，对于今后的市场运作极其不利。同时，企业还要监控价格体系的执行情况，并制定对违反价格政策现象的处理办法。企业有一个完善的价格政策体系，经销商就无空可钻。②完善促销政策。企业面对滞销的局面，常常是促销一次，价格下降一次。这就表明企业制定的促销政策存在着不完善的地方。完善的促销政策应当考虑合理的促销目标、适度的奖励措施、严格的兑奖措施和市场监控。③完善专营权政策。在区域专营权政策的制定上，关键是法律手续的完备与否。企业在制定专营权政策时，要对跨区域销售问题做出明确的规定：什么样的行为应受什么样的政策约束，使其产生法律约束力。此外，还应完善返利政策。

（2）整治窜货的策略。

第一，制定合理的奖惩措施。在招商声明和合同中应明确对窜货行为的惩罚规定，为了配合合同有效执行，必须采取一些措施，包括提升窜货成本。例如，要求经销商缴纳保证金。如果经销商窜货，按照协议，企业可以扣留其保证金作为惩罚。这样经销商的窜货成本就高了，如果高于窜货收益，经销商就不轻易窜货了。

第二，建立监督管理体系。把监督窜货作为企业制度固定下来，并成立专门机构，由专门人员明察暗访经销商是否窜货。在各个区域市场进行产品监察，对各经销商的进货来源、进货价格、库存量、销售量、销售价格等了解清楚，随时向企业报告。这样，一旦发生窜货现象，市场稽查部马上就会发现异常，企业能在最短时间内对窜货做出反应。

应用举例　　**有奖举报**

某公司为防止窜货乱价，设立了有奖举报窜货的措施。地区经销商发现经营范围内有窜货现象出现，经核实查证之后对窜货企业给予巨额罚款，并且取消其代理资格。

第三，减少渠道拓展人员参与窜货。建立良好的培训制度和企业文化氛围，防止渠道拓展人员和经销商结成损害企业的利益共同体。内部监督渠道拓展人员，同时不断培训和加强对市场监督人员的管理。

第四，培养和提高经销商的忠诚度。随着行业内技术的发展与成熟，产品的差异化越来越小，服务之争成为营销竞争一个新的亮点。完善周到的售后服务可以增进企业、经销商与顾客之间的感情，培养经销商对企业的责任感与忠诚度。企业与渠道成员之间这种良好关系的建立，在一定程度上可以控制窜货的发生。有条件地或无条件地允许经销商退货，尽量防止经销商产品出现积压而窜货。

应用举例　青岛纯生啤酒

青岛纯生啤酒为了保证自己的销量，会给经销商、小型饭店、烧烤店制作带有自己品牌 Logo 的店名牌，并给予经销商销售唯一酒水的奖励补贴。

第五，利用技术手段配合管理。利用技术手段配合管理的效果和目的如同在交通路口安装摄像头，利用技术手段弥补营销策略的缺陷，建立防窜货平台，适时监视经销商，帮助企业收集窜货证据。许多先进的生产企业已经率先采用了这种技术。这种技术手段的特点，主要借助通信技术和计算机技术，在产品出库、流通到经销渠道各个环节中，追踪产品上的编码，监控产品的流动，对窜货现象进行适时的监控。

应用举例　窜货手机

很多手机生产企业会在手机的标示码上设有特殊的地理标示码，以保证手机销售的地区性。例如，很多电信手机在我国南方大部分地区的销售价格比北方大部分省份都要低廉。而且为了保证不被窜货。带有标识码的手机不会在非经销地区保修。

子任务三　认识中间商

8.3.1 中间商

1. 批发商

批发是指将产品或服务销售给为了转卖或者其他商业用途而进行购买的个人或组织的活动。使用“批发商”这个词来描述那些主要从事批发业务的公司。这个词的内涵排除了制造商和农场主，因为它们主要从事生产，同时也排除了零售商。

2．批发商的职能

批发商的职能主要有以下九个方面。

（1）销售与促销职能。批发商通过其销售人员的业务活动，可以使制造商有效地接触众多的小客户，从而促进销售。

（2）采购与搭配货色职能。批发商代替顾客选购产品，并根据顾客的需要，将各种货色进行有效的搭配，从而使顾客节省很多选购时间。

（3）整买零卖职能。批发商可以整批地买进商品，再根据零售商的需要批发出去，从而降低零售商的进货成本。

（4）仓储服务职能。批发商可将商品储存到出售为止，从而降低供应商和顾客的存货成本及风险。

（5）运输职能。由于批发商一般距离零售商较近，可以很快地将商品送到顾客手中。

（6）融资职能。一方面批发商可以向客户提供信用条件，提供融资服务；另一方面，如果批发商能够提前订货或准时付款，也等于为供应商提供了融资服务。

（7）风险承担职能。批发商在分销过程中，由于拥有商品所有权，故可承担失窃、瑕疵、损坏或过时等各种风险。

（8）提供信息职能。批发商可向其供应商提供有关买主的市场信息，例如，竞争者的活动、新产品的出现、价格的剧烈变动等。

（9）管理咨询服务职能。批发商可经常帮助零售商培训推销人员、布置商店以及建立会计系统和存货控制系统，从而提高零售商的经营效益。

3．批发商的类型

批发商主要分为以下三类。

（1）商人批发商。商人批发商是指自己进货，取得产品所有权后再批发出售的商业企业，也就是人们通常所说的独立批发商。商人批发商是批发商的最主要类型。

商人批发商按职能和提供的服务是否完全来分类，可分为两种类型：完全服务批发商和有限服务批发商。

① 完全服务批发商。这类批发商执行批发商业的全部职能，他们提供的服务主要有保持存货、雇用固定的销售人员、提供信贷、送货和协助管理等。他们分为批发商人和工业分销商两种。批发商人主要是向零售商销售，并提供广泛的服务；工业分销商向制造商而不是向零售商销售产品。

② 有限服务批发商。这类批发商为了减少成本费用，降低批发价格，只执行一部分服务。例如，不执行运送货物的服务，或者没有自己的仓库，又或者以邮购的形式为主。

（2）经纪人和代理商。经纪人和代理商是从事购买或销售或二者兼备的洽商工作，但不取得产品所有权的商业单位。与商人批发商不同的是，他们对其经营的产品没有所有权，其主要职能在于促成产品的交易，借此赚取佣金作为报酬。

经纪人和代理商主要分为以下五种。

① 产品经纪人。经纪人的主要作用是为买卖双方牵线搭桥，协助他们进行谈判，买

卖成交后向雇用方收取费用。他们并不持有存货，也不参与融资和承担风险。

② 制造商代表。他们代表两个或若干个互补的产品线的制造商，分别和每个制造商签订有关定价政策、销售区域、订单处理程序、送货服务和各种保证以及佣金比例等方面的正式书面合同。他们了解每个制造商的产品线，并利用其广泛关系来销售制造商的产品。大多数制造商代表都是小型企业，雇用的销售人员虽少，但都极为干练。

③ 销售代理商。销售代理商是在签订合同的基础上，为委托人销售某些特定产品或全部产品的代理商，对价格条款及其他交易条件可全权处理。销售代理商与制造商代表一样，也和许多制造商签订长期代理合同，替这些制造商代销产品，但他们之间也存在显著的差异：第一，每个制造商只能使用一个销售代理商，不得再委托其他代理商代销产品；也不得再雇用推销员去推销产品。而每个制造商可以同时使用几个制造商代表，此外，制造商还可以设置自己的推销机构。第二，销售代理商通常替委托人（制造商）代销全部产品，而且不限定代销的地区，同时在规定销售价格和其他销售条件方面有较大的权力；而制造商代表要按照委托人规定的销售价格或价格幅度及其他销售条件，在一定地区内替委托人代销一部分或全部产品。总而言之，制造商如果使用销售代理商，实际上是将其全部销售工作委托给销售代理商全权处理，用某些美国市场营销学家的话来说，就是“把委托人（制造商）的全部要上市销售的鸡蛋都放在一个篮子里”。销售代理商实际上是委托人（制造商）的独家全权销售代理商。某些制造商，特别是那些没有力量自己推销产品的小制造商，通常使用销售代理商。

④ 采购代理商。采购代理商一般与顾客有长期关系，代他们进行采购，往往负责为其收货、验货、储运，并将商品运交买主，如主要服饰市场的常驻采购员，他们为小的零售商采购适销的服饰产品。

⑤ 佣金商。佣金商又称佣金行，是指对产品实体具有控制力并参与产品销售协商的代理商。大多数佣金商从事农产品的代销业务。农场主将其生产的农产品委托佣金商代销，付给一定佣金。委托人和佣金商的业务一般只包括一个收获和销售季节。佣金商通常备有仓库，替委托人储存、保管物品。此外，佣金商还执行替委托人发现潜在买主、获得最好价格、分等、再打包、送货、给委托人和购买者以商业信用（预付货款和赊销）、提供市场信息等职能。佣金商对农场主委托代销的产品通常有较大的经营权：他收到农场主运来的产品以后，有权不经过委托人同意，以自己的名义，按照当时可能获得的最好价格出售。因为这种佣金商经营的是蔬菜、水果等易腐产品，必须因时制宜，尽早脱手。佣金商卖出商品后，扣除佣金和其他费用，即将余款汇给委托人。

（3）制造商及零售商的分店和销售办事处。批发的第三种形式是由买方或卖方自行经营批发业务，而不通过独立的批发商进行。这种批发业务可分为两种类型。

① 销售分店和销售办事处。生产者设立自己的销售分店和销售办事处，以改进其存货控制、销售和促销业务。有的销售分店持有自己的存货，大多数经营木材和自动设备零件等。有的销售办事处不持有存货，在纺织品和针线杂货业最为突出。

② 采购办事处。许多零售商在大城市设立采购办事处，是买方组织的一个组成部分。

8.3.2 零售商

1. 零售商的概念

零售商是指将商品直接销售给最终消费者的中间商。零售商是指那些销售量主要来自零售的商业企业。零售商的基本任务是直接为最终消费者服务，它的职能包括购、销、调、存、加工、拆零、分包、传递信息、提供销售服务等。

2. 零售商的类型

零售商的类型千变万化，新组织形式层出不穷，主要分为商店零售商和无门市零售商两种类型。

小资料　零售商店的生命周期

零售商店类型就像产品一样，也经过发展和衰退的阶段，这称为零售生命周期。一种零售商店类型在某个历史时期出现，经过一个迅速发展的时期，日臻成熟，然后衰退。老式的零售商店经过了很多年时间才发展到成熟阶段，但是新式的零售商店发展成熟所需要的时间就短多了。新型商店的出现是为了满足顾客对服务水平和具体服务项目的各种不同的偏好。

（1）商店零售商。我国将零售业商店分为八类：百货店、超级市场、大型综合超市、便利店、仓储式商场、专业店、专卖店、购物中心。而从发达国家情况看，最主要的零售商店类型如下。

① 专用品商店。经营的产品线较为狭窄，但产品的花色、品种较为齐全。例如，服装店、体育用品商店、家具店、花店和书店均属于专用品商店。根据产品线的狭窄程度，可将专用品商店再分类：一是单一产品线商店，如服装商店；二是有限产品线商店，如男士服装店；三是超级专用品商店，如男士定制衬衫店。在这三类专用品商店中，超级专用品商店的发展最为迅速，因为它们可以利用的子市场、目标市场和产品专业化的机会将越来越多。

应用举例　海澜之家——男人的衣柜

“海澜之家”产品涵盖了成年男性需要的从头到脚、从内到外、从冬到夏、从正装到休闲装的所有产品。自推出以来，以全国连锁、超大规模、男装自选的全新营销模式引发了中国服装市场的新一轮革命，其平价优质的市场定位，款式多、品种全的货品选择，无干扰、自选式购衣方式迅速赢得了广大消费者的欢迎，塑造了“海澜之家——男人的衣柜”的鲜明品牌形象。

② 百货商店。一般销售几条产品线的产品，尤其是服装、家具和家庭用品等，每条产品线都作为一个独立部门由专门的采购员和营业员管理。此外，还有一些专门销售服装、

鞋子、化妆品、礼品和皮箱的专用品百货商店。由于百货商店之间竞争激烈，还有来自其他零售商，特别是来自折扣商店、专用品连锁商店、仓储零售商店的激烈竞争，以及天猫商城等电子商城的兴起，加上交通拥挤、停车困难和中心商业区的衰落，百货商店正逐渐失去其往日的魅力。

③ 超级市场。即规模巨大、成本低廉、薄利多销、自我服务的经营机构，主要经营各种食品、洗涤剂和家庭日用品等。超级市场的主要竞争对手是方便食品店、折扣食品店和超级商店。

④ 方便商店。设在居民区附近的小型商店，营业时间长，每周营业七天，销售品种范围有限、周转率高的方便产品。消费者主要利用它们做“填充”式采购，因此其营业价格要高一些。但是，它们满足了消费者一些重要的需求，人们愿意为这些方便产品付高价。

⑤ 超级商店、联合商店和特级商场。超级商店比传统的超级市场更大，主要销售各种食品和日用品。它们通常提供洗衣、干洗、修鞋、支票付现、代付账单和廉价午餐等项服务。联合商店的面积比超级市场和超级商店更大，呈现一种经营多元化的趋势，主要向医药领域发展。特级商场比联合商店还要大，综合了超级市场、折扣和仓储零售的经营方针，其花色、品种超出了日常用品，包括家具、大型和小型家用器具、服装和其他许多品种。其基本方法是原装产品陈列，尽量减少商店人员搬运，同时向愿意自行搬运大型家用器具和家具的顾客提供折扣。

⑥ 折扣商店。真正的折扣商店具有四个特点：商店经常以低价销售产品；商店突出销售全国性品牌，因此价格低廉并不说明产品的质量低下；商店在自助式、设备最少的基础上经营；店址趋向于租金低的地区，要能吸引较远处的顾客。

折扣商店之间、折扣商店与百货商店之间的竞争非常激烈，从而导致许多折扣零售商经营品质高、价钱贵的产品。它们改善内部装修、增加新的产品线，如穿戴服饰；增加更多服务，如支票付现、方便退货；在郊区购物中心开办新的分店。这些措施导致折扣商店成本增加，被迫提价。另外，百货商店经常降价与折扣商店竞争，使两者之间的差距日益缩小。折扣零售已经从普通产品发展到专门产品商店，例如，折扣体育用品商店、折扣电子产品商店和折扣书店。

应用举例　　**上品折扣**

上品折扣是中国都市型百货折扣连锁店旗舰品牌，囊括8家实体店和1家电子商务网站。包括600余个国内外知名品牌、近10万款商品，门类涵盖百货业态的主要商品品类，包括各种知名品牌的服饰、鞋、运动用品、休闲户外用品、儿童用品、家居生活用品、皮具箱包、化妆品、钟表、珠宝、各类饰品等。与实体连锁店同步推出应季新品、统一价格销售。旨在以更便捷的购物方式，更快速的配送服务，更广泛地面向全国消费者，让中国各个区域的时尚一族，同步得享高品质、高性价比的潮流商品。

⑦ 仓储商店。这是一种以大批量、低成本、低售价和微利多销的方式经营的连锁式零售企业。仓储商店一般具有以下特点：以工薪阶层和机关团体为主要服务对象，旨在满

足一般居民的日常性消费需求，同时满足机关、企业的办公性和福利性消费的需要；精选正牌畅销产品，从所有产品门类中挑选最畅销的产品大类，然后再从中精选出最畅销的产品品牌，并在经营中不断筛选，根据销售季节等具体情况随时调整，以使仓储式连锁商场内销售的产品有较高的市场占有率，同时保证产品的调整流转；会员制，仓储式商场注意发展会员和会员服务，加强与会员之间的联谊，以会员制为基本的销售和服务方式；低经营成本，运用各种可能的手段降低经营成本，如仓库式货架陈设产品，选址在次商业区或居民住宅区，产品以大包装形式供货和销售，不做一般性商业广告，仓店合一；先进的计算机管理系统，计算机收银系统及时记录分析各店的品种销售情况，不断更新经营品种，既为商场提供现代化管理手段，也减少了雇员的人工费用支出。

应用举例　　沃尔玛的山姆店

山姆会员商店是美国沃尔玛百货公司的会员制连锁店，是专门服务于会员的仓储式购物俱乐部，为沃尔玛的经营业态之一。

⑧ 产品陈列室推销店。这类商店将产品目录推销和折扣原则用于品种繁多、加成高、周转快和有品牌的产品。这些产品包括珠宝首饰、动力工具、提包、照相机及照相器材。这些商店已经成为零售业最热门的形式之一，甚至对传统的折扣商店形成威胁。产品陈列室推销店散发彩色印刷的目录，每本长达数百页，此外还增发季节性的小型增补版，上面标有每项产品的定价和折扣价。顾客可用电话订货，由店方送货上门，顾客支付运费。顾客也可开车来商店亲自验货提货。

（2）无门市零售商。虽然大多数物品和服务是由商店销售的，但是无门市零售却比商店零售发展得更快。下面介绍无门市零售的六种形式：直接销售、自动售货、购物服务公司、电话营销、直接邮寄、电视购物与网上商店。

① 直接销售。主要有挨门挨户推销、逐个办公室推销和举办家庭销售会等形式。

② 自动售货。自动售货已经被用在相当多的产品上，包括经常购买的产品（如香烟、软饮料、糖果、报纸和热饮料等）和其他产品（如袜子、化妆品、点心、热汤和食品、书、唱片、胶卷、T 恤、保险和鞋油等）。无人售货机被广泛安置在工厂、办公室、大型零售商店、加油站、街道等地方。

应用举例　　自助洗衣机

随着科技的进步，人们生活节奏的加快，自助洗衣机应运而生。在欧美日韩，自助洗衣机随处可见，在我国的大学宿舍，有的也安装了这种机器。它分为投币和刷卡两大类，可在无人看守的状况下，全天提供洗衣服务。

③ 购物服务公司。购物服务公司是不设店堂的零售商，专为某些特定顾客，通常是为学校、医院、工会和政府机关等大型组织的雇员提供服务。这些组织的雇员可成为购物服务公司的会员，他们被授权从一批经过挑选的、愿意向这些成员以折扣价售货的零售商那里购货。

应用举例 海淘代购的兴起

随着人民币兑换美元的走高，一个中国国内卖到万元人民币的奢侈品女包，在美国购买只要 6000 元人民币。而出国购买一个包包的门槛较高，因此就诞生了一批海淘代购的商家。这些商家通常是指为客户在国外网上代购商品，收取定额服务费，免费为客户订购、打包、配送。

④ 电话营销。这是指市场营销者以拨打电话的形式直接向消费者和企业销售。而拨入的免费 800 号码则用于接收来自电视和广播广告、邮件或者购物目录的订单。越来越多的企业开始使用 800 电话号码，还不断添加新功能，如免费传真号码。设计得当、定位准确的电话营销会带来很多好处，包括方便的购买过程以及更丰富的产品和服务信息。

应用举例 电话车险

电话车险是以电话为主要沟通手段，借助网络、传真、短信、邮寄、递送等辅助方式，通过保险公司专用电话营销号码，完成保险产品的推介、咨询、报价、保单条件确认等主要营销过程的业务。因为没有代理机构等中间环节，保险公司可以面向车主直接销售车险产品，让利车主，所以电话车险比传统车险更便宜，因此受到车主欢迎。

⑤ 直接邮寄。就是把产品、宣传资料、催单或其他东西寄送给某个地址的人。直接邮寄非常适合直接的、一对一的沟通和传播，并且对目标市场的选择有很高的针对性，也很容易衡量结果如何。

⑥ 电视购物与网上商店。从形式上看，电视购物就是通过电视媒体向潜在的顾客传递产品信息，最终达到产品销售的目的。网上商店是通过互联网向潜在的顾客展示产品信息，并通过网上订购、网上结算和及时配送，达到产品销售的目的。

案例8-3 橡果国际的崛起和倒下

作为中国最大的电视购物公司之一，在自己公司网站上，橡果国际是这么介绍自己的：中国电视购物行业的领跑者，多媒体商务推广平台的创立者。有人甚至称其为“很可能成为继盛大、百度之后下一个纳斯达克的中国明星”。某些媒体称之为“从一个单纯的电视购物公司变成一个炙手可热的跨媒体营销平台”。

这是一家迅速窜起的“神奇”的公司，以高昂的价格销售着好几十种功能“神奇”的产品，这家备受质疑的电视直销公司是“氧立得”、“波丽宝”、“好记星”、“爱普泰克网 E 拍”、“视乐奇”、“背背佳”、“紫环治疗仪”、“安耐驰”等产品的幕后公司。有消息称，橡果国际 2005 年的销售额高达 12 亿元。短短三年内，橡果国际以火箭式的速度发展成为年收入超过 10 亿元人民币的明星电视直销企业。

但伴随而来的，则是投诉的剧增。据《财经时报》披露，从“爱普泰克网 E 拍”到“视乐奇”，从“波丽宝”到“隐形手机”，针对橡果国际的各种投诉不断，光是在上当之后忍无可忍将橡果国际告上法庭的就已经有数宗。在 2005、2006 年两年国家工商局发布的消费投诉分析中，电视直销都是“重灾区”，有关电视直销问题的投诉高达2000件以上。橡果国际也因为官司缠身而迅速消失在人们的视野之外。

案例评析：

1. 新的销售渠道的产生被消费者接受的速度越来越快。

2. 如果想保持良好的销售效果和较高的销售收益，单纯靠新鲜来刺激消费者的眼球是不够的，还要保证其他服务的质量。

子任务四 物流策略

随着经济全球化和区域经济一体化，物流在企业发展过程中的地位逐渐从幕后走到了台前，从为主业做配套支撑的成本中心演变成可以作为产业求发展的利润中心。因此，物流战略规划对企业发展的重要性显得至关重要。

8.4.1 物流

1. 物流的概念

物流是指通过有效地安排商品的仓储、管理和转移，使商品在需要的时间到达需要地点的经营活动。

小资料 **孙中山先生对物流的关注**

孙中山先生早在1924年就曾有过精辟论述。他在做民生主义演讲时指出：“运输迅速，交通灵便，然后各处的原料才能很容易运到工厂内去用。工厂内制造的出品，才能很容易运到市场去卖，便不致多费时间，令原料与出品在中道停滞，受极大的损失。”

2. 物流的职能

物流的职能是将产品由其生产地转移到消费地，从而创造地点效用。物流作为市场营销的一部分，不仅包括产品的运输、保管、装卸、包装，还包括在开展这些活动的过程中所伴随的信息传播。它以企业销售预测为开端，并以此为基础来规划生产水平和存货水平。

8.4.2 物流的目标

物流的目标是以最低的成本、在适当的时间、将适当的产品配送到合适的地方。但很难有一个明确的物流标准来实现这个目标。因此，为了更好地阐述物流目标，把物流的目标按照产出和投入两个方面进行分析。

1. 顾客服务的产出

物流的一项基本产出就是对顾客服务的水平。顾客服务水平是用来吸引潜在顾客的有力武器。其基本内容如下。

（1）产品的可得性。

（2）订货及送货速度，包括普通订货速度和紧急订货速度。

（3）存货或缺货的比率。

（4）送货频率。

（5）送货可靠性，包括小心保护、轻拿轻放以及损坏补偿等。

（6）安装、试车及修理服务。

（7）运输工具及运输方式的选择。

（8）免费修理或分别计价。

应用举例　**野蛮的快递分拣**

据统计，每天有2000多万件快递包裹在中国大地上被运送投递，从业者上百万，野蛮分拣、邮件丢失的乱象已经成为快递行业的痼疾。以北京某一个快递的分拣点为例，一个60人的班组要分拣5万～10万件快递。按照效率第一的指导方针想要温柔地对待客户的快件几乎成为不可能的任务。

应用举例　**快递偷吃现象的存在**

很多有过淘宝购买食物经历的消费者都有过这样的经验，自己购买的特产食品数量不对。在与商家交涉后，把原因归结于快递服务人员的素质低下，出现偷吃现象。

企业一般根据竞争者的现行顾客服务水平来确定自己的顾客服务水平，如果它所提供的服务水平低于目前普遍水平，会有失去顾客的风险；如果它所提供的服务水平较高，则其他竞争者也会提高服务水平，这样每个企业都面临着成本提高的威胁。

2. 物流成本的投入

（1）固定成本。企业为了提供顾客服务，必须承担某些费用，如运送、存货费用。由于许多企业通常对物流不实行集权式管理，同时也缺乏账目的记载，以致很难了解真实的全部成本。因此，为了评估物流的效率，企业应重视成本数据，并注意采取必要的审计手段。

应用举例　**顺丰的自有飞机**

2008年，顺丰快递公司在全球经济低迷的状态下，出资购买自有飞机，一度成为快递业最被关注的事情。目前包机和机腹舱是顺丰集团主要的航空运输手段。顺丰航空自购波音757-200全货机2架、波音737-300全货机3架运行，另租用东海和扬子江快运共13

架全货运飞机和530多个客机航班的机腹舱。目前顺丰快递已经发展成为我国最为高效的快递服务公司。

（2）各职能部门之间的成本冲突。各种物流成本，常常以相反的方向互相影响。例如，运输部经理比较喜欢用铁路运送方式来代替空运方式。这样虽然能降低运输费用，却使运送速度缓慢，资金周转迟缓，延缓顾客的付款，并可能引起顾客购买其他竞争者的物品。企业的各种物流活动具有高度的相关性，企业应从整个物流系统来考虑制定物流策略，而不应只着眼于各个职能部门。

3．物流的目标确定

一般来讲，企业往往将其物流目标确定为对产品进行适时适地的传送，兼顾最佳顾客服务与最低配送成本。实际上，这个目标隐含着内在的矛盾。因为，最佳顾客服务要求最大的存货、足够的运力、充分的仓容，而所有这些都势必增加销售成本。最低的配送成本要求低廉的运费、少量的存货和仓容，而这又势必会降低服务水平。因此，在选择目标时要注意以下几点。

（1）将各项物流费用视为一个整体。在致力于改善顾客服务的过程中，重要的是努力降低物流总成本，而不只是个别项目成本费用的增减。

（2）将全部市场营销活动视为一个整体。在各项市场营销活动中，都必须考虑到物流目标，联系其他活动的得失加以权衡，避免因孤立地处理某一具体营销业务而导致物流费用不适当地增加。

（3）善于权衡各项物流费用及其效果。为维持或提高顾客服务水平而增加的某些成本项目视为必需，而不能使消费者受益的成本费用则坚决压缩。

实训一

任务：为某一家电企业产品设计其分销渠道。

【实训目的】

促使学生能够运用一定的方法，结合相关的渠道学习知识设计产品的渠道，使该产品渠道能够符合市场的特点。通过学生的设计，启发学生的思维，实现提高学生创新意识和提升能动性的目标。

【实训内容】

该家电企业在全国有很高的知名度，深受广大消费者喜欢，产品有中央空调、热水器、冰箱、电视、厨房小家电等多个产品系列。该企业原有的分销渠道主要是传统的直营专卖店和大商场专柜销售两种模式。随着电子商务的发展，该企业想进一步扩展自己的渠道类型，实现更多销售量的提升。请为该企业设计全新的渠道系统。

【实训方法】

1．实训过程。

第一步：讨论设计。学生分组进行案例讨论，完成渠道设计。

第二步：小组汇报。由一名同学代表小组向全班进行展示。展示过程中说明设计的基本思路和想法，展示改组渠道设计的合理性，陈述渠道设计时考虑的因素。

第三步：课堂讨论。班级内讨论每个小组设计的成果。

第四步：教师评价。教师对全体小组的设计进行最终的点评。

2．时间：40分钟。

3．地点：教室。

【总结】

1．渠道设计的考虑因素有很多，包括顾客因素、产品因素、中间商因素、竞争因素、企业因素、环境因素。在这个实训案例中必然要体现出这几方面的考虑因素。

2．渠道设计的过程：顾客需求特性的研究、确立渠道目标、研究限制因素、设计备选方案、选择最佳方案。在设计渠道的过程中必然要经历这样的过程，才能有较为适合的方案。

实训二

任务：选择合适的中间商。

【实训目的】

通过本次实训使学生了解和掌握中间商的类型和各自的特点，并且能够根据不同的商品特点选择适当的中间商，实现学生渠道分析和设计能力的提升。

【实训内容】

为甲乙两个企业分别选择各自的中间商。

1．甲厂是一家生产牛奶的知名企业，计划在东北企业打开市场，现在需要选择一家经销商为其销售牛奶系列产品。A企业是一家小型的经销商，实力较弱，主营地区是东北，而B经销商是一家全国连锁的大型企业，经验丰富，但是在东北地区的经营实力较弱，请为该牛奶企业选择一家合适的经销商。

2．乙厂是一家生产方便面的企业，现需要选择一家经销商为其销售。经过调查，C公司是一家经营方便面、调料、饼干等食品的批发企业，而D企业只经营方便面一种商品的批发。

假设乙厂生产的方便面在市场上有明显的竞争优势，那么请为乙厂选择一家合适的经销商。若乙厂的方便面在市场上属于跟随者的角色，没有特别突出的优势可言，请为其选择合适的经销商。

【实训方法】

1．实训过程。

第一步：学生分成若干小组，每组5人左右。

第二步：设组长一名，负责组织本组成员的实训活动。

第三步：各小组进行讨论，确定人员分工。

第四步：进行资料分析，完成实训报告，并将报告设计成PPT，由一名小组成员进行讲述，其他小组进行点评。

第五步：教师进行最后点评。

第六步：各小组根据其他小组和教师的建议，最终完成实训报告。

2．时间：40 分钟。

3．地点：教室。

【总结】

1．进行渠道设计时首先要分析以下几个方面内容：顾客因素、产品因素、中间商因素、竞争因素、企业因素、环境因素。在该实训案例中企业因素和产品因素及中间商因素已经给出，学生根据这几个方面已知的内容对上述企业的经销商进行选择时必然会体现出其他方面的考虑因素。

2．实训报告的提交能强化学生对理论知识的理解，并且能提升学生的策划撰写能力，帮助学生更好地提升实际的分析和操作能力。

任务九
促销策略

知识目标

1．理解促销的含义、人员推销的特点与作用；
2．了解广告的含义、媒体类型以及广告效果的测定；
3．理解公共关系的本质与特征，了解公共关系的实施进程；
4．了解销售促进工作的实际运作，掌握销售促进的特点与策略。

能力目标

1．能够根据促销组合的构成，结合所学知识设计促销方案；
2．能够根据人员推销的策略成功进行产品推销。

引入案例　万众瞩目的大连商场店庆活动

2013 年 12 月，大连商场迎来她的 77 岁生日，为此，大商集团再次策划了每年一度轰动全大连的店庆活动。

12 月 4 日起，庆典激昂开幕。当日购服饰百货单件商品现金满 400 元，电器类满 800 元即送店庆礼盒馒头；当日购服饰百货单件商品满 1000 元、电器类满 2000 元即可参加抽奖，赢取最高 4777 元现金卡等惊喜大奖！天途有线联袂同庆，5000 张付费频道节目卡满额加赠，只要您购物满 1500 元，即可免费观看多套付费电视频道。

电器预存 3000 元最高可当 3570 元花，套购再送 iPhone5s 等九级豪华大礼，同步兼得满额礼等五重礼遇。大连商场店庆承诺，家电同城比价如有差价双倍返还！数码摄照全场每满 1000 元省 200 元起；手机广场最高直降千元，满额再送礼。计算机广场购物满额即可乐享飞利浦剃须刀等多重大礼。

女装每满 95 元减 50 元，皮草特供低至 9800 元，皮装每满 95 元减 50 元起；男装 4.7 折起，报喜鸟等十余名品大型特卖低至 1 折，品牌男裤、高档衬衫店庆专供，全场 77 元起；新款冬靴、精品男鞋全场 4 至 5.5 折，百丽、他她、思加图、哈森、卡迪娜倾情回馈

4 折起；羊绒羊毛鄂尔多斯、鹿王等知名品牌低至 5 折，女士内衣每满 98 元减 30 元；羽绒服新款特惠 5.5 折起；国际运动低至 6 折，国产运动、户外运动 5 折起；珠宝名表 4.5 折起，满额再送烤箱等五级大礼；时尚腕表 5 折起，店庆专款 77 元；马年版生肖系列金条等全新系列上市；温馨床品、厨房用具、箱包皮具每满 199 元减 108 元；北 1 楼副食卖场惊爆低价，半干海参折后满额再送 270 元同品。

案例评析：

1. 每年大连商场的店庆活动都比同城其他商业企业店庆活动成功，这和其丰富的促销组合手段有直接关系。

2. 一个成功的促销事件离不开对市场需求的把握，大连商场每年店庆的最低奖项设计必然是馒头礼盒，这是因为大连老百姓喜欢面食，因此馒头礼盒既符合时间上快要过年的需求，又能保证人们的喜欢。

子任务一 认识促销

一个成功的市场营销活动，不仅需要开发出满足顾客需求的产品，制定适当的价格、选择合适的分销渠道，将产品送达顾客手里，而且需要配合适当的方式进行促销。制定正确的促销策略，是企业在市场竞争中取得成功的保证。

9.1.1 促销

促销是促进产品销售的简称。从市场营销的角度看，促销是企业通过人员和非人员的方式，沟通企业与消费者之间的信息，引发、刺激消费者的消费欲望和兴趣，使其产生购买行为的活动。

1. 促销工作的核心

促销工作的核心是沟通信息。企业与消费者之间达成交易的基本条件是信息沟通。若企业未将自己生产或经营的产品和劳务等有关信息传递给消费者，那么，消费者对此则一无所知，自然谈不上认购；反之，才能引起消费者的注意，并有可能产生购买欲望。

2. 促销的目的

促销的目的是引发、刺激消费者产生购买行为。在消费者可支配收入既定的条件下，消费者是否产生购买行为主要取决于消费者的购买欲望，而消费者购买欲望又与外界的刺激、诱导密不可分。促销正是针对这一特点，通过各种传播方式把产品或劳务等有关信息传递给消费者，以激发其购买欲望，使其产生购买行为。信息的传递过程如图 9-1 所示。

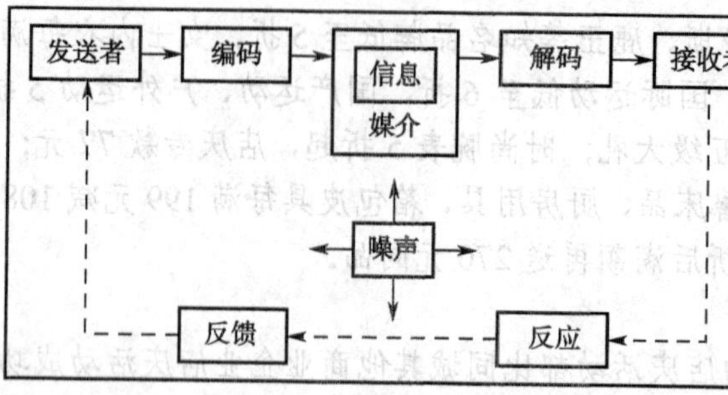

图 9-1 促销信息的传递

3. 促销的方式

促销的方式分为人员促销和非人员促销两类。人员促销又称直接促销或人员推销，是企业运用推销人员向消费者推销商品或劳务的一种促销活动，主要适合于消费者数量少、比较集中的情况；非人员促销又称间接促销或非人员推销，是企业通过一定的媒体传递产品或劳务等有关信息，以促使消费者产生购买欲望、发生购买行为的一系列促销活动，包括广告、公关和营业推广等，主要适合于消费者数量多、比较分散的情况。通常，企业在促销活动中将人员促销和非人员促销结合运用。

应用举例　肯德基的优惠券

肯德基在进入中国后，一直坚持推行它的优惠券促销方式。这么多年来，随着技术的发展其优惠券的模式从传统的打印展示，到现在的手机链接展示，既方便了广大群众的使用，也为树立企业环保形象做出了贡献。虽然优惠券会有一定的使用时间限制，但每次当旧的优惠券过期的时候新的优惠券又会很快诞生。

有效期截至2014年8月30日

应用举例　史玉柱法则

2005 年脑白金的广告以一句“今年过节不收礼，收礼还收脑白金”响彻各大电视台。同年，该广告也被业界排名十大恶俗烦心广告之首。他们把各个电视台剩余的广告时间以“大批发价”拿来，对消费者狂轰滥炸，结果把很普通的具有镇定作用的一个产品，卖出了“黄金价”，消费者要送礼时很多就自然联想到了脑白金，这种运作手法也被誉为“史玉柱法则”。

9.1.2 促销的功能

1．传递信息，提供情报

销售产品是市场营销活动的中心任务，信息传递是产品顺利销售的保证。信息传递有单向和双向之分。在促销过程中，一方面，卖方（企业或中间商）向买方（中间商或消费者）介绍有关企业现状、产品特点、价格及服务方式和内容等信息，以此来诱导消费者对产品或劳务产生需求欲望并采取购买行为；另一方面，买方向卖方反馈对产品价格、质量和服务内容、方式是否满意等有关信息，促使生产者、经营者取长补短，更好地满足消费者的需求。

2．突出特点，诱导需求

在市场竞争激烈的情况下，同类商品很多，并且，有些商品差别微小，消费者往往不易分辨。企业通过促销活动，宣传、说明本企业产品有别于其他同类竞争产品之处，便于消费者了解本企业产品在哪些方面优于同类产品，特别是能够突出产品特点的信息，激发消费者的需求欲望，变潜在需求为现实需求。

3．指导消费，扩大销售

在促销活动中，营销者循循善诱地介绍产品知识，在一定程度上对消费者能起到指导作用，有利于激发消费者的需求欲望，实现扩大销售的目标。

4．形成偏爱，稳定销售

在激烈的市场竞争中，有些企业的产品销售波动较大。企业运用适当的促销方式，开展促销活动，可使较多的消费者对本企业的产品滋生偏爱，进而稳住已占领的市场。对于消费者偏爱的品牌，即使该类商品需求下降，也可以通过一定形式的促销活动，促使消费者对该品牌的需求得到一定程度的恢复和提高。

应用举例　**团购网**

团购网是团购的网络组织平台，就是互不认识的消费者，借助互联网的“网聚人的力量”来聚集资金，加大与商家的谈判能力，以求得最优的价格。根据薄利多销、量大价优的原理，商家可以给出低于零售价格的团购折扣和单独购买得不到的优质服务。对于商家而言，这样的促销方式是以较低的促销成本扩大企业知名度，同时也增加了企业的销售量。

9.1.3 促销组合策略

1．促销组合策略的概念

由于各种促销方式都有其优缺点，所以在促销过程中，企业常常将多种促销方式同时共用。所谓促销组合，就是企业根据产品的特点和营销目标，综合各种影响因素，对各种促销方式的选择、编配和运用。促销组合包含人员推销、广告、营业推广和公共关系四种工具。促销组合是促销策略的前提，只有在促销组合的基础上，才能制定相应的促销策略。因此，促销策略又称促销组合策略。

2. 促销组合策略的分类

促销策略从总的指导思想上可分为推式策略和拉式策略两类。推式策略是企业运用人员推销的方式，把产品推向市场，即从生产企业推向中间商，再由中间商推给消费者，故又称人员推销策略。推式策略一般适合于单位价值较高的产品，性能复杂、需要做示范的产品，根据用户需求特点设计的产品，流通环节较少、流通渠道较短的产品，市场比较集中的产品等。拉式策略又称非人员推销策略，是指企业运用非人员推销方式把消费者拉过来，使其对本企业的产品产生需求，以扩大销售，其适合的产品，与推式策略正好相反。如图 9-2 和图 9-3 所示。

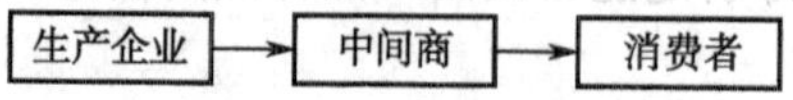

图 9-2　推式策略

图 9-3　拉式策略

3. 促销组合策略的选择

（1）促销目标。它是企业从事促销活动所要达到的目的。不同的促销目标，采用不同的促销组合和促销策略。

（2）产品因素。主要包括：①产品的性质。不同性质的产品，购买者和购买目的就不相同。因此，对不同性质的产品必须采用不同的促销组合和促销策略。一般说来，在消费者市场，因市场范围广而更多地采用拉式策略，尤其以广告和营业推广形式促销为多；在生产者市场，因购买者购买批量较大，市场相对集中，则以人员推销为主要形式。②产品所处的市场生命周期。在市场生命周期各阶段要相应选配不同的促销组合，采用不同的促销策略，达成不同阶段的促销目标。

应用举例　**促销方式在生命周期中的表现**

以消费品为例，在投入期，促销目标主要是宣传介绍商品，以使消费者了解、认识商品，产生购买欲望。广告起到了向消费者、中间商宣传介绍商品的功效。因此，这一阶段以广告为主要促销形式，以营业推广和人员推销为辅助形式；在成长期，由于产品打开了销路，销量上升，同时也出现了竞争者，这时仍需加强广告宣传，但要注重宣传企业产品特色，以增进消费者对本企业产品的购买兴趣，若能辅之以公关手段，会收到相得益彰之佳效；在成熟期，竞争者增多，促销活动以增进购买兴趣与偏爱为目标，广告的作用在于强调本产品与其他同类产品的细微差别，同时，要配合运用适当的营业推广方式；在衰退期，由于更新换代产品和新发明产品的出现，原有产品的销量大幅度下降。为减少损失，促销费用不宜过大，促销活动宜针对老消费者，采用提示性广告，并辅之适当的营业推广和公关手段。

（3）市场条件。从市场地理范围大小看，若促销对象是小规模的本地市场，应以人员推销为主；对广泛的全国甚至世界市场进行促销，则多采用广告形式。从市场类型看，消费者市场因消费者多而分散，多数靠广告等非人员推销形式；对用户较少、批量购买、成交额较大的生产者市场，则主要采用人员推销形式。此外，在有竞争者的市场条件下，还应考虑竞争者的促销形式和策略，有针对性地不断变换自己的促销组合及促销策略。

（4）促销预算。企业开展促销活动，必然要支付一定的费用。费用是企业经营十分关心的问题，并且企业能够用于促销活动的费用总是有限的。因此，在满足促销目标的前提下，要做到效果好而费用省。

子任务二 认识人员推销

人员推销是一种传统的促销方式，国内外许多企业在推销方面的费用支出要远远大于在其他促销组合因素方面的费用支出。伴随着电子商务的发展，人员推销显得没有过去的地位重要，但无论如何变迁，人员推销在促销组合中的支柱作用永远无法替代。

9.2.1 人员推销

人员推销是指企业推销人员通过传递信息、说服等技术与手段，发现顾客需求，用适宜的产品满足顾客的需求，以实现双方利益交换的过程。人员推销是最古老、最直接、最有效的促销手段。对于那些专业性强、结构复杂的产业用品及价格昂贵的耐用消费品，人员推销有着其他促销方式不可替代的作用。

1．人员推销的特点

（1）双向沟通。推销人员与顾客直接接触，面对面地传递信息，不仅可向顾客介绍产品及其特性，同时也可回答顾客的疑问，为顾客提出可参考的建议。

（2）灵活机动。销售人员在访问推销的过程中，可以亲眼观察到顾客对推销陈述和推销方法的反应，并揣摩其购买心理的变化，因而能够立即根据顾客情绪及心理的变化改进推销陈述和方法。同时，推销人员还能在价格、服务等方面进行灵活处理。

（3）针对性强。事先对潜在顾客进行一定的研究以后，推销人员可以选择具有较大购买可能的顾客进行推销。由于目标较为明确，推销人员可以有针对性地拟订推销方案，因此可大大提高推销的成功率。

（4）培养感情。推销人员在与顾客的接触中，通过卓有成效的工作可以获得顾客的信任、理解和支持，把双方单纯的买卖关系发展成深厚的个人友谊，有利于推销工作的开展。

（5）多种职能。人员推销不仅可以完成销售工作的全过程，还可担负多种职能，如提供售后服务，帮助安装、调试和维修，收集市场信息，进行市场调查，了解消费需求的发展趋势等，这些都是其他促销方式所无法做到的。

尽管人员推销有很多优越性，但并不意味着在任何场合都能采用人员推销，因为它也存在一定的局限性：人员推销成本费用比较大，对推销人员的素质要求也较高，企业往往难以物色到有才干的销售人员。因此，企业决定使用人员推销时必须权衡利弊，慎重从事。

2. 人员推销的基本形式

（1）上门推销。上门推销是最常见的人员推销形式。它是由推销人员携带产品样品、说明书和订单等走访顾客，推销产品。这种推销形式可以针对顾客的需要提供有效的服务，方便顾客，为顾客广泛认可和接受。

应用举例　　人寿保险的销售

大部分保险公司的寿险推销都是人员推销的模式，这是因为寿险的承托期长，保险责任复杂等，所以多采用一对一式的业务员上门销售风格。而汽车保险由于其普及广泛，解答容易，内容相对简单，可以采用广告和电话销售的方式。

（2）柜台推销（又称门市）。这是指企业在适当地点设置固定门市，由营业员接待进入门市的顾客，推销产品。门市的营业员是广义的推销员。柜台推销与上门推销正好相反，它是等客上门式的推销方式。由于门市里的产品种类齐全，能满足顾客多方面的购买要求，为顾客提供较多的购买方便，并且可以保证产品完好无损，顾客比较乐于接受这种方式。

应用举例　　黄金珠宝的门市销售

由于黄金、钻石等珠宝的本身价值昂贵且门市里的产品种类齐全，能满足顾客多方面的购买要求，为顾客提供较多的购买方便，并且可以保证商品安全无损。因此，顾客比较乐于接受这种柜台推销的方式。

（3）会议推销。这是指利用各种会议向与会人员宣传和介绍产品，进行推销活动。例如，在订货会、交易会、展览会、物资交流会等会议上推销产品。这种推销形式接触面广、推销集中，可以同时向多个推销对象推销产品，成交额较大，推销效果较好。

应用举例　　免费的旅游

大连有很多以老年人免费旅游为招牌的海参制品企业的促销活动。这些海参制品企业主要采取对老年人提供免费近郊游的方式，使大量老年人聚集在一起，通过会议的形式，对老年人进行食品保健延年益寿方面知识的讲解，最终的目标是销售本企业的海参制品。

9.2.2 推销人员的素质与能力

1. 推销人员的基本素质构成

（1）文化素质。文化素质包括三个方面的内容：对企业文化的了解、对产品文化的了解、对营销文化的了解。

推销员还应掌握的相关知识主要包括营销策略、市场供求情况、潜在顾客数量、分布、消费心理、购买能力、有关法规等。

（2）心理素质。推销人员应该具备基本的心理素质，能够胜任相应的工作。

应用举例　推销与狗不得入内

很多公共场合，如企业办公室、学校宿舍等地方门口贴着推销与狗不得入内的纸条，这些纸条无声却极有力地震撼着推销人员的心理。心理足够强大才能成功实现推销。

（3）身体素质。身体是革命的本钱，所以推销人员只有具备良好的身体素质，才能更好地实现促销目标。

（4）思想素质。包括责任心、事业心、坚强的毅力和意志等。

应用举例　推销大师成长记

著名推销大师原一平，四年来数次拜访一位顾客，均被一个老人阻拦，在最终阻拦了近 70 次之后，老人终于同意不再阻拦原一平。当原一平看到自己要拜访的顾客居然就是这位老人时，老人却告诉原一平之所以答应他的约见正是因为原一平的坚持和毅力。

应用举例　电影《当幸福来敲门》

电影《当幸福来敲门》讲述的是一个在困境中坚持努力、保持乐观，最终获得成功的励志故事。主角克里斯·加纳（威尔·史密斯饰）用尽全部积蓄买下了高科技治疗仪，到处向医院推销，可是价格高昂，接受的人不多。最后他在失业、失妻、失住所且只能和儿子住在公共卫生间的情况下，依然保持乐观，带给儿子欢乐和幸福，并且取得最后成功的故事，这是根据真实的人生经历而改编的。电影里有这样一句话："你要尽全力保护你的梦想。那些嘲笑你梦想的人，因为他们必定会失败，他们想把你变成和他们一样的人。我坚信，只要我心中有梦想，我就会与众不同。你也是。"如此可见，良好的思想素质是多么重要！

2. 推销人员应具备的能力

（1）说服能力。推销人员在确定所要推销的产品之后，能变更的就是自己的"推销说辞"。

（2）社交能力。推销人员要经常与各种各样的顾客打交道，所以推销人员应善于运用多种方式与他人进行沟通、协调和联系，善于取得信任与谅解，注意维持和发展与顾客之间长期稳定的关系；在各种交际场合周到随和、热情诚恳、应付自如，能设身处地地为顾客考虑，体察顾客的难处，不强人所难。

（3）洞察能力。推销人员应能通过对顾客环境的观察与分析，与顾客的接触（直接或间接）和交流，抓住多数人所忽略的细枝末节，在头脑中快速形成印象并加以整理，迅速做出判断，发现和掌握顾客的典型特征和内在动机。

应用举例　这是总统夫人放弃的戒指

一对夫妇在友谊商城购物时，太太喜欢上了柜台的一个翡翠戒指，可是标价略高，当太太爱不释手却纠结于价格时，销售员是这样表达的：太太，您的眼光真好，这个戒指是当时某某总统夫人来我店时也爱不释手的那个，可最终她因为价钱略高放弃了。这对夫妇听到这里立马付款买下戒指欣喜地离开了。

（4）应变能力。推销人员实际推销时面对的顾客太多，无法把所有顾客的可能反应都全部列举出来，必然会出现一些意想不到的情况。对于这些突然的变化，推销人员要理智地分析和处理，遇事不惊，随机应变，并立即提出对策。

应用举例　碎掉的钢化玻璃杯

在一个钢化玻璃杯的生产企业产品发布会上，一个产品经理正在对大家展示公司的最新产品——强化的钢化玻璃杯，就在他刚刚说完“我们的玻璃杯在自然落体的状态下是不会碎的”后，玻璃杯落地，完全碎裂。这时，就在全场一片哗然中这位产品经理又说道：“这是非强化的玻璃杯，无法实现这个高度落下不碎裂。下面拿出我们的新产品再给大家示范一次。”

（5）创新能力。推销工作必须注意不断创新。

案例9-1　说家乡话的销售冠军

某推销冠军说他从农村到一个大城市做推销，努力学习普通话，但是在开始推销保险产品时，一连几个月业绩都是零，实在是很丢人。到了下个月，眼看月底将近，业绩依然是零。他想：“如果明天再不行，我就不干了。”下定决心后，心情反倒轻松起来。已经到了黄昏，他又来到一户人家，在跟人家对话的时候，一不小心露出了自己家乡的口音，没想到对方很高兴，并说起和他相同的家乡口音。

女主人热情地请他进家，还给他端来茶，并对他说：“咱们是老乡，我丈夫也是家乡人。”他们谈得很投机，连他都忘记提起推销的事情。大约过了半个小时，女主人主动提起要投保。这是他进入保险行业的第一张保单。

后来，他发现自己刻意学习说普通话显得很蹩脚，人家听起来很不自然，而自己操着家乡口音，反倒让老乡感到亲切，让城市人觉得一个乡下人比较老实可信。这样他就坚持说他的家乡话开始了推销，业绩反倒有了不小的提升。

案例评析：

有的时候缺点可以转化为优点。推销过程中没有一成不变的死理，关键在于如何创造性地运用。

9.2.3 人员推销的任务和过程

1. 推销人员的任务

人员推销的任务包括六方面内容：探寻市场、传递信息、推销产品、收集情报、提供服务和分配产品。

2. 人员推销的过程

（1）寻找潜在顾客。这是进行人员推销的第一步。

应用举例　保险公司的推销员与网络时代下的寻找顾客

保险公司的推销人员可利用报纸上登载的新婚、毕业、出生等消息，或者查阅工商名录、电话号码簿等寻找潜在顾客。

在网络高速发达的今天，可以利用专门的论坛，如爱车者论坛、宠物论坛等，寻找自己的潜在顾客；利用建立专题QQ群，如减肥QQ群、健身QQ群，也可以聚集自己的潜在顾客；甚至还可以建立一个专业博客，在博客上提供与推销相关的知识和言论来发掘自己的顾客。

（2）顾客资格的认定。准顾客是指有能力和潜在购买欲望的人。可以从对方的职业、交通工具多个方面来预估对方的购买能力。从对方对产品的关心程度来判断对方的购买欲望。

应用举例　如何认定房屋购买者的顾客资格

对房屋购买者资格的判断主要有两个方面：购买欲望及购买能力。购买欲望的判断主要表现在五个方面：对产品的关心程度；对购入的关心程度；能否符合各项需求；对产品是否信赖；对销售企业是否有良好的印象。对购买能力的判断主要是信用状况和支付计划。

（3）接近顾客。这是指推销人员正式与潜在顾客进行的第一次面对面的接触，以便把推销引入洽谈的一个活动过程。通常推销人员在接近顾客的时候应该积极准备好三方面的知识：一是产品知识，包括本企业的基本情况、产品特点及用途；二是顾客知识，包括潜在顾客的个人情况、所在企业的情况等；三是竞争者知识，包括竞争对手的产品特点、竞争能力和竞争地位等，真正做到"知己知彼"，才能"百战不殆"。

（4）推销洽谈。这是指买卖双方为了达成交易，以维护各自的利益、满足各自的需要，就共同关心的问题进行沟通与磋商活动。

（5）处理顾客异议。顾客异议是潜在顾客对推销员所传递信息或提出的成交请求的反对或阻挠。没有异议并非买家，因为异议的出现往往是交易可成交的信号。正确处理顾客的异议会促使交易顺利地进入成交阶段。

（6）促成交易。促成交易是指顾客接受推销人员的购买建议及推销演示，立即购买推销产品的行动过程。这是整个推销工作的最终目标。

小资料　**像汤姆·霍普金斯一样卖房子**

汤姆·霍普金斯是世界级推销员之一。他树立起房地产销售界的标高，是全世界单年内销售房屋最多的业务员，平均每天能卖掉一套房子，至今仍没有人能打破他所保持的吉尼斯世界纪录。汤姆·霍普金斯为什么能成为世界售楼冠军？这是因为：他明白销售技能来自后天学习。他曾在最潦倒时期用最后的积蓄参加培训；他洞晓赚更多钱的技巧就是去接触更多的人，推销的实质是销售人脉关系；他善于倾听，在找到顾客真正的需求之前，绝不妄加说服；他一遇到异议，就嗅到了成功的味道，只有在得不到任何异议时，他才感到担心；他只卖顾客想要的房子，而不卖自己想卖的房子。

9.2.4　人员推销方案的设计

1. 确定推销队伍任务

企业推销队伍的基本任务是销售产品。企业应该根据自己的促销目标来确定推销队伍的具体任务。一般来说，企业推销队伍的任务设计，应该考虑这些内容。

（1）挖掘和培养新顾客。销售人员首要的任务是不间断地寻找企业的新顾客，包括寻找潜在顾客和吸引竞争者的顾客，积聚更多的顾客资源，这是企业市场开拓的基础。

（2）培育企业忠实顾客。销售人员应该通过努力与老顾客建立莫逆之交的关系，使企业始终保持一批忠实顾客，这是企业市场稳定的基石。

（3）提供服务。销售人员应该为顾客提供咨询、技术指导、迅速安全交货、售后回访、售后维修等系列服务，以赢得顾客的信任。

（4）沟通信息。销售人员应该熟练地传递企业各种信息，说服、劝导顾客购买本企业产品。在信息传递的过程中，关注顾客对企业产品的信息反馈，主动听取顾客对产品、企业的意见和建议。

（5）产品销售。销售人员努力的最终成果，应该是源源不断地给企业带来订货单，把企业产品销售出去，实现企业的销售目标。

2. 构建推销队伍结构

人员推销活动并非个体销售活动，而是由群体构成的团队活动。因此，企业必须从组织上构建推销队伍的合理结构。企业推销队伍结构的设计可以参考以下几种模式。

（1）按地区划分的结构。即按地理区域配备推销人员，设置销售机构，推销人员在规定的区域负责销售企业的各种产品。

（2）按产品划分的结构。即按产品线配备推销人员，设置销售机构，每组推销人员负责一条产品线，在所有地区的市场销售。

(3) 按顾客类别划分的结构。即按某种标准（如行业、顾客规模）把顾客分类，再据此配备推销人员，设置销售结构。

应用举例　IBM计算机顾客的分类

IBM 公司把自己的顾客分为工业用户、金融业用户、机关团体用户等。推销员按用户的类别分组，不同的小组分别负责特定的顾客群。此方式的优点在于推销员有条件深入了解不同用户的需求，以便更好地满足顾客的需求，提高推销的成功率。缺点在于推销费用的增加和难以覆盖更广阔的市场区域。

(4) 复合式的结构。即将上述三种结构结合起来，或按区域—产品，或按区域—顾客，或按区域—产品—顾客来组建销售机构或分配推销人员。通常当大企业拥有多种产品且销售区域相当广阔时适宜采取这种结构。

3. 制定销售人员的激励政策

为了提高销售人员的积极性，如期完成企业的销售任务，必须设计激励措施。

(1) 固定工资加奖金。这种报酬形式强调的是固定工资，一般适用于不直接推销的一线销售人员，如需要集体协作完成的销售工作或主要从事技术服务的销售工程师。但是，这种报酬形式刺激性不强，不利于调动销售人员的积极性。

(2) 提成制工资。提成制是以销售人员完成的销售量为基础，依据货款回笼量按一定比例提成支付报酬。这种方式突出变动报酬，强调业绩与报酬紧密挂钩，方法简单，容易计算，有利于调动销售人员的积极性。但是，销售人员所承担的任务压力大，盈亏自负风险也大，易造成销售人员急功近利追求销量，而忽视了对市场的培育工作。

(3) 固定工资加提成。固定工资加提成是上述固定工资加奖金和提成制两种形式的结合，一般的做法是销售人员有一个基本的固定工资，这部分可以满足销售人员收入的稳定，保证无后顾之忧，提成部分用于激励销售人员为企业销售做出更大贡献，也体现了多劳多得的分配原则。这种形式较好地综合了固定工资加奖金和提成制的优点，同时也克服了它们的缺陷，实行这种报酬形式，固定工资和提成比例是灵活的，一般根据企业目标市场特点、产品生命周期状况来自行制定和调整。

4. 制定销售人员的考核方法

一般来说，企业对销售人员的考核主要有两个方面的内容：考核途径和考核标准。

(1) 销售人员的考核途径。考核销售人员要有客观的依据，这些依据来自于对销售人员进行监督管理的四条途径的有关资料，包括：①销售人员的记事卡，是销售部门管理销售人员的永久性卡片。要求销售人员每天填写日志，记载与销售有关的情况，包括送货、拜访顾客、货款回笼、上门服务等资料；②销售人员销售工作报告，分年报、季报和月报。可以了解销售人员负责的区域市场和产品销售的绩效，区域市场的产品销售、费用开支、货款回收、新顾客拓展的情况，反映了销售人员的工作实绩；③顾客的评价，企业销售监督人员通过走访顾客了解他们对销售人员的评议，还可以根据顾客的投诉状况来考核销售人员的服务态度和服务水平；④企业内部员工的评价，主要是销售主管部门和企业其他职能部门对销售人员的评价意见，并且主要从质的方面进行考核，如个人能力的评价、思想品德的评价、工作态度、服务热情等方面。

（2）销售人员的考核标准。通常包括：①销售计划完成率，衡量销售人员或销售区域的销售业绩指标；②销售毛利率，衡量销售人员或销售利润完成的指标；③销售费用率，衡量销售人员或销售区域完成销售额所花的费用状况；④货款回收率，衡量销售人员或销售区域回笼货款的状况指标；⑤顾客访问率，衡量销售人员工作努力的程度；⑥访问成功率，衡量销售人员的工作效率；⑦顾客投诉次数，衡量销售人员的服务水平，服务质量状况；⑧培育新顾客数量，衡量销售人员开拓市场能力的指标。

案例9-2　**蒙牛终端业务员的管理**

由于销售工作的特殊性，终端业务员 70％以上的工作是在办公室以外进行的，企业很难进行直接的监督。同时，终端业务员日复一日地在固定的零售终端之间巡回，容易产生厌倦情绪以致丧失工作兴致。一旦企业对终端业务员的管理失控，消极怠工、自由散漫的工作作风就会随之生成和蔓延。对业务人员的管理主要包括培训、业务管理和报表管理三项。

1. 培训

首先是产品知识。业务员在铺市争取终端时，都会对零售商强调，蒙牛在推出每个品牌或规格前，都会经过周密的市场调查，发现顾客某种真正的需求从而去满足。其次是设计销售演示。针对需求和终端类型设计销售演示。

2. 业务管理

根据渠道网点的布局、销售潜力的大小、销售额的多少对业务人员进行业务管理，业务人员在零售终端所需完成的具体工作大致包括：产品铺市、产品陈列、POP广告促销、价格控制、通路理顺、客情关系、报表反馈七项。

3. 报表管理

业务人员需要对每个店铺的情况通过填表的方式对多项指标进行定期记录，然后据此汇总每个分销商的情况，最后交至管理者。主要报表有工作日报表、周报表、月总结表、竞争产品调查表、终端岗位职责量化考评表、样品及礼品派送记录表、终端分级汇总表，等等。终端工作人员一定要按时、准确填写，不得编造，以防止因信息不实而误导企业决策。业务员的绩效工资将与以上任务的完成情况联系在一起，每项工作的完成程度都将在绩效评估中占有一定的比例，从而直接决定绩效工资的多少。

案例评析：

1. 对于这种户外的、难以监督的蒙牛式业务员的管理，蒙牛集团的管理政策是成功的。

2. 明确的培训机制、严格的考评标准是企业对人员推销方案设计的成功结果。

子任务三 认识广告

广告在现代市场营销中占有重要的地位，并已成为企业促销活动的先导。

9.3.1 广告

1. 广告的概念

广告是指以盈利为目的，通过支付一定费用，以各种说服的方式，公开地向目标市场和社会公众传递产品或劳务信息的传播行为。

营销角度的广告概念强调了六个方面的含义。

（1）广告要支付费用。

（2）“说服”与“公开”是广告的重要特征。

（3）“传递信息”、“追求盈利”是广告的重要目的。

（4）“产品或劳务”是广告宣传的具体内容。

（5）“目标市场”和“社会公众”是广告的受众对象。

（6）“电视、广播、报纸、杂志”等是广告的传播媒体。产品促销应注重对广告及其策略的研究。

2. 广告的作用

（1）传递信息，沟通产需。这是广告在促进销售中最基本的作用。尤其是消费品市场，广告的作用更是无可替代。

（2）激发需求，促进销售。这是广告的最终目的。广告可以在较大市场范围，针对众多的潜在顾客进行说服。通过广告宣传，可以引起人们的注意，进行购买说服，促使人们产生兴趣，使处于潜在状态的需求被激发起来，促成其购买行为产生。

应用举例 **五粮液黄金酒**

作为一个全新品牌，黄金酒在初进入市场就取得了圆满成功，这与其两个广告情感篇和口号篇的作用是离不开的。前者完整地表达了黄金酒是儿女对自己长辈的关爱，而后者则强化了这一效果。因此，在响彻大街的广告语“送长辈——黄金酒”中，黄金酒也成功地了走进了众多顾客的家庭。

（3）介绍商品，指导消费。据有关资料介绍，我国牙膏的种类就有 700 余种。顾客都有过这样的经历，面对琳琅满目的商品，不知道买什么好。企业可以运用广告来介绍产品，指导消费。运用多种广告媒体向顾客介绍产品的种类、功能、款式、使用方法等，帮助顾客来选择商品。

应用举例　大自然的搬运工

农夫山泉有一句著名广告语："我们不生产水，我们只做大自然的搬运工。"结合农夫山泉的生产企业厂址，可以发现农夫山泉的罐装地都在水源区附近。这样做虽然增加了运输成本但却保证了产品质量，也更深刻地介绍了产品的特点，提升了顾客的信任度，同时增加了销量。

（4）树立形象，赢得市场。广告是企业开展市场竞争的重要手段。企业的产品进入市场，通过广告宣传产品的特色、企业的质量保证和服务措施，树立良好的企业形象，提高产品的知名度，从而赢得市场。广告不仅对顾客具有激发购买作用，对中间商也能起到鼓励作用。

应用举例　心系申奥的农夫山泉

2008 年奥运会的申办过程中，农夫山泉曾打出广告："每喝一瓶农夫山泉就为申奥捐出一分钱。"成功地提升了农夫山泉的形象，也实实在在地增加了农夫山泉的销量。

案例9-3　广告——秦池酒业的萧何

1995 年，秦池酒产量 9600 吨，实际销售 9140 吨，当年销售收入 1.8 亿元，利税为 3000 万元。1995 年 11 月 8 日，秦池以 6666 万元的最高价击败众多对手，勇夺 CCTV 标王。秦池在 1996 年度广告投入巨大，经营上的业绩充分体现了标王的巨大宣传作用。这一年秦池销售额比 1995 年增长 500％以上，利税增长 600%。秦池完成了从一个地方酒厂到一个全国知名企业的大转变。1996 年，秦池取得了决定性的成功。

然而秦池进行了争夺 1997 年 CCTV 标王的豪赌，正是这次豪赌将自己送上了不归的道路。1996 年 11 月 8 日，秦池集团以 3.2 亿元的天价卫冕标王。与首夺标王的反应截然不同的是，舆论界对秦池更多的是质疑，要消化掉 3.2 亿元的广告成本，秦池必须在 1997 年完成 15 亿元的销售额，产、销量必须在 6.5 万吨以上。而秦池作为一个刚刚转型的知名企业并没有足够的生产能力来应对提升的市场需求。1997 年年初某报编发了一组三篇通讯，披露了秦池的实际生产能力以及收购川酒进行勾兑的事实。这组报道被广为转载，引起了舆论界与顾客的极大关注。由于秦池没有采取及时的公关措施，过分依赖于广告效应，因此，在新闻媒体的一片批评声中，顾客迅速表示出对秦池的不信任。秦池的市场形势开始全面恶化。1997 年，尽管秦池的广告仍旧铺天盖地，但销售收入比 1996 年锐减了 3 亿元，实现利税下降了 6000 万元。最终秦池因为失败的广告策略消失于激烈的市场竞争中。

案例评析：

1. 1995 年的 CCTV 标王给秦池带来的是一系列竞争上的优势：品牌优势、形象优势、市场网络优势、价格优势、利润率优势。

2. 1997年的广告标王最终带给秦池广告成本的巨额分摊，难以支撑的生产能力，无法实现的发展梦。

9.3.2 广告种类

1. 根据广告的内容和目的划分

（1）商品广告。它是针对商品销售开展的大众传播活动。商品广告按其目的不同又可分为三种类型：一是开拓性广告，又称报道性广告。它是以激发顾客对产品的初始需求为目标，主要介绍刚刚进入投入期产品的用途、性能、质量、价格等有关情况，以促使新产品进入目标市场。二是劝告性广告，又称竞争性广告。它是以激发顾客对产品产生兴趣，增进“选择性需求”为目标，对进入成长期和成熟前期的产品所做的各种传播活动。三是提醒性广告，又称备忘性广告或提示性广告。它是指对已进入成熟后期或衰退期的产品所进行的广告宣传，目的在于提醒顾客，使其产生“惯性”需求。

应用举例 **不一样的方便面**

好劲道上汤大骨面，全新上市。著名演员范伟曾代言好劲道上汤大骨面，该广告用搞笑诙谐的风格介绍了好劲道上汤大骨面的原料，汤包的材料，以介绍的手法向广大顾客宣传认知。该广告属于开拓性广告。

汪涵——统一老坛酸菜面。“有人模仿我的脸，还有人模仿我的面！模仿再像，也不是统一老坛。统一来一桶老坛酸菜牛肉面，传统老坛，双重发酵。这正宗，这酸爽，不敢相信。统一来一桶老坛酸菜面。”通过汪涵的自我调侃式表达，这些广告词充分强调了统一老坛酸菜面的正宗。从这点可以看出该广告属于竞争性广告。

就是这个味——康师傅红烧牛肉面。康师傅红烧牛肉面以一句广告语：“就是这个味”为主打，响彻大江南北。虽然这个味并没有被具体描述出来，但是对于康师傅红烧牛肉面这个最早进入大陆的调味方便面早已深入人心。所以这是标准的提示性广告。

（2）企业广告（又称商誉广告）。这类广告着重宣传、介绍企业名称、精神、概况等有关企业信息，其目的是提高企业的声望、名誉和形象。

（3）公益广告。公益广告是用来宣传公益事业或公共道德的广告。它的出现是广告观念的一次革命。公益广告能够实现企业自身目标与社会目标的融合，有利于树立并强化企业形象。公益广告有广阔的发展前景。

应用举例 **世界自然基金会：恐怖VS更恐怖**

这则公益广告是世界自然基金会发布的，意在呼吁全球珍惜环境，比看到鲨鱼更恐怖的是永远无法再看到鲨鱼（见图9-4）。

图 9-4　公益广告——恐怖 VS 更恐怖

2．根据广告传播的区域划分

（1）全国性广告。这是指采用信息传播能覆盖全国的媒体所做的广告。在全国发行的报纸、杂志以及广播、电视等媒体上所做的广告，均属全国性广告。这种广告适合于产品是全国通用的、生产规模较大的、服务范围较广的大企业，对实力较弱的小企业适用性较差。

（2）地区性广告。这是指采用信息传播只能覆盖一定区域的媒体所做的广告。在省、县报纸、杂志、广播、电视上所做的广告，均属此类；路牌、霓虹灯上的广告也属地区性广告。此类广告传播范围小，多适合生产规模小、产品通用性差的企业和产品进行广告宣传。

3．按广告媒体的不同形式划分

（1）印刷广告。它包括广告主自行或者委托广告经营者利用单页、招贴、宣传册等形式发布，介绍自己所推销的商品或者服务的印刷广告，以及广告经营者利用有固定名称、规格、样式的广告专辑发布介绍他人所推销的商品或者服务的固定形式印刷广告。最为常见的是报纸和杂志广告。

（2）电子广告。它是以一定的电子手段，通过先进的电子信息技术来进行广告宣传的。常见的电视、广播及 Internet 邮件广告及网络广告等均属这一类。目前，这类媒体发展很快，特别是 Internet 必将成为主导的广告媒体。

（3）户外广告。常见的户外广告有路边广告牌、高立柱广告牌（俗称高炮）、灯箱、霓虹灯广告牌、LED 看板、车体广告等，现在甚至有升空气球、飞艇等先进的户外广告形式。

9.3.3　广告设计

1．广告设计的媒体选择标准

在对广告进行设计之前首先要考虑广告媒体的选择。不同的媒体表现形式、效果有很大差距。

（1）产品的性质。不同性质的产品，有不同的使用价值、范围和宣传要求。广告媒体只有适应产品的性质，才能取得较好的广告效果。例如，高科技产品本身的性质决定了其受众面较小，且因为其科技含量较高普通人很难了解和关注，因此，大部分的高科技产品均选择较为专业的杂志进行广告宣传。

（2）顾客接触媒体的习惯。选择广告媒体，还要考虑目标市场上顾客接触广告媒体的习惯。一般认为，能使广告信息传到目标市场的媒体是最有效的媒体。

应用举例　女性化妆品与老年化妆品广告的区别

对于女性化妆品而言，在进行广告宣传时，多选用妇女喜欢阅读的妇女杂志或电视，其效果较好；对于老年人而言，他们更多时候会选择听广播、看报纸。因此，在媒体选择的时候可以考虑广播和报纸。

（3）媒体的传播范围。媒体传播范围的大小直接影响广告信息传播区域的广窄。

应用举例　不同生活用品的媒体选择

以酒类产品为例，适合全国各地使用，所以以全国性发放的报纸、杂志、广播、电视等作为广告媒体；属地方性销售的产品，如地方性餐饮企业可通过地方性报刊、电台、电视台、霓虹灯等传播信息。

（4）媒体的费用。各广告媒体的收费标准不同，即使同一种媒体，也会因传播范围和影响力的大小而有价格差别。

应用举例　千人广告费

某企业想用广告对其产品进行宣传，经调查发现如果使用电视做广告需支付 20000 元，预计目标市场收视者 2000 万人，则每千人支付广告费是 1 元；若选用报纸做媒体，费用为 10000 元，预计目标市场收阅者 500 万人，则每千人广告费为 2 元。相比较，应选用电视作为广告媒体。

总之，要根据广告目标的要求，结合各广告媒体的优缺点，尽可能选择使用效果好、费用低的广告媒体。

2. 广告设计的原则

广告效果不仅取决于广告媒体的选择，还取决于广告设计的质量。高质量的广告必须遵循下列原则来设计。

（1）真实性。广告的生命在于真实。虚伪、欺骗性的广告，必然会丧失企业的信誉。广告的真实性体现在两方面：一方面，广告的内容要真实；另一方面，广告主与广告商品也必须是真实的。

应用举例 侯耀华 = 侯药华

2009年11月1日，中国广告协会在“品牌代言人行为规范与社会责任”论坛上，将侯耀华“现身”的10则违法广告，作为违法代言的典型予以点评曝光。产品中的保健食品、药品、医疗器械广告，均已被证实，刊发或播出前未经行政主管部门批准，均使用演员做主持，使用专家、患者、顾客名义和形象做证明，且均含有其他违法内容。由此，虚假代言的行为侯耀华也被顾客戏称为“侯药华”。

（2）社会性。广告是一种信息传递。从一定意义上说，广告不仅是一种促销形式，而且是一种具有鲜明思想性的社会意识形态，因此必须符合社会文化、思想道德的客观要求。

应用举例 十大恶俗烦心广告

每年网络中都会评出十大恶俗烦心广告，这些广告中不乏脑白金、黄金搭档等著名产品，虽然它们的广告内容并没有违法，但是在宣传的过程中反复出现、频率之高已经影响到人们的生活。因此被评为十大恶俗烦心广告。

（3）针对性。广告的内容和形式要富有针对性，即对不同的商品、不同的目标市场要有不同的内容，采取不同的表现手法。

（4）艺术性。广告是一门科学，也是一门艺术。广告把真实性、思想性、针对性寓于艺术性之中。利用科学技术，吸收文学、戏剧、音乐、美术等各学科的艺术特点，把真实的、富有思想性、针对性的广告内容通过完善的艺术形式表现出来。

应用举例 悄悄溜走的狗脚印

图9-5所示是Kitecat猫罐头的平面广告，通过踮起脚跟绕圈走开的狗脚印能体现出熟睡猫咪的强大，这也证明了猫罐头的营养丰富。这则广告运用夸张的艺术手法淋漓尽致地表达出了产品的核心特质。

图9-5 Kitecat 猫罐头的平面广告

3．广告设计的步骤

（1）确定广告目标。广告目标是指企业通过广告宣传要达到的目的。其实质是要在特定的时间对特定的受众完成特定的信息沟通任务。

小资料　企业的广告目标

对于企业而言，在不同时间、不同情况下可以确定不同的广告目标。企业广告目标主要有以下几个方面：单纯提高销售量或销售额；为新产品开拓市场；提高产品知名度，建立消费偏好，培养忠诚顾客；提高市场占有率，对付竞争对手；提升品牌地位，树立企业形象等。

低端汽车的广告目标：两个生产汽车的企业，甲企业专注于高档汽车，乙企业生产中低端（10 万元以下）汽车。这两个企业的广告在宣传上的重点截然不同，前者广告目标的宣传更多地注重产品的消费与顾客财富、地位和名誉相联系，后者广告宣传更多地注重产品的价格合理，消费该产品能够得到的附加利益。

（2）确定广告预算。为了实现企业的销售目标，必须花费必要的广告费用，广告费用的开支是一个关键问题。如果开支过少，就达不到广告效果；反之，会造成浪费降低效益。

（3）确定广告内容。即根据促销活动确定的广告目标来设计广告的具体内容。是以传递的形势、传递产品信息还是与竞争对手进行竞争等方面来考虑确定内容。

（4）选择广告媒体。不同的广告媒体有不同的特征，这决定了企业广告必须对广告媒体进行正确的选择，否则将影响广告效果。

4．广告效果评估

促销广告是一项投资，对于这种费用较高的投资活动，企业必须进行评估，目的在于提高广告的经济效益。

对于广告本身的效果而言，对其评价不是以销售数量的大小为衡量标准，而主要是以广告对目标市场顾客所引起心理效应的大小为标准，包括对商品信息的关注、兴趣等。因此，对广告本身效果的测定，应主要测定知名度、关注度、理解度、记忆度、视听率、购买动机等项目。测定方法中，常用的有以下几种。

（1）价值序列法。它是一种事前测定法。其做法是，邀请若干专家、顾客对事先拟定的几则同一商品的广告进行评价，然后排序，依次排出第一位、第二位、第三位……排在首位的，表明其效果最佳，选其作为可传播的广告。

（2）配对法。它也是一种事前测定法。其做法是，将针对同一商品设计的不同的两则广告配对，请专家、顾客进行评定，选出其中一例。评定内容包括广告作品的标题、正文、插图、标语、布局等全部内容。

（3）评分法。此法既适合于事前测定，又适合事后测定。其做法是，将广告各要素列成表，请专家、顾客逐项评分。得分越高，表明广告自身效果越好。

（4）访查法。这是一种主要适合于事后测定广告效果的方法。其做法是，通过打电话、直接走访等方式征集广告接收者对广告的评价意见，借以评价广告优劣。

案例9-4 世界上最好的工作

在风景如画的岛屿上散散步，喂喂鱼，写写博客，告诉外面的人自己在岛屿上的“探索之旅”。这样工作6个月，就可以得到15万澳元（约70万元人民币）的薪酬。听上去不可思议吧！澳大利亚昆士兰旅游局日前就推出了这样一份“世界上最好的工作”。

这份面向全世界招聘的工作已在全球刮起了应聘热潮，美国《纽约时报》、英国《独立报》等都对这份令人难以置信的工作进行了报道。

住豪华海景房半年拿70万元人民币，这份梦幻般的工作由澳大利亚昆士兰旅游局提供。根据这份“世界上最好的工作”活动网站的介绍，招聘的“岛屿看护员”将在澳大利亚的大堡礁进行为期6个月的工作。大堡礁南起昆士兰州的班达伯格，北到热带北部，长达2600多千米，沿途坐落着无数个热带海岛。“岛屿看护员”的工作内容包括喂鱼（“大堡礁有超过1500种鱼类，当然，你不用全部喂”），保持水池干净（“水池有一个自动过滤器，一般无须人工清洗”），兼职邮差（“收发信”）。用昆士兰旅游局的话来说：“这些都是些小任务，最重要的是探索大堡礁的群岛，并向外界报告自己的‘探索之旅’。”“岛屿看护员”可以通过更新博客和网上相册、上传视频、接受媒体采访等方式，向外界报告自己的探奇历程。此外，旅游局还会安排“岛屿看护员”进行一些体验活动，包括体验新式奢华水疗、潜水以及丛林徒步旅行等。作为回报，“岛屿看护员”不仅可以获得15万澳元（约70万元人民币）的报酬，还可以免费居住在大堡礁群岛之一——哈密尔顿岛上的奢华海景房中。这套海景房拥有3间宽敞的卧室、2个洗手间、全套设备的厨房、娱乐系统等。此外，“岛屿看护员”还能享受私人泳池、日光浴室、大观景台以及户外烧烤设施等。进行岛上巡视时，“岛屿看护员”则可以驾驶配给他的一辆小高尔夫球车。

“我们想尽一切所能，吸引尽量多的目光。”昆士兰旅游局首席执行官安东尼·海斯说，“世界上最好的工作”的招募，目的在于向全球推广昆士兰州大堡礁群岛。不过，这一活动引起的反响还是让安东尼·海斯吃了一惊。招聘广告贴出不到24个小时，就有20万人访问了活动网站（www.islandreefjob.com）。

“访问量实在太大了，我们只能从原来的一个服务器增加到现在的10个服务器。”安东尼·海斯禁不住感慨，“我们究竟做了什么？”活动报名的截止日期是2月22日，昆士兰旅游局方面表示，截至1月16日，这份面向全世界招聘的工作已经收到来自119个国家和地区的4000份申请，其中，中国申请者28人。

昆士兰旅游局代理局长（中国大陆、香港、台湾）沈俐告诉晨报记者，中国的申请者非常踊跃，上海的办事处已接到近百个问询电话。

案例评析：

1. “世界上最好的工作”这样的一句广告语设计得非常成功，瞬间就会吸引广大民众的注意。这完全达成了广告的设计初衷——引起人们的注意。

2. 看似一则招聘员工的广告，实际上却是昆士兰旅游的宣传广告。该广告的内容设计和媒体选择无疑都是非常成功的。经过这次全球招聘活动，使曾经默默无闻的昆士兰旅游业很快就全球知名。

子任务四 认识营业推广

9.4.1 营业推广

1. 营业推广的概念

营业推广又称销售促进，是企业在短期内，为了刺激需求而进行的各种促销活动。这些活动可以诱使顾客和中间商大量的购买，从而促进企业产品销售的迅速增长。营业推广对促进销售的效果显著，它是促销组合的重要方式。

2. 营业推广的特点

(1) 非规则性和非周期性。典型的营业推广的着眼点往往在于解决一些具体的促销问题，因而往往是非规则性、非周期性地使用和出现的。

(2) 灵活多样性。营业推广的方式十分繁多，除打折、退费等方式外还有贸易促销、特种价格促销、互惠、价格保证、经销津贴、奖售促销、义卖、优惠券等促销方式，这些方式各有其长处和特点，可以根据企业经营的不同商品特点，面临的不同市场营销环境灵活地加以选择和运用。

(3) 短期效益比较明显。一般来说，只要方式选择运用得当，其效果往往可以很快地在其经营活动中显示出来。因此，销售促进最适宜完成短期的具体目标。

9.4.2 营业推广方式

营业推广的对象主要有三种：消费者、中间商和推销人员。针对不同对象常用的营业推广方式也不尽相同。

1. 针对消费者的推广方式

(1) 赠品。随包装赠送、赠送可用之“包装”用具、函索即送、折价券等。

(2) 抽奖。包括“寄名”抽奖、“建议”抽奖（答对抽奖）、购物抽奖。

(3) 免费样品。采用逐户赠送、邮寄赠送、点面分送、附在产品上、函索赠送的方式。

(4) 减价优待。根据消费者的类别不同分别享受一定额度的减免优惠。

(5) 赠品点券。商业贴花，指消费者每购买一次单位商品就可获得一张贴花，若筹集到一定数量的贴花就可以换取这种商品或奖品。

（6）竞赛。就是企业诱导消费者参加与经营商品、经营活动有关的竞赛活动，消费者发挥自己的才华，解决某一特定问题，根据比赛成绩，领取奖品、奖金的促销活动。

（7）使用示范。即现场演示产品的特性与优势，以眼见为实促使消费者购买。

（8）其他。以旧换新、廉价包装、包退包换等。

应用举例 肯德基的节日促销

肯德基除了定期发行优惠券之外，每逢特别节日还会配合其他推广活动，例如，儿童节时购买快乐儿童餐赠送玩具，新年时购买浪漫套餐赠送情侣挂饰，圣诞期间购买缤纷节日桶赠送圣诞礼盒。这些活动既在短期内增加了商品的销售量，同时也为新产品的顺利推入市场做了铺垫。

应用举例 免费化妆

在各大商场的化妆品柜台都有免费的产品体验，从基础的洁面护理产品到彩妆都有免费的使用产品，并且导购小姐还会配合传授适当化妆的技巧。这样的方式在一定程度上提高了消费者对产品的认知度，也更好地调动了消费者的购买欲望。

小资料 消费者最喜欢的营业推广方式

调查数据显示，60.97%的消费者认为“特价促销”最有吸引力，紧接着的是“赠品促销”，认同人数占了 31.94%，还有的对免费使用、优惠券、抽奖等促销方式感兴趣。

2．针对中间商的推广方式

主要形式包括以下九种。

（1）添购折让。生产商短期性减价以刺激经销商添购新货色。

（2）清货折让。提供一定金额，鼓励经销商赶快清理积货或快速周转订货。

（3）买回折让。第一次劝告经销商添购新货时，提供一定金额供其作为无法如期出售时的买回补偿。

（4）随购赠送。随购赠送是生产商对经销商购买商品时的一种赠品激励。

（5）推广折让。短期性补贴合约。

（6）联合广告。长期性补贴合约。

（7）特别推销补贴。给予经销商或其销售员、店员特别的金钱或礼品，请其特别介绍其产品而非竞争对手产品。

（8）推销竞赛。厂商对旗下相关合作中间商进行的销售竞赛活动，用以激励中间商的销售积极性。

（9）设备赠送。生产商对旗下相关合作中间商赠送的一定数量的免费展示品的行为。

应用举例　　海南马自达汽车

海南马自达汽车厂针对其生产的海马 M5 轿车，因为是新上市的产品，对经销商承诺订货批量超过 5 台的，每台享受厂商补贴 5000 元。此后，因为海马 M5 的上市，导致海马同类型汽车福美来即将退市，因此厂家给予 4S 经销商每台销售 1 万元的降价空间。由于福美来价格优惠力度大，导致 4S 店订购的 M5 并没有如期取得良好的销售效果，海马厂家兑现当初的承诺：如果 2 个月内不能卖出 M5，海马厂商回购汽车并给予每台 500 元的经销商补助。海马为鼓励中间商配合其促销活动，推出购车即赠送海马原厂装饰方向盘套策略。

3．针对推销人员的推广方式

主要通过销售竞赛、红利提成及各种精神奖励措施，鼓励推销人员大力推销新产品，开拓新市场，发掘潜在消费者。

应用举例　　销售冠军

为了更好地提高推销人员的工作积极性，企业会定期评选出当期的销售冠军，销售冠军除业绩上的分红之外还有一部分成就奖，同时还会颁发销售冠军荣誉证书，并且照片会被放大和以佩戴红花的形式在当期的销售展板上进行展示。这种方式极大地促进了推销人员的工作积极性。

9.4.3 营业推广流程

1．营业推广方案的制订

（1）确定营业推广的诱因。确定营业推广的诱因，就是要找到最合适的点，既能实现较高的顾客反应，又不会花费太多的成本。诱因越大，顾客的反应越好；但是诱因越大，营业推广的成本就会越高。

（2）决定参与者的条件。这是指享受本次营业推广内容的顾客条件是什么。例如，抽奖一定是购物满一定金额以上的顾客才享有的“特权”。

（3）选择合适的营业推广方式。根据促销目标来制定。

应用举例　　如何提高客单价

某商场本次的促销目标是提高客单价，那么就可以用满额抽奖的方式，刺激顾客单次购买金额的提升。

（4）明确促销时间。包含两方面的内容：明确促销的周期时间和选择促销的时机。

（5）完成促销预算。一次营业推广的预算金额，与总的促销计划相符合，包括目标和花费成本。如果无法精准地计量成本，则可以参考以往营业推广的成本，并设立一定的浮动范围。

2．营业推广方案的试推行

虽然营业推广方案是在经验基础上制订的，但仍应经过预试来确认所选用工具是否适当，诱因规模是否最佳，实施的途径效率如何。面向顾客市场的销售促进能够轻易地进行预试，可邀请顾客对几种可能的优惠方法做出评价，给出评分，也可以在有限的地区范围内进行试验性测试。

应用举例　　肯德基蛋挞的地区性推广

今天在肯德基的甜品菜单上，蛋挞是其浓重色彩的一笔，人们在享用肯德基蛋挞的同时，却很少有人知道肯德基在2003年上市新品蛋挞时，也是抱着试试看的态度，在上海地区首先推行了半年以后，取得顾客的认可，才开始在全国推广的。

3．营业推广方案的实施和控制

实施计划必须包括前置时间和销售延续时间。前置时间是指开始实施这种方案所必需的准备时间，包括最初的计划工作、设计工作、材料的邮寄和分送、与之配合的广告准备工作、销售现场的陈列、现场推销人员的通知、个别分销商地区配额的分配、购买和印刷特别赠品或包装材料、预期存货的生产、存放到分销中心准备在特定的日期发放，以及给零售商的分销工作。销售延续时间是指从开始实施优待办法起到大约95%的采取这种优待办法的商品已经在顾客手里为止的时间。这段时间可能是几个星期或几个月，主要取决于实施这一办法持续时间的长短。

4．营业推广方案效果的评估

企业可用多种方法对营业推广结果进行评估。评估程序随着市场类型的不同而有所差异。例如，企业在测定对零售商促销的有效性时，可根据零售商销售量、商店货档空间的分布和零售商对合作广告的投入等进行评估。企业可通过比较销售绩效的变动来测定顾客促销的有效性。在其他条件不变的情况下，销售量的增加可归因于营业推广的影响。

案例9-5　　雀巢咖啡，中秋送温馨

雀巢是世界知名品牌，其促销活动历来都不仅仅满足于销量的提升，而是希望通过具有创意的促销活动整体地提升顾客对雀巢品牌的好感。中秋佳节，雀巢在济南某大型超市门前进行的一次促销活动堪称是其代表之作。

促销策划的内容：

主办单位：雀巢公司济南分销处

活动目的：借助中秋佳节，增加产品销量，提升雀巢咖啡的品牌美誉度

活动对象：所有顾客

活动内容：

中秋节前夕，潇潇秋雨的一个周末下午，在济南的某一大型超市门前，雀巢咖啡正在举行“免费品尝”的促销活动。

促销小姐穿着鲜明、个性、统一的公司服装，面带微笑，热情地为每位路过的客人递上一杯热咖啡，与此同时，另一边的电视正播放着公司简介和“味道好极了”的广告语。

超市专场内，雀巢咖啡与中秋的主角——月饼争相辉映，形成了互补式营销，并暗示顾客：吃月饼的同时喝上一杯芳香的咖啡，那感觉一定非常好。

案例评析：

1. 营业推广时间的选择。中秋节前夕的周末，人们开始高度关注节日的到来，开始大量购物过节，此时搞促销，容易引起人们的关注。同时，咖啡和月饼可以形成互补，受促销活动影响，顾客买月饼时会顺便买咖啡。

2. 营业推广地点的选择。顾客在超市购物后一般都比较累、比较渴，再加上秋后暮雨的凉意，此时热情的促销小姐送上一杯热咖啡，顾客必然心存感激，对雀巢咖啡的印象更佳，这为以后的消费打下了基础。

3. 营业推广对象的选择。这一大型卖场属于档次较高的超市，逛超市者大部分都是年轻人和中年人，他们年轻并且有购买力，正是雀巢咖啡的目标顾客，在这里做促销针对性强、有效性高。

4. 营业推广内容的设计。促销中，服装统一、热情礼貌、漂亮的促销员体现了雀巢公司的良好企业形象；“味道好极了”的广告语体现了对公司品牌形象的宣传。

5. 营业推广方式的应用。在超市门口促销，体现了决战终端的促销策略，顾客可以近距离感受到雀巢咖啡所具有的品质和魅力；免费品尝又让不知道雀巢咖啡的人知道它，让潜在的顾客变成现实的顾客，让现实的顾客增加对雀巢咖啡的满意度和品牌忠诚度。

子任务五 认识公共关系

公共关系是指某一组织为改善与社会公众的关系，促进公众对组织的认识、理解及支持，达到树立良好的组织形象、实现组织与公众的共同利益与目标的管理活动与职能。在企业促销中，公共关系主要用于化解危机、树立形象。

9.5.1 公共关系的作用

1. 收集社会信息

收集影响企业营销的各类信息，如产品信息、企业形象信息、宏观经济方面的信息、竞争者信息等。通过收集信息，提出对企业营销环境的预警分析和企业形象的评估，供决策者参考。

2．树立企业形象

通过设计相关的公益活动，制造气氛，引起社会公众的关注和好感，迅速提升企业美誉度。

3．协调媒体关系

现代社会，大众传媒对人们的生活有很重要的影响。企业公关部门应与各种传播媒体协调好关系，引导社会舆论朝着有利于企业的方向发展，以获取广大公众的赞誉和支持。

4．协调内外关系

公关的职能首先要重视内部关系，做好内部管理信息交流和情感交流，做到政通人和，上下一致；对外要协调好相关公众关系，包括顾客、政府、社区等相关利益团体，通过公关一系列活动，能运用利益、形象、示范、信息、特色等吸引广大公众，促使他们理解、信任、偏爱企业，使企业得到和谐发展的外部环境。

5．处理突发危机事件

当企业遇到突发的危及企业形象的事件时，公共关系要及时收集事件发生的各种信息，妥善处理，使不利影响因素降到最低点。

应用举例　蒙牛的三聚氰胺事件

2008 年 9 月 16 日国家公布检出三聚氰胺的 22 家乳制品企业名单后，蒙牛集团于 9 月 17 日第一时间迅速做出反应并发表声明，向顾客致歉并做出承诺。在这次“毒奶粉”的风波中，蒙牛虽然被波及，当年的市场收益也出现大幅亏损，但因得益于其公关的效率，其市场老大的地位没有被撼动。

小资料　危机公关的黄金原则

企业在处理危机公关时应遵循五条黄金原则：①第一责任人；②企业与用户的真诚；③危机公关讲究速度；④全面系统看待危机；⑤获得权威部门的肯定。

小资料　“黑天鹅”定律

公关界有这样一句话：黑天鹅出现之前所有的天鹅都是白色的。1688 年之前的欧洲人认为天鹅都是白色的，因为从来没有一个欧洲人见过一只黑天鹅，“所有的天鹅都是白色的”就成了一个没有人怀疑或自欺欺人的事实。可是，数年之后，人们在澳大利亚发现了黑天鹅，从此所有声称“所有的天鹅都是白色的”的人都被视为无知之徒或不诚实之人。公关界用于描述危机发生的企业是“黑天鹅”。而且企业在没发生危机之前都认定自己是“白天鹅”。

9.5.2 公关促销的内容

1．设计内部刊物

这是企业内部公关的主要内容。企业各种信息载体，是管理者和员工的舆论阵地，是沟通信息、凝聚人心的重要工具。

应用举例　了不起的“海尔人”

海尔集团内部发行刊物《海尔人》内有一专栏，专门用于刊登海尔集团每年各个分公司不同工作岗位的杰出员工。这些员工的优秀事迹极大地鼓舞了企业员工，提升了员工的积极性。

2．发布新闻

由公关人员将企业的重大活动、重要的政策以及各种新奇、创新的思路编写成新闻稿，借助媒体或其他宣传手段传播出去，帮助企业树立形象。

应用举例　领导悬浮照

2011年6月26日，有网民曝出四川省会理县政府网站上经技术处理过的新闻照片，三位县领导“悬浮”在公路上“视察交流”。照片通过微博迅速传播，引发群众对基层政府造假的质疑和不满。6月27日，会理县政府相关领导和当事人通过媒体和微博等方式先后四次公开向社会道歉，承认工作存在问题，态度坦诚，赢得众多网民的好评。6月28日，会理县政府通过微博推介会理旅游风光，引起众多关注，危机最后转为城市营销。

3．召开记者招待会

邀请新闻记者，发布企业信息。通过记者的笔传播企业重要的政策和产品信息，传播广、信誉好，可引起公众的注意。

4．设计公众活动

通过各类捐助、赞助活动，努力展示企业关爱社会的责任感，树立企业美好的形象。

5．举办企业庆典活动

营造热烈、祥和的气氛，显现企业蒸蒸日上的风貌，以树立公众对企业的信心和偏爱。

6．制造新闻事件

制造新闻事件能起到轰动的效应，常常引起社会公众的强烈反响。

应用举例　**张瑞敏怒砸冰箱**

1985 年，张瑞敏刚到海尔。一天，一位朋友要买一台冰箱，结果挑了很多台都有毛病，最后勉强拉走一台。朋友走后，张瑞敏派人把库房里的 400 多台冰箱全部检查了一遍，发现共有 76 台存在各种各样的缺陷。张瑞敏把职工们叫到车间，问大家怎么办？多数人提出，也不影响使用，便宜点儿处理给职工算了。当时一台冰箱的价格为 800 多元，相当于一名职工两年的收入。张瑞敏说："我要是允许把这 76 台冰箱卖了，就等于允许你们明天再生产 760 台这样的冰箱。"他宣布，这些冰箱要全部砸掉，谁干的谁来砸，并抡起大锤亲手砸了第一锤！很多职工砸冰箱时流下了眼泪。张瑞敏的这一举动堪称公关界的经典。

7. 发布宣传材料

公关部门要为企业设计精美的宣传册或画片、资料等，这些资料在适当的时机，向相关公众发放，可以增进公众对企业的认知和了解，从而扩大企业的影响。

9.5.3 公关促销方案设计

在企业促销活动中，一个有效的公关促销方案一般要考虑以下因素。

1. 公关活动目标

制订公关促销方案，首先要明确公关活动的目标。公关活动的目标应与企业的整体目标相一致，并尽可能具体，同时要分清主次、轻重。

2. 公关活动对象

确定公共关系的对象，即本次公关活动中所针对的目标公众。

3. 公关活动项目

即采用什么方式来进行公关活动，如举行记者招待会，组织企业纪念活动和庆祝活动，参加社会公益活动等。

4. 公关活动预算

在制订活动方案时，还要考虑公共关系活动的费用预算，使其活动效果能够取得最大化。

案例9-6　**欧莱雅"保护母亲河行动"**

公司名称：欧莱雅（中国）有限公司

项目名称：2012 年"保护母亲河行动"欧莱雅项目

项目简介："保护母亲河行动"是由共青团中央、全国绿化委员会等国家八大部委共同组成的领导小组共同发起的一个面向青少年、动员全社会的大型生态环保公益活动。

2008 年，欧莱雅中国正式与“保护母亲河行动”建立合作，连续三届独家赞助“母亲河奖”。2010 年，欧莱雅成立“保护母亲河欧莱雅基金”，为青少年绿色家园建设和全国青少年生态环保社团项目提供更加切实的帮助。2012 年，“保护母亲河行动”欧莱雅项目开展了一系列环保活动，主要内容如下。

1. 黄河流域青少年植树活动——欧莱雅（中国）

与其卡尼尔品牌在黄河沿线九个片区捐建“保护母亲河卡尼尔青年林”，最终建立每片不少于 200 亩（1 亩=666.7 平方米），总面积 1800 余亩树林。

2. 全国生态环保社团骨干培训

独家赞助全国生态环保社团骨干培训班，并特别策划“青年绿色领导力论坛”专场活动。根据不同区域的环境问题，以“保护水资源”、“维护生态平衡”及“绿色城市·绿色生活”为主题，立足天津、甘肃和上海，辐射中国北部、西部和东南部三个区域，来自全国 31 个省、市和新疆生产建设兵团的 313 名社团骨干接受培训。

3. 欧莱雅中国“青年环保社团”网络行动

结合全国生态环保社团骨干培训开展环保绿“聚”人线上活动，利用人人网，建立欧莱雅“青年环保社团”活动页面，鼓励网友加入以“保护水资源”、“维护生态平衡”或“绿色城市”为主题的阵营，发表环保宣言，通过“聚合”网友声音和力量来完成环保任务。此次活动引发超过 6 万人参与，发表环保宣言逾 12 万条。

4. 保护母亲河——小额资助欧莱雅项目

针对以大学生为主的青年环保社团骨干，以支持经费与进行奖励相结合的方式对符合条件的 70 个项目进行资助。

5. 第六届“母亲河奖”

即将启动，旨在表彰为保护母亲河、保护生态环境做出突出贡献的社会人士和组织，提高广大青少年及社会公众的环保意识。

项目主要负责人：于李莉[欧莱雅（中国）传播总监]

负责带领团队策划并执行 2012 年“保护母亲河行动”欧莱雅项目相关的线上线下传播计划，黄河流域植树、青少年社团骨干培训活动等。

项目执行公司：罗德公关、人人网

项目传播策略：

（1）继续加强主流媒体和环境类媒体的传播。

（2）扩大地方媒体的传播力度，引导媒体对于各地不同环境问题的关注和思考。

（3）加强青少年环境教育的同时，鼓励员工志愿者及社区群众参与到环保行动中，从而带动全社会关注环保。

（4）将集团的可持续消费市场理念与旗下品牌对大众消费行为的影响力相结合，制定统一的传播信息。

（5）线下深度传播与线上广泛参与相结合，加强信息传播整合性。

案例评析：

1. 此次公关活动的目的清晰、选择方式合理，公关效果良好。

2. 公关主题选择时下比较受重视的环保话题，容易吸引广大顾客的注意，实现较好的受众目标。

3．能和行政部门共同活动，能够较好地树立企业形象。

实训一

任务：按照所学人员推销的过程，完成商品的推销。

【实训目的】

促进学生熟悉人员推销的基本知识，能够准确地判断顾客的特点，根据其特点实施推销的全过程。分析自己作为推销人员的素质和能力。

【实训内容】

分小组采购合适的商品并将其销售给其他同学。

【实训方法】

1．实训过程。

第一步：推销品的准备（课前进行）。

第二步：分小组布置自己所在的区域，形成良好的销售环境。

第三步：制订简单的促销方案，招揽顾客。

第四步：完成并统计商品的销售情况，书写销售总结。

2．时间：120分钟。

3．地点：校园内统一规划地点。

【总结】

1．实训运用人员推销的基本形式是柜台推销。

2．实训过程能让学生更好地体会自己作为一名推销人员在基本素质和能力上的欠缺和不足。

3．实训过程便于学生理解推销的基本流程。

实训二

任务：完成对某饮料产品的广告策划。

【实训目的】

根据所学广告方面的知识对市场上某熟悉的饮料产品进行广告策划。分析该饮料产品的市场定位，确定该产品的市场竞争力。根据市场定位制定新的广告策略。完成对广告目标制定、广告媒体选择、广告预算相关知识的理解和运用。

【实训内容】

××饮料的广告策划。

【实训方法】

1．实训过程。

第一步：按小组选择合适的饮料产品，并进行市场定位分析（课前进行）。

第二步：对该产品进行广告目标的确定（课前进行）。

第三步：制定该产品的广告策略，并制定合理的预算表（课前进行）。

第四步：分小组展示选定产品的广告策划过程。

2．时间：50 分钟。

3．地点：教室。

【总结】

1．实训过程需要较多的课前准备时间，并且能和之前所学市场营销的相关知识相互联系。

2．广告目标的主要类型：单纯提高销售量或销售额；为新产品开拓市场；提高产品知名度，建立消费偏好，培养忠诚顾客；提高市场占有率，对付竞争对手；提升品牌地位，树立企业形象。

3．广告的常见媒体：印刷广告：报纸和杂志广告；电子广告：电视广告、广播广告及 Internet 邮件广告及网络广告；户外广告：车体广告、灯箱广告、飞艇广告、墙体广告，等等。

实训三

任务：按照所给定的商场背景设计促销策划书。

【实训目的】

测试学生对广告、营业推广、公共关系的相关理论知识的基本掌握情况。提升学生综合运用促销组合的能力，促进学生编写促销策划书能力的提升。锻炼学生的市场调研能力、促销创意能力、费用预算能力等多方面综合能力。

【实训内容】

新玛特商城中秋节庆典策划书。

【实训方法】

1．实训过程。

第一步：收集新玛特商城的相关背景内容（课前进行）。

第二步：对本地大型商城的市场竞争情况进行分析（课前进行）。

第三步：对本地顾客的中秋节需求进行分析（课前进行）。

第四步：确认此次促销的主题（课前进行）。

第五步：制定本次促销的相关设计及促销预算（课前进行）。

第六步：分小组展示本次促销活动的方案，并互相点评。

2．时间：60 分钟。

3．地点：教室。

【总结】

1．实训体现了市场营销综合知识的系统运用。包括竞争分析、顾客需求分析、市场调研、产品策略、促销等多个方面。

2．促销的目标制定，促销的目标符合企业的总体目标。制定本次活动的目标要考虑本次活动的主题时间段。

3．商业企业促销策划书的内容构成：促销任务的分析，市场分析，促销活动主题的设定，促销活动的内容设计，促销宣传设计，促销费用预算，促销活动的控制。

任务十

新兴营销方式

知识目标

1. 掌握各种新兴营销方式的内涵；
2. 了解各种新兴营销方式的特点；
3. 掌握各种新兴营销方式的运用策略。

能力目标

1. 能够对新兴的不同营销方式进行识别；
2. 能够对现实中的企业营销方式进行分析和解读；
3. 能够运用新兴的营销方式进行简单的营销活动策划。

引入案例　华硕“达达真人漫画”，创新赢得成功

“达达真人漫画”是华硕为其上网本产品 EeePC 制定的营销活动。活动以国内外比较前卫的真人漫画为主要形式，并选择了搜狐和新浪这两大当时人气最高的微博作为传播平台。

“达达真人漫画”通过一个个职场故事和精辟观点向读者表达了一种“轻松对待工作，生活才会容易”的观点。活动一经推出便得到众多网友的喜爱和分享，仅在一周内搜狐上的达达微博粉丝便超过 7000 位，转载量更是接近 2000 次。许多网友纷纷留言，对漫画中描绘的情境和观点表示认同。“达达真人漫画”截图如图 10-1 所示。

案例评析：

1. “达达真人漫画”聚焦于产品感性信息的传递上，意在为产品创造内涵。
2. 将营销活动所表达的内涵与流行的职场话题相结合，使参与者在重温职场困扰的同时，感同身受地体验到华硕 EeePC 带来工作和娱乐上的便捷与轻松。

图 10-1 “达达真人漫画”截图

21世纪世界进入数字化时代，商业活动中的高度自动化和网络化促使市场营销理论不断更新，以适应不断变化的经济环境。在此，介绍几种常用的新兴营销方式，即微博营销、微信营销、搜索引擎营销、大单品营销和资源营销。

子任务一 认识微博营销

2009年，微博成为第一大流行词汇，超过“奥巴马”和“甲流”。2010年，“两会”时微博更加火爆。当“今天你织围脖了吗”逐渐取代“今天你吃饭了吗”，其中隐含的变革信息不容小觑。

10.1.1 微博

1．微博的概念

微博，即微博客（MicroBlog）的简称，是一个基于用户关系的信息分享、传播及获取平台，用户可以通过Web、WEP及各种客户端组建个人社区，以140字左右的文字更新信息，并实现即时分享。

小资料　**微博的发展进程**

最早、最著名的微博是美国的 Twitter，截至 2012 年 Twitter 已拥有 2.85 亿名注册用户。而在国内，2009 年 8 月中国最大的门户网站新浪网推出新浪微博内测版，成为门户网站中第一家提供微博服务的网站，微博正式进入中文上网主流人群视野。

随着微博的发展，出现了长微博这种新型信息发布方式，这是一个新兴的词汇。正常情况下，微博一次只能发 140 个字以内的内容。因此长微博转换工具的出现，改变了这种现状，最多支持 1 万个字，转换后的中文字体清晰，突破了 140 个字的限制。

2．微博的特性

（1）便捷性。微博在语言的编排组织上，没有博客要求那么高，只需要反映自己的心情，不需要长篇大论，更新起来方便；微博开通的多种 API 使得大量的用户可以通过手机、网络等方式来即时更新自己的个人信息。

（2）背对脸。与博客上“面对面”的表演不同，微型博客上是“背对脸”的 Follow 5（跟随我），就好比你在计算机前打游戏，路过的人从你背后看着你怎么玩，而你并不需要主动和背后的人交流；可以点对点，也可以一点对多点。

（3）即时性。微博网站即时通信功能非常强大，通过 QQ 和 MSN 直接书写，在没有网络的地方，只要有手机也可即时更新自己的内容，哪怕你就在事发现场。

应用举例　**现实购买者和潜在购买者**

想知道一个微博所具有的神奇力量吗？请看图 10-2，其中数字代表的是微博粉丝人数。

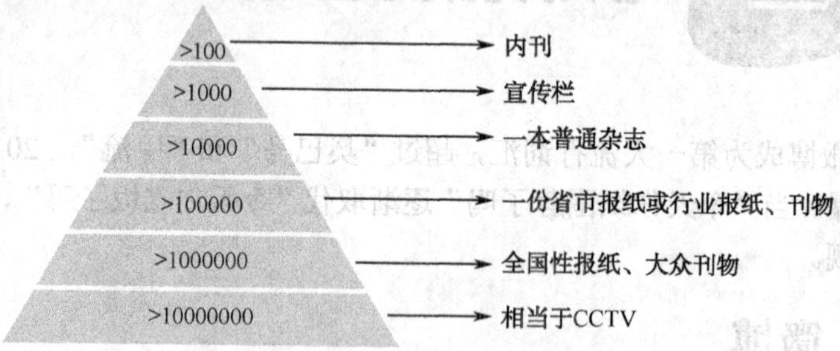

图 10-2　微博的力量

3．国内三大主流微博

（1）新浪微博（Logo 如图 10-3 所示）。2009 年 8 月 14 日，新浪微博开始内测。9 月 25 日，正式添加了@功能以及私信功能，除此之外还提供“评论”和“转发”功能，供用户交流。

新浪微博采用了与新浪博客一样的推广策略，即邀请明星和名人加入，并对他们进行实名认证。认证后的用户在用户名后会加一个字母“V”，以示与普通用户的区别，同时可避免冒充名人微博的行为，微博功能和普通用户是相同的。

（2）腾讯微博（Logo 如图 10-4 所示）。腾讯微博限制字数为 140 个字，有“私信”功能，支持网页、客户端、手机平台、对话和转播，并具备图片上传和视频分享等功能。

与大多数国内微博相同，腾讯微博转发内容独立，限制在 140 个字以内，采取类似于 Twitter 的回复类型。此外，腾讯微博更加鼓励用户自建话题，在用户搜索上可直接对账号进行查询。

（3）搜狐微博（Logo 如图 10-5 所示）。搜狐微博在其“使用帮助”中显示，没有设置字数限制，只是强调“一句话博客”。搜狐微博与博客、视频、相册、圈子等整合，用户在微博页面可以“直达”这些产品。此外，搜狐微博强调“围观”的概念，即用户在微博的点击操作次数。

图 10-3　新浪微博 Logo

图 10-4　腾讯微博 Logo

图 10-5　搜狐微博 Logo

10.1.2　微博营销

1．微博营销的内容

微博营销以微博作为营销平台，每个听众（粉丝）都是潜在营销对象，企业利用更新自己的微型博客向网友传播企业信息、产品信息，树立良好的企业形象和产品形象。每天更新内容可以跟大家交流互动，或者发布大家感兴趣的话题，以此来达到营销的目的。微博营销方式注重价值的传递、内容的互动、系统的布局、准确的定位。微博营销涉及的范围包括认证、有效粉丝、话题、名博、开放平台、整体运营等。

2．微博营销的特点

（1）立体化。借助先进多媒体技术手段，利用视频、文字、图片等形式对产品进行形象的描述，使潜在消费者更加直接地接收信息。

（2）高速度。对于一条关注度较高的微博，如果在互联网及与之关联的手机平台上发出，则通过互动性转发可以抵达微博世界的每个角落，能在短时间内被更多的人所看到。

（3）便捷性。微博发布信息的主体无须经过复杂的行政审批，可以节约大量的时间和成本。

（4）广泛性。通过粉丝关注的形式进行病毒式的传播，影响面非常广泛。同时，名人效应能够使事件的传播量呈几何级放大。

3. 微博营销的方式

微博是有效的网络营销工具，微博的运营商可以与企业共同进行策划，以企业微博、代言人微博、用户微博为载体，针对新产品、新品牌等进行主动的网络营销。微博营销是品牌营销的有力武器，在每个微博后面，都是一个消费者或一个用户，越是只言片语，越是最真实的用户体验。微博营销主要有以下五种方式。

（1）微博是植入式广告的最好载体之一。微博营销可以在趣味话题、图片和视频中植入广告。

（2）微博是一种按照读者喜好定制的活媒体，将是企业和媒体人十分热衷使用的客户满意度测试工具。能在微博中热议的话题，往往会成为各大媒体争相讨论的热点话题。微博给网民尤其是手机网民提供了一个信息快速发布、传递的渠道。

（3）微博也是重要事件的新闻发布现场。微软亚洲研究院的张亚勤就是利用微博对他所执掌的微软亚太研发集团第一时间进行了发布，让媒体更快捷地传播和推广。

（4）通过争议话题的挑起成为公众焦点。建立一个微博平台上的事件营销环境，能够快速吸引关注。这对企业的公共关系维护、话题营销开展能起到如虎添翼的作用。

（5）通过微博的标签、话题和搜索功能，搜索关键词直接找到针对用户群体，与其进行互动的同时进行营销活动。

应用举例　　**VANCL：品牌、活动信息传播多管齐下**

作为最早“安家”新浪微博的广告主之一，VANCL 多年来积累的电子商务实战技巧是其作为广告主“围脖”明星的天然优势。

在 VANCL 的微博页面上，可以清晰地看到这家迅速崛起的企业进行互联网营销的老练：一会儿联合新浪相关用户赠送 VANCL 牌围脖，一会儿推出 1 元秒杀原价 888 元衣服的抢购活动来刺激粉丝脆弱的神经，一会儿又通过赠送礼品的方式，拉来姚晨和徐静蕾等名人就 VANCL 的产品进行互动。除此之外，你还能看到 VANCL 畅销服装设计师讲述产品设计的背后故事，看到入职 3 个月的小员工抒发的感性情怀，对于关注话题中检索到的网民对于凡客的疑问，VANCL 幕后团队也会在第一时间予以解答。

VANCL 品牌管理部负责人李剑雄告诉记者，虽然从目前来看，微博的营销效果很难评估，但是相应的投入也很少，只要细心经营，微博对企业形象的构建、品牌内涵的宣传的意义不言而喻。VANCL 粉丝团关注主界面如图 10-6 所示。

图 10-6　VANCL 粉丝团关注主界面

案例10-1　伊利：围观世界杯微博营销

1. 新浪微博，最好的世界杯切入点，如图 10-7 所示。

图 10-7　世界杯切入点

2. 微博围观世界杯活动，客户权益醒目体现，如图 10-8 所示。

图 10-8　世界杯活动客户权益

3. 伊利微博世界杯，引发用户探讨，如图 10-9 所示。

图 10-9　用户探讨

案例评析：

世界杯期间，伊利营养舒化奶与新浪微博合作，将球迷活力与营养舒化奶联系在一起，让关注世界杯的人都关注到营养舒化奶，将营养舒化奶为中国球迷的世界杯生活注入健康活力。伊利通过结合舒化产品特点，与世界杯足球赛流行元素结合，借机打响了伊利的品牌知名度。

子任务二 认识微信营销

2011 年，腾讯开始通过 QQ 邮箱主推微信软件，2013 年年初，微信用户激增到 3 亿人。据报道，2013 年年度微信用户已达到 6 亿人。随着微信时代的到来，也培养了一代新人类“低头族”。得数据库者得天下，全网微营销时代，谁拥有最多的数据库，谁就拥有未来。

10.2.1 微信

1. 微信的概念

2011 年 1 月 21 日，腾讯推出即时通信应用微信，支持发送语音短信、视频、图片和文字，可以群聊。2012 年 3 月 29 日，时隔一年多，马化腾通过腾讯微博宣布微信用户突破 1 亿大关，也就是新浪微博注册用户的 1/3。在腾讯 QQ 邮箱、各种户外广告和旗下产品的不断宣传和推广下，微信的用户也在逐月增加。

微信公众平台是腾讯公司在微信的基础上新增的功能模块，通过这一平台，个人和企业都可以打造一个微信的公众号，并实现和特定群体的文字、图片、语音的全方位沟通、互动。不同于微博的微信，作为纯粹的沟通工具，商家、媒体和明星与用户之间的对话是私密性的，不需要公之于众，所以亲密度更高，可以做一些真正满足需求和个性化的内容推送。其图标和进入程序界面如图 10-10 所示。

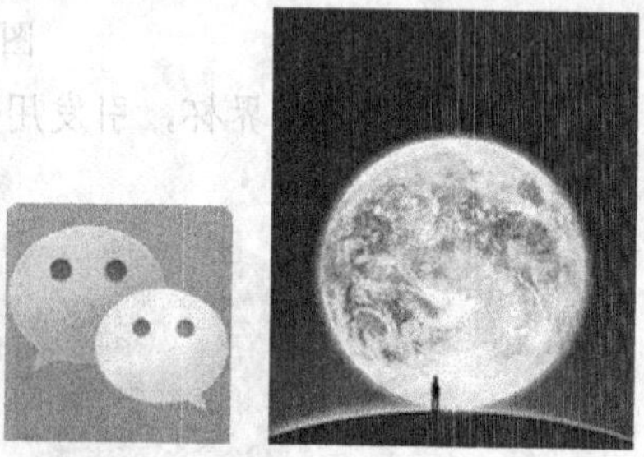

图 10-10 微信图标和进入程序界面

2. 微信与微博的区别

（1）微博是自媒体，微信则兼具自媒体和用户管理（CRM）的双重身份。
（2）微博是一对多，微信是一对一，更具有针对性。
（3）微博更偏向传统广告，微信则是真正的对话。
（4）微博的曝光率极低，微信的曝光率几乎是 100%。
（5）微博是开放的扩散传播，而微信是私密空间内的闭环交流。
（6）微博是弱关系，微信是强关系，用户价值更高。

（7）微博是一种展示工具，微信是一种联络工具。

10.2.2 微信营销

1．微信营销的概念

微信营销是网络经济时代企业营销模式的一种创新，是伴随着微信的火热而兴起的一种网络营销方式。微信不存在距离的限制，用户注册微信后，可与周围同样注册的“朋友”形成一种联系，用户订阅自己所需的信息，商家通过提供用户需要的信息，推广自己的产品，从而实现点对点的营销。

微信营销主要体现在以安卓系统、苹果系统的手机或者平板电脑中的移动客户端进行的区域定位营销，商家通过微信公众平台，展示商家微官网、微会员、微推送、微支付、微活动、微 CRM、微统计、微库存、微提成、微提醒等，已经形成了一种主流的线上线下微信互动营销方式。

微信营销包括微信平台基础内容搭建、微官网开发、营销功能扩展。另外，还有微信会员卡以及针对不同行业的微餐饮、微外卖、微房产、微汽车、微电商、微婚庆、微酒店、微服务等个性化功能开发。

2．微信营销的特点

（1）点对点精准营销。微信拥有庞大的用户群，借助移动终端、天然的社交和位置定位等优势，每个信息都是可以推送的，能够让每个个体都有机会接收到这个信息，帮助商家实现点对点精准化营销。

（2）形式灵活、多样的“漂流瓶”。用户可以发布语音或者文字，然后投入大海中，如果有其他用户“捞”到则可以展开对话，如图 10-11 所示。

图 10-11 “漂流瓶”

应用举例　　招商银行的“爱心漂流瓶”

在招商银行展开活动期间，微信用户用“漂流瓶”功能捡到招商银行的“漂流瓶”，回复之后招商银行便会通过“小积分，微慈善”平台为自闭症儿童提供帮助。活动期间，每捡十次漂流瓶便有一次机会捡到招行的“爱心漂流瓶”。

3．微信营销的应用

（1）查看附近的人。签名栏是腾讯产品的一大特色，用户可以随时在签名栏更新自己的状态签名。也有许多人利用签名打入强制的广告，也有一定用户可以看到。但是这种单调的硬性广告，通常只有用户的联系人或者好友才能看到，那么有什么方式可以让更多陌生人看到呢？结合微信的另一个特色应用，利用地理位置定位的“查看附近的人”便可以做到。

商家可以利用“用户签名档”这个免费的广告位为自己做宣传，附近的微信用户就能看到商家的信息，如“饿的神”、“K5 便利店”等就采用了微信签名档的营销方式。

（2）漂流瓶。漂流瓶实际上是移植了 QQ 邮箱的一款应用，该应用在计算机上广受好评，许多用户喜欢这种和陌生人的简单互动方式。移植到微信上以后，漂流瓶的功能基本保留了原始简单、易上手的特点。

（3）二维码应用。企业可以设定自己品牌的二维码，用折扣和优惠来吸引用户关注，开拓 O2O 的营销模式。用户可以通过扫描识别二维码身份来添加朋友、关注企业账号，获得会员折扣和企业优惠。

（4）社交营销。在微信公众平台上，应用开发者可通过微信开放接口接入第三方应用。还可以将应用的 Logo 放入微信附件栏中，让微信用户在会话中方便地调用第三方应用进行内容选择与分享。在微信公众平台上，每个人都可以用一个 QQ 号码，打造自己的微信公众账号，并在微信平台上实现和特定群体的文字、图片、语音的全方位沟通和互动。

社交营销主要利用“朋友圈”这个功能。具体的实用技巧有以下四个方面。

① 主打官方大号，小号助推加粉。企业用微信公众平台可以打造自己的品牌和 CRM。在粉丝达到 500 人之后以申请认证的方式进行营销，更有利于企业品牌的建设，也方便企业推送信息和解答消费者的疑问，更重要的是可以借此免费搭建一个订餐平台。小号则可以通过主动寻找附近的消费者来推送大号的引粉信息，以此将粉丝导入到大号中统一管理。

② 打造品牌公众账号。获得公众账号后登录公众平台网站注册即可。申请了公众账号之后在设置页面上对公众账号的头像进行更换，建议更换为店铺的招牌或者 Logo，大小以不变形可正常辨认为准。此外，微信用户信息填写店铺的相关介绍。回复设置的添加分为被添加自动、用户消息、自定义回复三种，企业可以根据自身的需要进行添加。同时企业需要对每天群发的信息做一个安排表，准备好文字素材和图片素材。

应用举例　　餐饮企业的推广

在餐饮企业，一般推送的信息可以是最新的菜式推荐、饮食文化、优惠打折方面的内容。粉丝的分类管理可以针对新老顾客推送不同的信息，同时也方便回复新老顾客的提问。一旦这种人性化的贴心服务受到顾客的欢迎，触发顾客使用微信分享自己的就餐体验进而形成口碑效应，对提升企业品牌的知名度和美誉度效果极佳。

③ 实体店面同步营销。店面也是充分发挥微信营销优势的重要场地。在菜单的设计中添加二维码并采用会员制或者优惠的方式，鼓励到店消费的顾客使用手机扫描。一来可以为公众账号增加精准的粉丝，二来也积累了一大批实际消费群体，对后期微信营销的顺利开展至关重要。

④ 签到打折活动。企业制作附有二维码和微信号的宣传海报和展架，配置专门的营销人员现场指导到店消费者使用手机扫描二维码。消费者扫描二维码并关注企业公众账号即可收到一条确认信息，在此之前企业需要提前设置好被添加自动回复。凭借信息在埋单的时候享受优惠。为防止顾客消费之后就取消关注的情况出现，企业还可以在第一条确认信息中说明后续的优惠活动，促使顾客持续关注并且经常光顾。

应用举例　**飘柔，能唱能聊**

飘柔在微信中以“小飘”自称，用户关注“飘柔 Rejoice”后，可以根据选择进入聊天模式。这时，用户会发现“小飘”不仅能陪聊、唱歌，就连星座运程指导等也是样样精通。对于用户来说，一个能陪你聊天、给你唱歌、跟你分享星座运程的人性化品牌自然令人垂爱有加。

案例10-2　**星巴克“自然醒”模式**

登录微信，添加星巴克为好友，即可与之展开一场内容丰富的互动对话。

工作繁忙、身心疲惫，需要随时随地 Refresh（自然醒）一下？

在微信中加“星巴克中国”为好友，用户只需发送一个表情符号，星巴克将即时回复你的心情，即刻享有星巴克“自然醒”音乐专辑，获得专为您心情调配的曲目，感受“自然醒”的超能力，和星巴克一同点燃生活的热情和灵感。

星巴克在微信营销中，首先从全国的门店开始，让经常光顾星巴克的顾客先成为星巴克微信公众平台的粉丝，然后利用活动等方式让粉丝自主将星巴克微信公众平台推荐给自己的朋友，使星巴克微信公众平台的粉丝短时间得到了爆发。

案例评析：

1. 通过一对一的推送，品牌可以与粉丝展开个性化的互动活动，提供更加直接的互动体验。

2. 星巴克以真情打动顾客，走“情感路线”，不但以温馨的提示给顾客“心”的体验，而且赢得了友好真诚的形象。

子任务三　认识搜索引擎营销

随着搜索引擎的高速发展，搜索引擎广告的发展趋势扶摇直上，获得广告主的青睐。由于传播媒体对于广告形态有很大的制约性，因此，搜索引擎广告也拥有与传统媒体广告所无法比拟的诸多优势和特性。

10.3.1 搜索引擎营销

1. 搜索引擎营销的概念

搜索引擎营销就是根据用户使用搜索引擎的方式，利用用户检索信息的机会，尽可能将营销信息传递给目标用户。

搜索引擎的最主要工作是扩大搜索引擎营销业务中的比重，通过对网络进行搜索引擎优化，更多地挖掘企业的潜在客户，帮助企业实现更高的转化率。

2. 搜索引擎基本类型

（1）全文搜索引擎。通过从互联网上提取的各个网站信息而建立数据库，检索与用户查询条件匹配的相关记录，然后按一定的顺序将结果反馈给用户。

（2）目录索引类搜索引擎。以人工方式或半自动方式搜索信息，由编辑员查看信息后，人工形成信息摘要，并将信息置于事先确定的分类框架中，提供按目录分类的网站链接信息摘要。

（3）元搜索引擎。在接受用户查询请求时，可同时在其他多个搜索引擎上进行搜索，并将结果反馈给用户。

3. 常用搜索引擎

人们常用的三大搜索引擎门户为谷歌中文、百度、搜狗。

（1）谷歌中文。谷歌中文包括网页、图片、新闻、搜索，支持个性化搜索和本地搜索，提供论坛、邮箱、日历服务和桌面搜索工具，是全球互联网上最大的搜索引擎。但是谷歌中文由于黑客攻击和敏感词过滤问题退出中国内地转至中国香港。主界面如图 10-12 所示。

图 10-12 谷歌主界面

（2）百度。百度是中国最大的搜索引擎。除网页搜索外，还提供 MP3、文档、地图、影视等多样化的搜索服务。率先创造了以“贴吧”、“知道”为代表的搜索社区，是目前国内最大的商业化中文搜索引擎。主界面如图 10-13 所示。

（3）搜狗。搜狗是全球首个百亿（元）规模的中文搜索引擎，收录 100 亿网页，创造了全球中文网页收录量新高。搜狗以网页搜索为核心，在音乐、新闻、图片、地图等方面提供了垂直搜索服务。主界面如图 10-14 所示。

图 10-13　百度主界面

图 10-14　搜狗主界面

10.3.2　搜索引擎营销的目标

搜索引擎工具可以实现四个层次的营销目标，包括收录层、排名层、点击层和转化层。具体如图 10-15 所示。

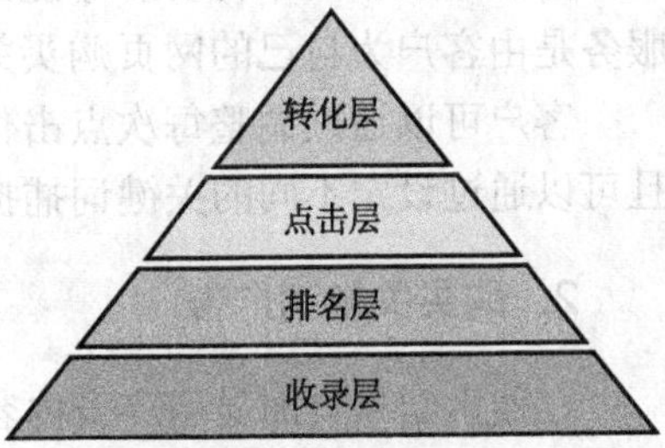

图 10-15　搜索引擎工具四个层次的营销目标

四个层次中，收录层、排名层、点击层可以理解为搜索引擎营销的过程，而将浏览转化为顾客才是最终目的。

在一般的搜索引擎优化中，通过设计网页标题，META 标签中的描述标签、关键词标签等，通常可以实现前两个初级目标。但是要想实现高层次的目标，还需要进一步对搜索引擎进行优化设计。

10.3.3　搜索引擎营销的特点

1．相关性

用户通过访问相关网站来决定自己的购买行为。因此，搜索引擎是否成功与企业网站直接相关，密不可分。搜索引擎营销的主要目的之一是企业网站推广。

2．系统性

搜索引擎营销只是一种方法，如果要想取得好的转化率和交易量，不仅要做好搜索引擎优化，更要做好用户优化及网站维护优化工作。当然，也要有企业服务、管理和产品质量等各方面的相互配合。

3．难控性

网站是否被收录，无论是全文搜索还是分类目录搜索，都是由搜索引擎系统所控制的。网站或网页的排名位置不在企业控制范围内，网站是否被访问是由访问者决定的。

4．间接性

搜索引擎所列出来的知识网页信息的索引，大多只是某个网站或网页的简单介绍，只能发挥一个“引子”作用。搜索引擎营销的直接效果是增加网站访问量，但是能够转化为产品销售的可能性有多大，搜索引擎营销很难决定。

10.3.4　搜索引擎营销的常用方法

搜索引擎营销的主要方法包括竞价排名、分类目录登录、搜索引擎登录、付费搜索引擎广告、购买关键词广告、搜索引擎优化、来电付费、地址栏搜索、网站链接策略等。

1．竞价排名

竞价排名在网站付费后才能出现在搜索结果页面，付费越高，排名越靠前；竞价排名服务是由客户为自己的网页购买关键字排名，按点击计费的一种服务。

客户可以通过调整每次点击付费价格，控制自己在特定关键字搜索结果中的排名，并且可以通过设定不同的关键词捕捉到不同类型的目标访问者。

2．购买关键词广告

在搜索结果页面显示广告内容，实现高级定位投放，用户可以根据需要更换关键词，相当于在不同页面轮换投放广告。

应用举例　　卓越、当当成功品牌推广

卓越、当当每年都会投入数百万元费用在搜索引擎营销领域，在搜索引擎营销领域的投入在中国的前十名之列，同时也获得了巨大的回报。

作为一个几十万关键词投放的管理，卓越和当当除了支付巨额的推广费用外，还支付了大量的管理成本，不断修改、调整关键词的投放，并制定相应的策略具体管理搜索引擎。

3．搜索引擎优化

通过对网站优化设计，使网站在搜索中靠前，搜索引擎优化包括网络内容优化、关键词优化、外部链接优化、内部链接优化、代码优化、图片优化、搜索引擎登录等。

4．来电付费

来电付费又称Pay Per Call，是企业按接到意向客户来电次数付广告费的一种全新效果广告模式。颠覆了传统广告的种种弊端，实现了集及时性、互动性于一体的精准营销。

案例10-3　　立邦涂料搜索全方位营销

立邦作为全球知名的涂料生产制造商，进入中国后一直在涂料市场处于领先地位。但

是近几年由于品牌形象的守旧和与消费者交流的欠缺，使其与多乐士相比没有任何优势。

由于中国油漆家装市场内的激烈竞争导致关键词的出价较高，直接增加了账户管理和优化的难度，CPC 处在一个较高的水平且难以下降，由于立邦网站的优化不完善，搜索引擎识别率差，因而流失了大量潜在客户。

于是，立邦决定设立全方位品牌新方向更新。首先选择百度和谷歌的关键字进行广告投放，将谷歌地图和谷歌的投放结合起来，给消费者全面的门店信息。

本次投放包括关键字竞价排名、搜索引擎优化和实体销售、信息结合谷歌地图这三方面内容，融会成完整全面的新战略。

通过关键字竞价营销，立邦成功地在两个搜索引擎上搜索相关关键字排名靠前，重新吸引了消费者的关注。在对网站持续优化后，立邦网站页面的收入量也持续增加，通过自然搜索结果给网站带来的流量也稳步上升。立邦将3000多家门店信息上传至谷歌地图，方便了消费者和品牌建立更进一步的联系。

经过几个月的投放，整个账户包含近20个广告组、近1000个关键字，取得了优异的成绩；实际CPC比KPI降低了近16%，谷歌和百度的平均排名为1.9，比上一年有大幅度的增长，并且在长达4个月的时间中始终保持在前两位。

案例评析：

1. 通过对立邦网站的持续优化，网站的流量增长了155%，点击量从2010年第一季度的33655人次增长至85820人次，使更多的消费者更好、更多地了解了立邦。

2. 消费者通过导入完整细节的立邦门店信息至谷歌，更便利地找到立邦的门店和联系方式，进一步缩短了消费者和品牌的距离，使消费者重新认识立邦，收到良好的效果。

3. 在谷歌内部，立邦这个营销案例已被作为其内部相关人员分享的案例。在谷歌趋势和百度指数这两个对外开放的工具上，体现了立邦品牌关注度稳步增长的趋势。

子任务四 认识大单品营销

每个品类创新和升级的契机，都是一个市场机会。未来10年，中国市场将迎来新一轮消费升级和品类重构机会的集中到来，这种品类创新的时代大潮，千载难逢。因此，未来那些能够率先进行品类创新以打造出战略大单品的企业，那些成功创建出品牌的企业，必将在这种品类创新的大潮中，赚得盆满钵满。

10.4.1 大单品

品牌是产品管理中重要的方面，品牌既提供了顾客识别产品的手段与方法，也是企业赢得竞争的重要营销工具，因此，品牌已成为资本和经济中的“原子核”。

1. 大单品的概念

“大单品”，就是那些为了创造一个新品类、满足一个新的消费需求结构等战略目的而推出的，未来会带动一个品牌成名的，为本品牌创造最大销售额和利润率的，并帮助本品牌取得强势竞争地位的产品大品种。

应用举例　　形色各异的“大单品”

一个企业要从默默无闻发展成为一个知名品牌，或者从困境状态脱身从而扭转市场的不利局面，一定需要以一次战略单品的爆发作为引爆点。

河北养元公司在主攻“六个核桃”之前，经营的是碳酸类、果汁类、含乳类等多达15个饮料品类。从2005年起，公司主打“六个核桃”这个战略单品，到2011年，销售额突破30亿元；统一方便面在2008年之前，在全国泡面市场节节败退，一直被康师傅方便面打压着，直到聚焦推出“老坛酸菜”这个战略单品，3年时间，销售额就从2亿元蹿到40亿元，直逼长期占据方便面霸主地位的康师傅红烧牛肉面。还有大家熟悉的蒙牛特仑苏、光明莫斯利安、康师傅红烧牛肉面、金泰昌1017、娃哈哈营养快线、大白兔奶糖、阿尔卑斯硬奶糖、汇源100%橙汁、灌装可口可乐、立顿红茶包、茅台53度飞天、五粮液52度、洋河蓝色经典……

2. 大单品的基本特征

（1）品类第一。它们都是在品类竞争中脱颖而出成为品类第一的产品；在品类诞生过程中，率先创造品类，并在品类爆炸过程中，成功做大并成为品类第一的产品。

（2）产品长寿。这些单品之所以长寿，最关键的是企业建立起了大单品长寿育婴系统，并对大单品持之以恒地进行了寿命运营管理与维护。

3. 大单品运营模式的优势

与“产品推销模式”相反，“战略单品运营模式”具有两大明显优势。

（1）以品牌和战略单品为双核心。企业从“倾向产品推销的营销管理模式”到“强调品牌运营的管理模式”的转型，在产品层面，侧重于中高定价的战略单品，以质取胜；在品牌层面，侧重于品牌附加价值的塑造，强调品牌传播，实现消费者指牌购买。销售中高定价的战略单品，企业利润就有了保障。“指牌购买”既能保证销量的持续增长，又能使企业在价值链中拥有品牌战略控制手段，拥有话语权，企业不但不再受制于渠道，反而可以利用品牌去号令渠道。

（2）管理考核终端提升销量。采用“战略单品运营模式”的企业，在渠道和终端层面，强调对经销渠道的管控，并在建立渠道管控体系的基础上，改变绩效考核方式，既注重销量的考核，更注重对运营过程的考核。终端销量要实现提升，必须做好终端的营运管理，包括做好终端形象、终端陈列、终端导购、终端促销，以及售后服务等工作。因此，以终端建设为中心，建设合理的营销管理机制，将人、财、物合理地调动起来，并建立有效的营销支持流程，将产品、品牌、渠道、服务更充分地结合起来，形成统一的运作，并在此基础上，将终端管理内容纳入绩效考核内容，通过管理考核终端形式提升销量，这就是“管理考核终端提升销量”的思维模式。

“战略单品运营模式”与“产品推销模式”的比较如表 10-1 所示。

表 10-1 “战略单品运营模式”与“产品推销模式”的对比

对 比 项	战略单品运营模式	产品推销模式
产品	侧重品牌主导，以品牌取胜	侧重产品主导，以量取胜
定位	中高定价的战略单品主推	以中低定价的产品居多
诉求	注重品牌宣导的消费者感知	注重产品物质利益的表现
表现形式	采取品牌形象专营策略	注重多样化的产品策略

10.4.2 大单品“寿命”的运营管理和维护

正如国际权威品牌专家——大卫·爱格所说的那样：“品牌经营就像旅馆经营一样，每年都要投资一定的维护、保养费用，使之焕然一新。”大单品之所以“长寿”，就是因为企业会对大单品持之以恒地进行管理、维护和保养。这种寿命运营管理和维护，主要包含以下七个方面。

1. 持续提供超越顾客期望的独特价值

大单品是否长寿，最为关键的一点，就是要看它实现客户价值的程度，是否完全地甚至超越了客户期望的、高性价比的需求。超越顾客期望的产品与服务组合是指可以向客户提供额外的价值。

应用举例 商品的独特价值

使得客户能用最低的价格获得同样的利益，或者用同样的价格获得至少是更多的心理上的价值满足，例如，微软高性价比的软件产品，ZARA 高性价比的时尚服装等。

2. 持续进行品质改良

长寿产品的基本形态不会有太大的改变，但是，长寿产品的品质每年都在进步。正是因为几十年如一日的产品品质的进化与改良，大单品才能持续获得消费者的满意，并最终成为长寿大单品。

应用举例 持续改良的汰渍洗衣粉

汰渍洗衣粉已经成为年销售额达 240 亿美元的战略大单品，它的寿命已经长达 70 年。1946 年，宝洁推出了全球第一款合成洗衣粉——汰渍洗衣粉，由于汰渍的诞生，结束了人类历史上长达 2000 余年的皂洗时代，进入机洗时代。汰渍洗衣粉以其良好的洗衣效果和洗衣时的丰富泡沫，当年就创下 10 亿美元的销售奇迹，到 2000 年，已经达到

120 亿美元。

但是，汰渍洗衣粉仍然没有停止品质进化的步伐。从 2004 年起，汰渍洗衣粉再一次进行大的品质进化运动。从第一代柠檬汰渍到第三代加强型，仅仅几年时间，汰渍洗衣粉就进行了多次升级。

2010 年，汰渍法国原液进口洗衣液引入中国，掀起中国洗衣粉市场新一轮变革。2011 年 7 月，汰渍推出全效 360 系列洗衣产品，升级配方专门针对日常常见的污渍设计。2011 年 7 月，汰渍全新产品系列“洁净熏香”诞生，这也是宝洁旗下第一款超越洁净，以熏香味为主导的洗衣产品。2012 年 7 月，汰渍联手舒肤佳推出全效除菌系列，全效去渍，外加高效去除衣物上 5 种典型细菌。

3．突出产品个性化风格

在产品和品牌形象同质化的时代，只有产品的风格、个性才能创造竞争优势。在这种情况下，企业就要创造一个有个性的前后统一的产品风格去影响消费者。大单品通过进行产品开发不断地突出个性化风格，获得竞争优势。

应用举例　各类大单品的产品风格

苹果从 iPod 开始形成的以白色为主、黑色为辅的产品风格，在 iMac、iPhone、iPad 等系列产品上，得到了持续的坚持；可口可乐的红色，百事可乐的蓝色，还有英国服装名牌 Burberry，几百年来，就是以著名的标记——苏格兰鸽子花呢，受到世界上各阶层人士的瞩目和青睐。穿着 Burberry，全因酷爱其品质，也代表着一种崇尚品位的生活艺术，同时还能保持优雅自然的韵味。

4．不断刺激消费欲望

大单品要想长寿，就需要不断地刺激消费者的购买欲望，用动机创造欲望。一般来讲，为了刺激不同时代、不同地域的消费者的消费欲望，其最有效的方法就是寻求本时代的潮流和时尚，利用潮流刺激消费动机，促进销售。

应用举例　美体小铺的消费动机

英国美体小铺是一家美肤美发用品制造者和零售者，抓住这个时代最强大潮流——“环保”，利用“环保”去刺激消费动机。它提倡“反浪费”、“崇尚天然”等，并持续地利用环保潮流来刺激消费动机：拒绝用动物来测试产品，保护稀有动物，包装也力求简单，保护热带雨林，崇尚“再生概念”，等等。

5．持续扩大消费

任何一个大单品，即使它的销量再大，都不会出现产品衰退的情况，更不会出现产品滞销的情况。通常，扩大消费量的方法主要有扩大消费频次、扩大单次消费量和拓展消费场所、用途等。

应用举例 木糖醇与王老吉

益达木糖醇在品类教育成功之后，持续传播“餐后一次嚼两粒，两粒在一起才最好”的理念，所以，它的广告创意也是利用两个人的爱情故事来表达“两粒”的意思。

王老吉不管是在广告、促销活动还是软性宣传中都演示更多的饮用场合，诸如餐饮场所、室内、户外、办公室、网吧、酒吧等；王老吉还结合不同区域或人群特点，提示日常生活中容易出现“上火”的情况，如沿海湿热、北方吃烤肉、上班族熬夜、吃四川火锅、吃湘菜等情形下，倡导凉茶的更多用途。

6．纵向做透价值链

大单品要想长寿，一个重要的方法就是提供高性价比的价值。既想要品质更高、价格更独特，但是价格又不能比对手高，实现的方法就是掌握价值链关键环节，纵向做透价值链。

应用举例 做透价值链的“派拉蒙”

美国派拉蒙农场是全球最大的开心果原料供应商，将全球 70%的优质开心果尽收门下，采用纵向一体化战略，集种植、收购、加工、销售为一体的大型农业产业化企业。它充分发挥规模优势和产业集群的优势，在开心果的市场中掌握更多的话语权，以及对开心果的定价权。

7．持续耕耘品牌附加价值

在产品同质化的时代，必须超越产品进行营销，打造品牌。当品牌内容和传播都同质化时，就要超越品牌，赋予品牌以意义，提高附加价值。

应用举例 高附加值的星巴克品牌

星巴克在中国市场就全力打造一种“第三空间”的生活方式。星巴克的前身原本是美国西雅图的一个小咖啡零售商，这个店卖咖啡机和烘焙得发黑的咖啡豆，人们拿回家自己研磨煮制。但经过星巴克方法煮制的咖啡非常浓烈，它的开创者——杰瑞·鲍德温、戈登·鲍克和赛伍·西吉尔都喜欢音乐、写作、美食、酿酒，他们都有着浓浓的艺术家气质，他们创办星巴克，是想保持最纯正的、本质的咖啡，所以他们不想把星巴克做大，直到 1981 年还只有 4 家店。后来，星巴克的发扬光大者——舒尔茨发现了意大利咖啡所代表的精神内涵，意大利咖啡代表真正的咖啡精神，这种精神是一种纽带关系，把喜欢喝咖啡的人聚集在一起，并不一定非得在家里做和喝，他们在星巴克也可以磨咖啡、煮咖啡、喝咖啡，一起聊天。

舒尔茨为星巴克赋予了一种更为深沉的浪漫情怀，也给予了人们一种与咖啡同样有吸引力的氛围，那是一种“第三空间”：在这里可以品尝浪漫。人们在日常生活中每天来星巴克店里小憩片刻，只要叫上一杯咖啡，你就能享受到异国情调，为平凡的生活增添一些浪漫；同时，星巴克店铺也是一个绿洲，向你提供片刻的宁静，把你从百事缠身、精疲力竭的状态中暂时解脱出来。也就是说，星巴克这个品牌所代表的，不仅仅是一杯咖啡，而是为你找到一个心灵的栖息地，为所有人的心灵提供场所，同时也让许许多多的心灵通向幸福和高尚。

案例10-4　品牌经营，战略大单品为王

加多宝在运营王老吉之前，做过水和茶饮料，直到聚焦于王老吉这个战略大单品，才创造出160亿元的营销奇迹；因为王老吉的成功让人们相信“定位”和“心智”。

据《财富》杂志的统计，世界500强企业中，单项产品销售额占企业总销售额比重95%以上的有140家，占500强总数的28%；主导产品销售额占总销售额70%～95%的有194家，占38.8%；相关产品销售额占总销售额70%的有146家，占29.2%；而无关联多元化的企业则凤毛麟角，不成气候。这说明，世界500强都普遍以立足于主业、开发核心产品、发展战略型产品而取得其强势的市场地位的。没有强势大单品，就谈不上强势品牌。按照“二八”原理，80%的利润来自于20%的产品。这个20%，就是大单品。

案例评析：

一个品牌的从大到小，起源于具体产品的成功。消费者对产品的功能和品质等特点一经认同，形成一个品牌概念时，一个成功的产品就带出了一个成功品牌。那些国际百年品牌的背后，无一不拥有自己的战略大单品。它们的经营，无一不回归到产品的本质——大单品制胜。

子任务五　认识资源营销

资源关乎民族的生存、国家的安全，历次战争的背后都是为了争夺资源。同样的道理，企业兴衰的关键也是资源。只有拥有优势资源时，企业才能健康发展，如华润集团、青岛啤酒、海尔等。

10.5.1　企业资源

1．企业资源的概念

企业资源是指能直接或间接为企业创造价值的任何事物。企业可以利用的资源很多，内部资源包括：生产、资本、技术、人力、品牌、管理、知识、信息与文化资源等；外部资源包括：市场、群体、数据库、网络、资本、人力、地理、文化、政策、关系、信息、技术、生产、情感与机会资源等。一旦某种特定的市场目标得以树立，则各种能够利用的资源都应在有效整合之后加以充分利用。

2．企业的主要资源

随着社会的进步，经济多元化的发展和市场竞争的加剧，各种专业分工越来越细，企业可以获利的途径也越来越多，盈利模式也越来越丰富。比较典型的有以下几种。

（1）依靠制造资源获利。拥有生产能力（制造资源）的企业可以通过制造加工来获取生产利润。

应用举例　依靠制造资源获利的格兰仕

格兰仕运用低成本在微波炉生产上形成了绝对的制造优势，然后利用这一优势将日本、美国的电机生产线搬到格兰仕，不但使格兰仕能够生产整机，而且使格兰仕迅速成为全球最大的微波炉制造企业。

（2）依靠品牌资源获利。拥有品牌资源的企业可以通过特许等合作方式利用品牌获取利润。这样，不但自己无须投资建厂，还无须养人（人力成本越来越高），更无须承担任何风险与责任。

应用举例　品牌资源的价值

耐克、皮尔·卡丹、麦当劳、可口可乐等都无须自己投资建厂，而是通过特许的方式，将生产、销售，甚至品牌经营特许给加盟商，除收取加盟费外，还可以收取管理费、原料供应费。

（3）依靠网络资源获利。拥有网络资源的企业可以利用其强大的分销能力获取利润，如国美、苏宁及众多坐拥一方的经销商便具备网络资源优势。

（4）依靠技术资源获利。微软、英特尔等拥有专有技术的企业可以利用技术信息的不对称性获得优势地位，进而形成竞争优势，取得可观的利润。

（5）依靠管理资源获利。拥有管理资源的企业也可以获利，国内外的许多星级酒店都由专业酒店管理机构管理。

（6）依靠关系资源获利。英派斯、澳瑞特依靠与体育总局、民政总局的关系资源长期垄断彩票户外路径产品市场。依靠关系资源获利在古今中外都存在。

总之，企业的盈利途径来源于企业所拥有或能够开发利用的资源。中国有句古话：“靠山吃山、靠海吃海”，说的就是这个道理：利用自身的资源，发挥自身的优势。

10.5.2　资源营销

1. 资源营销的概念

资源营销是以资源为核心的营销活动，它是通过整合有限的可利用资源来调控全社会无限的资源，从而实现资源最大化的目标。

资源营销就是利用自身有限的资源并通过分析、规划、开发、培育、管理、提升、整合、掌控和转换而构筑企业核心竞争力和实现利润的过程。其出发点、过程和最终目标都是资源。企业就是在资源转化过程中实现资源的增值，同时也实现企业盈利，而利润只是盈利的一种表现形式。在将来的经营中，一个企业的竞争力取决于其支配某种优势资源的能力，所谓核心竞争力就是整合、掌控甚至垄断某种优势资源的能力。

应用举例 **蒙牛借道，一路狂奔**

1999 年，以 100 万元注册资金成立的蒙牛奶制品公司，当年的销售额只有 0.44 亿元，到 2002 年，公司销售额飙升至 21 亿元，增长了 48.6 倍；以 1947.31%的成长速度在“中国成长企业百强”中荣登榜首，并在接下来的 3 年中，创造了中国乳业“第一速度”，短短 5 年间，蒙牛在中国乳制品企业中的排名由第 1116 位上升为行业的领军者，创造了在诞生 1000 余天里平均一天超越一个竞争对手的营销奇迹！

蒙牛通过资源营销，在起步阶段顺利搭载伊利和内蒙古，以“做内蒙古自治区第二品牌”，将自己赫然摆在乳业老大的身旁和优质奶生产基地上，直接从众多竞争对手中脱颖而出，蒙牛很快在消费者心中塑造起中国第二乳业的品牌形象。接着通过抢占资源，蒙牛开辟了利乐枕空白市场，真真正正地站稳了脚跟；接下来，捆绑“神五”资源，一飞冲天；联合超女资源，成就了酸酸乳，使蒙牛成为世人瞩目的焦点，稳稳地坐上了中国乳业领跑品牌的宝座，并走向世界舞台。

2．资源营销与传统营销的区别

（1）营销活动范围不同。传统的营销以市场、顾客为导向，围绕市场资源进行生产经营活动，关注的范围比较狭窄；而资源营销则关注于与企业生产经营有关的各种资源的有效利用，不仅包括企业内部资源，还包括广阔的外部资源。传统营销是平面结构，而资源营销则是立体网状结构。

（2）经营理念不同。传统的营销观念使企业把目光锁定在市场，从市场获取利润，缺乏整体的概念，对自身的优劣势认识不足，造成盲目开发多项资源，或者将各资源割裂开，生产系统、人力系统与营销系统各自为政，甚至在营销系统内部，品牌、网络、产品等也不协调，最终使企业难以形成核心竞争力。资源营销以资源获取利润，从资源的角度发现和解决企业生产经营中的各种问题，将企业内部与外部资源进行整合，把各种资源按其特性进行搭配利用，发挥其最大效能，解决了传统营销遗留下来的资源分割问题，同时，通过优势资源的开发利用，发挥优势资源的聚集效应，形成核心竞争力。

（3）经营目标不同。传统的营销更关注短期经济效益，而资源营销则关注长期资源效益。

应用举例 **“赔钱”换来的资源**

宝洁公司一进入中国市场就订下了连赔八年的计划，从传统账面上看，宝洁公司在中国市场的前八年都在赔钱，可宝洁公司却用这八年时间培育了自己在中国的品牌、网络、市场、团队、生产与产品研发资源等各种资源，这些资源的价值远远超过了它的账面亏损，更为它在中国的稳健发展奠定了坚实的基础。

（4）营销策略不同。传统的营销是在 4P 的基础上发展起来的，它在营销活动中更强调运用各种营销手段，达到赢得市场、获取利润的目的。因此，传统营销具有短期性的特点；而资源营销在策略上更注重资源综合运用的效果，由于资源综合运用的难度较大，使得资源营销的短期效应不强，但资源营销对企业的长期发展更为有利，使企业能够在竞争中获得长远的发展。

10.5.3　资源营销的策略

1．整合策略

整合的精髓在于将零散的要素组合在一起，并最终形成有价值、有效率的一个整体。

企业需要整合的资源很多，例如，对于零售企业，需要整合的特殊内部资源有采购、信息、物流等内部价值链上的资源，这些资源之间有效的整合，形成有效的价值链，使得企业不断增值；需要整合的外部资源有劳务、知识、科技等企业无法通过自身的能力获得或者获得需要超出成本代价的资源，企业通过和外部组织建立相关的合作，获得所需要的资源，更好地发展自己的核心能力。

2．培育策略

有的资源自然存在，企业只需要通过一定的方式，付出一定的资金、人力或时间成本就可以获得，而另一些资源却是需要经过日积月累，不断的经营，慢慢沉淀得到的。企业需要培育的特殊资源有顾客、品牌、文化与供应链资源等，由于行业的特点，这些资源的培育方式是千差万别的。

3．释放策略

企业将这些资源的能量释放出来，形成企业的软件能力，奠定了企业竞争力的基础。

4．盘活策略

资金、信息、人力等这些资源都具有无穷的价值，只要加以利用，它们的价值就会更好地体现出来，才能更好地为企业服务。作为企业，要慎重地思考如何将资金、信息资源更好地利用起来，盘活这两大重要资源，发挥它们最大的功效。

5．集中策略

集中策略又称聚焦策略，是指企业或事业部的经营活动集中于某一特定的购买者集团、产品线的某一部分或某地域市场上的一种策略。这种策略的核心是瞄准某个特定的用户群体，某种细分的产品线或某个细分市场。具体来说，集中策略可分为地区集中策略、顾客集中策略等。

应用举例　**零售行业的集中策略**

近年来，我国消费者群体中消费偏好多样化的趋势日益显著，零售业内存在大量的可细分市场，每个细分市场又有不同需求，而零售企业的资源是有限的，这就决定了零售企业不能服务所有的市场。因此，以市场细分为基础的目标集中策略对于我国零售企业应对外来竞争具有重要意义，只要选择合适的目标市场，并持之以恒地服务好目标市场，就有可能建立竞争优势。

6．差异策略

差异策略是指为使企业产品与竞争对手产品有明显的区别，形成与众不同的特点而采取的一种策略。这种策略的核心是取得某种对顾客有价值的特性。

案例10-5　　三星，以技术资源颠覆市场

20世纪90年代的韩国三星电子还是一家亏损达170亿美元的企业，而今天我们看到的是怎样的一个三星呢？全球增长速度最快的企业；世界500强之一；全球100个最有价值品牌排行榜第21位……三星成为IT和经济类媒体出现最多的字眼之一，三星是怎样成为扭亏巨星的呢？

"三星能有今天，是因为有技术作为后盾。"三星董事长李键熙如此说。

在模拟技术时代，三星只是一个追随者，追随在以索尼为代表的日本电子企业身后。但在数字技术时代，三星凭着对技术的敏感，持续不断地开发出核心技术，借助每个新技术为三星品牌注入新的价值是三星不断扩张市场的一张王牌，一把利器。在数字技术和数字信息处理方面，三星已经达到了世界第一；在无线通信技术、手机方面也拥有多项专利技术，可以说核心技术带给三星飞跃般的变化，三星依仗核心技术，拥有了8个世界占有率排名第一的产品，三星显示器已经连续16年雄霸市场第一的位置。

三星之所以从一家亏损企业成长为世界一流的大型企业，成为世人皆知的著名品牌，就是通过技术对市场的颠覆，通过核心技术的创新发动对竞争对手的挑战，把曾经的竞争对手远远地抛在后面。自2000年以来，三星在技术方面的研发费用每年以30%的速度增长，技术研发力度之强，投入资金之大堪与IT业巨头微软、IBM等相提并论，仅2010年，三星在美国所取得的专利就多达1313项，在实际所有技术中排行第三。

案例评析：

新的技术可以使产品形态形成突变，改变竞争格局，导致市场重新洗牌，是企业的重要资源。

实训一

任务：建立一个微信公众账号并推广。

【实训目的】

促使学生了解微信公众账号建立的方法，并通过各种形式的推广，能够掌握微信公众账号的使用原则和规律。

【实训内容】

建立一个团体或组织的微信公众账号，并在学生中进行传播与推广。

【实训方法】

1. 实训过程。

第一步：每五人一组，将学生分成若干组，组成团队。

第二步：选择一个团体或组织（可以是班级、社团或兴趣小组等）作为建立微信公众账号的对象。

第三步：建立微信公众账号。

第四步：微信公众账号的内容定位和内容推送。

2. 时间：40 分钟左右。

3. 地点：教室。

【总结】

1. 微信公众平台是一个自媒体平台，是微信系统的重要组成部分。

2. 微信公众账号内容的定位应该结合所选择建立对象的特点。用户是冲着内容才来关注的，推荐也是因为觉得内容有价值，所以要以内容为主。

3.在微信公众账号的推广过程中，要从用户的角度去想，而不是一味地只推送自己的内容，因此要设置人工互动环节，才能更有利于微信公众账号的推广。

实训二

任务：利用百度搜索引擎对学校网站进行营销推广。

【实训目的】

引导学生掌握搜索引擎营销的特点、常用方法和技巧，拓展学生的营销新思维。

【实训内容】

以学校网站为营销对象，利用百度搜索引擎，通过推广关键词的设计，提高学校网站的日均浏览量。

【实训方法】

1. 实训过程。

第一步：每五个人分为一组，组成一个团队。

第二步：依据学校网站目前的“营销现状”，制订学校网站推广营销方案，达成提高日均浏览量的“营销目标”。

第四步：设计学校网站推广的搜索关键词。

第五步：教师通过学校网站后台，查看学校网站日均浏览量的变化情况，教师进行关键词点评。

2. 时间：60 分钟左右。

3. 地点：机房。

【总结】

1. 在搜索引擎营销中，关键词营销是各个企业广泛应用的方法之一。

2. 经过对关键词的不断优化与创新，让核心品牌关键词进入网站，提高企业网站的浏览量，从而提高企业的关注度。

参 考 文 献

[1] 黄志锋，孙伟．市场营销学．成都：西南交通大学出版社，2009.
[2] 彭石普．市场营销．大连：东北财经大学出版社，2010.
[3] 杨群祥．市场营销概论．北京：高等教育出版社，2011.
[4] 吴勇．市场营销（第 3 版）．北京：高等教育出版社，2012.
[5] 沈志勇．大单品突破．销售与市场（管理版），2014（5）.
[6] 张洪培，尚德峰，吕变喜．市场营销．天津：南开大学出版社，2014.
[7] 陈鹏全．全网微营销创意案例集．广东：广东经济出版社，2014.
[8] 郭兆平．消费心理学．北京：电子工业出版社，2014.